अनुसन्धान-प्रविधि

सिद्धान्त और प्रक्रिया

अनुसंधान-प्रविधि

सिद्धान्त और प्रक्रिया

डॉ. एस. एन. गणेशन
प्रोफेसर एवं अध्यक्ष, हिन्दी विभाग
मद्रास विश्वविद्यालय, मद्रास

लोकभारती प्रकाशन

लोकभारती प्रकाशन
पहली मंजिल, दरबारी बिल्डिंग, महात्मा गाँधी मार्ग
प्रयागराज-211 001
वेबसाइट : www.lokbhartiprakashan.com
ईमेल : info@lokbhartiprakashan.com
शाखाएँ : 1-बी, नेताजी सुभाष मार्ग, दरियागंज
नयी दिल्ली-110 002
अशोक राजपथ, साइंस कॉलेज के सामने
पटना-800 006

मूल्य : ₹ 199

प्रथम संस्करण : 1985
वर्तमान संस्करण : 2023

जे.के. आर्ट प्रेस
प्रयागराज द्वारा मुद्रित

ANUSANDHAN PRAVIDHI
SIDHANT AUR PRAKRIYA
by Dr. S.N. Ganeshan

ISBN : 978-81-8031-846-7

ॐ असतो मा सद्गमय
तमसो मा ज्योतिर्गमय
मृत्योर्माअमृतं गमय

।। विद्यातुराणां न सुखं न निद्रा ।।

प्रस्तावना

कई वर्षों तक शोधकार्य और शोध-निर्देशन में संलग्न रहने तथा शोध-छात्रों के सम्पर्क में आने से जो मानसिक अनुभव हुए हैं, वे ही इस ग्रन्थ की प्रेरणा हैं। हिन्दी के आम स्तर के शोध-प्रबन्धों को देखकर इस प्रेरणा को शक्ति मिली जिसके परिणामस्वरूप यह ग्रन्थ प्रस्तुत हो रहा है।

यद्यपि स्नातकोत्तर उपाधि के बाद अनुसन्धान करनेवाले छात्रों की अपेक्षाओं को दृष्टि में रखकर यह लिखा गया है, तो भी अन्य उद्देश्यों से शोध करनेवाले भी अपनी कार्यप्रणाली को सुगम और प्रबन्ध को मानक तथा गंभीर बनाने के लिए इससे काफी मदद ले सकते हैं। अनुसन्धान को एक गंभीर बौद्धिक कार्य बनाकर उसका उच्चस्तरीय मानदण्ड स्थापित करने में उपयोगी हो, तो यह प्रयत्न सफल माना जाएगा।

इस लेखक का विश्वास है कि शोध का अपना एक दर्शन होता है, एक विज्ञान होता है, और एक कला होती है। विविध प्रकारों के शोधों में इन तीनों तत्त्वों के अनुपात में अन्तर हो सकता है, पर तीनों के मौलिक सिद्धान्तों को ध्यान में रखने से उच्च श्रेणी का शोध किया जा सकता है। शोध-दर्शन शोधकार को सम्यक् दर्शन (विज़न) देना है, शोध-विज्ञान विवेकपूर्ण सन्तुलित निर्णय के लिए उसे समर्थ बनाना है, और शोध-कला उसके प्रबन्ध को सर्वांगीण सौन्दर्य प्रदान करती है। इन तीनों के विविध पहलुओं के समन्वय से अनुसन्धान उच्च स्तर का हो सकता है।

अनुसन्धान की प्रेरणा और योजना से लेकर प्रबन्ध तैयार करने तक की विविध प्रक्रियाओं का परिचय और विविध दशाओं में उठनेवाली समस्याओं के समाधान इसमें मिलेंगे। यद्यपि यह मुख्यतः साहित्यिक विषयों के शोधार्थियों को दृष्टि में रखकर लिखा गया है, तो भी मानविकी के विविध विषयों के शोध में भी यह उपयोगी सिद्ध होगा।

इसमें अनुसन्धान के उन सैद्धान्तिक और व्यावहारिक पहलुओं को विशेष महत्त्व दिया गया है, जो उच्च स्तर के शोध के आधार हैं, और परिनिष्ठित मान-दण्डों के अनुसार आदर्श शोध ग्रन्थ तैयार करने में उपयोगी हों। विश्व के ज्ञान-भण्डार को जिन व्यक्तियों ने समृद्ध किया है, वे सबके सब महान् प्रतिभाशाली

नहीं थे, और सभी प्रतिभाशाली व्यक्तियों ने ज्ञान भण्डार के पोषण में योगदान नहीं दिया है। प्रतिभा ज्ञानार्जन में अवश्य एक मुख्य सहायक है, पर चरम श्रेणी की प्रतिभा न होने पर भी नियमित शिक्षण, अथक परिश्रम और अध्यवसाय के द्वारा बहुत कुछ किया जा सकता है। जहाँ समुचित प्रशिक्षण और अध्यवसाय के अभाव में उत्कृष्ट प्रतिभा भी कुण्ठित रह जाती है, वहाँ सामान्य बौद्धिक शक्तियों और ईमानदारी के द्वारा महत्त्वपूर्ण सिद्धियाँ होती हैं। इस तथ्य को स्वीकृत कर यह ग्रंथ लिखा गया है। आशा है कि यह शोध-छात्रों की अपेक्षाओं की पूर्ति करेगा और उनका उचित मार्ग दर्शन करेगा।

इसे यथासंभव पूर्ण और अधिकाधिक उपयोगी बनाने के दीर्घकालीन प्रयत्न के बावजूद भी संभव है कि इसमें कुछ कमियाँ रह गयी हों। पूर्णता-प्राप्ति का प्रयास अनन्त काल की प्रतीक्षा ही न रह जाय यह सोच कर इसका इस रूप में प्रकाशन हो रहा है। लेखक विद्वज्जनों और अनुसन्धाताओं की प्रतिक्रिया जानने को उत्सुक है, और उनके अमूल्य सुझावों के लिए आभारी रहेगा।

'लोकभारती' के श्री दिनेशचन्द्र जी की निरन्तर प्रेरणा से इसके लेखन को गति मिली है और उनके उत्साह से यह प्रकाश में आ रहा है। लेखक उनका विशेष आभार मानता है।

विनायक चतुर्थी
१८-६-८५
मद्रास

विनीत
गणेशन

विषय-सूची

: १ :

अनुसन्धान और उसका स्वरूप

१.१. अनुसन्धान : परिभाषा और व्याख्या

अनुसन्धान अथवा शोध उस प्रक्रिया या कार्य का नाम है जिसमें बोधपूर्वक प्रयत्न से तथ्यों का संकलन कर सूक्ष्मग्राही एवं विवेचक बुद्धि से उनका अवलोकन-विश्लेषण करके नये तथ्यों या सिद्धान्तों का उद्घाटन किया जाता है। दूसरे शब्दों में, पहले अज्ञात वस्तुओं, तथ्यों या सिद्धान्तों के आविष्कार की बोधपूर्वक क्रिया ही अनुसन्धान है।

यद्यपि अनुसन्धान की इस तरह एक सामान्य परिभाषा दी जा सकती है, तो भी ज्ञान के विविध क्षेत्रों के विविध अनुसन्धान-कार्यों का अवलोकन करने पर ज्ञात होगा कि उनकी प्रक्रियाओं, पद्धतियों और परिणामों के स्वरूपों में काफ़ी भिन्नता होती है और सबको एक सुनिश्चित, नपी-तुली परिभाषा में बाँधना संभव नहीं है। कुछ अनुसन्धानों में पदार्थ-परक वैज्ञानिक प्रयोगों द्वारा उनके परिणामों का आविष्कार होगा, तो कुछ में विशाल क्षेत्रीय सर्वेक्षण द्वारा कुछ सामान्य तत्वों का उद्घाटन होगा; कुछ में प्रमाणों के आधार पर सैद्धान्तिक सामान्यीकरण का प्रयास होगा, तो कुछ में किसी विषय पर मत-मतान्तरों का विवेचन कर नये मत की स्थापना का प्रयत्न होगा। अनेकों में अज्ञात या अल्पज्ञात वस्तुओं के विस्तृत वस्तु-निष्ठ अध्ययन से संचित नयी सामग्री मात्र का क्रमबद्ध विवरण प्रस्तुत होगा। इन सबके मूल्य और उपयोग भिन्न हो सकते हैं। खोज के लिए आधार-रूप में प्रयुक्त सिद्धान्त, कार्य की प्रणालियाँ और वीक्षण की दृष्टियाँ भिन्न-भिन्न हो सकती हैं। पर सब में एक अनिवार्य लक्ष्य यह होता है कि ज्ञान-क्षेत्र को अधिक विस्तार देनेवाले किसी नये तथ्य या सत्य का उद्घाटन हो।

कहा जा सकता है कि किसी सम्पूर्ण शोध के चार अंग होते हैं :—

१. ज्ञान क्षेत्र की किसी समस्या को सुलझाने की प्रेरणा (Motivations)।

२. प्रासंगिक तथ्यों का संकलन (Collection of facts)।

३. विवेकपूर्ण विश्लेषण और अध्ययन (Rational analysis and Study) ।

४. परिणामस्वरूप निर्णय (Conclusions) ।

इनकी विस्तृत चर्चा आगे के अध्यायों में की जाएगी ।

अनुसन्धान के लिए हिन्दी में प्रयुक्त शब्द हैं 'अनुसन्धान', 'शोध', 'गवेषणा' और 'खोज' । उसके कुछ प्रकारों या पद्धतियों के लिए 'मीमांसा', 'अनुशीलन' आदि शब्दों का भी प्रयोग होता है । प्रथम चारों शब्दों के व्युत्पत्ति-परक अर्थ भिन्न होने पर भी, आज वे प्रायोगिक क्षेत्र में लगभग समानार्थक रूप में ही प्रयुक्त होते हैं, और एक ही कार्य या प्रक्रिया को सूचित करते हैं, जिसे अंग्रेजी में 'रिसर्च' कहते हैं । चूंकि इस ग्रन्थ की दृष्टि अधिक प्रायोगिक है, और इन शब्दों का व्यवच्छेदन और विस्तृत व्याख्या का अधिक प्रायोगिक महत्व नहीं है, इसलिए उसका प्रयत्न नहीं किया जाता ।[1] 'अनुसन्धान' और 'शोध' शब्दों का पर्याय रूप में ही इस ग्रंथ में प्रयोग किया जाता है ।

१.२. मानव जीवन में शोध का स्थान

आज तक जीवन के विविध क्षेत्रों में जो प्रगति[2] हुई है, और जिन सुख-सुविधाओं का हम अनुभव करते हैं उन सबका आधार अनुसन्धान है । संभवतः प्रारंभिक मानव पशुओं की तरह चिन्तन और बोधपूर्वक प्रयत्न के बिना जीवन बिताता था । पर यह निश्चित है कि प्रागैतिहासिक काल में, हज़ारों वर्ष पहले

---

१. छात्रों की जानकारी के लिए मात्र यह सूचित किया जाता है कि इनमें से 'शोध' और 'अनुसन्धान' अधिक प्रचलित हैं । संक्षिप्तता और प्रायोगिक सुविधा के कारण 'शोध' का व्यापक प्रचार है (शोध-छात्र, शोध-प्रबन्ध, शोध-निर्देशक, शोध-कार्य आदि में) तो भी 'अनुसन्धान' (<अनु + सं + √धा) शब्द अर्थ की दृष्टि से अधिक उचित माना जाता है । गोविन्द त्रिगुणायत (१९६०) के मत में अंग्रेज़ी 'रिसर्च' में समाहित खोज (search), पूछताछ (enquiry), छानबीन (investigation), परीक्षण (examination) और निर्णय (ascertaining), इनके अतिरिक्त व्याख्या और गूढ़ चिन्तन को भी 'अनुसन्धान' शब्द अभिव्यक्त करता है ।

२. 'प्रगति' शब्द का प्रयोग यहाँ मूल्यगत शब्द (Value term) के रूप में नहीं किया जा रहा है । मात्र आपेक्षिक विकास या परिवर्तन के प्रति संकेत है ।

हो, वह तथ्य का खोजी, सत्य का अन्वेषी बन गया, और यही उसकी समस्त उन्नति का कारण है ।[१]

यद्यपि प्रत्येक अनुसन्धान से मानव की उन्नति होती है, तो भी मानव को उन्नत बनानेवाले सभी कार्यों को शोध नहीं मान सकते । सामान्य अनुभवों से, आकस्मिक घटनाओं से और साधारण यत्न और भूल (trial and error) की प्रक्रियाओं से भी जीवन के विविध क्षेत्रों में उन्नति हुई है, होती रहती है । आकस्मिक आविष्कारों के द्वारा, और महान् व्यक्तियों के सहजानुभव (intuition) से प्राप्त सत्यों के कारण भी जीवन की प्रगति हुई है । पर हम इनको अनुसन्धान नहीं कहते । अनुसन्धान में बोधपूर्वक यत्न होता है, योजनानुसार कार्य होता है, वैज्ञानिक विश्लेषण की दृष्टि होती है, और निश्चित लक्ष्य की ओर सजग उन्मुखता होती है, जो उन अन्य क्रिया-कलापों में नहीं होते जिनसे मानव की आकस्मिक या अप्रतीक्षित उन्नति होती है । शोध की क्रिया-विधियों में अधिक औपचारिकता, अनुशासन और आयोजन होते हैं ।

प्रकृति के नैसर्गिक नियमों से तथा अन्य जीव-जन्तुओं के जीवन से भिन्न स्वनिर्मित और स्वसंचालित जो जीवन मनुष्य को प्राप्त हुआ है वह उसके अनुसन्धान का ही परिणाम है । मानव का मस्तिष्क अन्य जीव-जन्तुओं के मस्तिकों से आनुपातिक आकार में बड़ा है, और सूक्ष्म अवलोकन, सुचिन्तित आयोजन, विवेकपूर्ण निर्णय, विश्लेषण-जनित निष्कर्ष, कुशल निर्माण तथा चातुर्यपूर्ण विनाश की अतिशय शक्तियों से समन्वित है । इन सबके लिए अपेक्षित अपार संग्रह शक्ति (comprehension) और स्मरण-शक्ति (retentive power) भी उसमें है । जब से सभ्यता का आरम्भ हुआ, तभी से मनुष्य इन शक्तियों का उपयोग कर प्रकृति के रहस्यों को जानकर, उसके तत्वों और शक्तियों को अपने जीवन में उपयोगी बनाने का बोध-पूर्वक प्रयत्न करता आ रहा है । अतः सच्चे अर्थ में मानव-सभ्यता का इतिहास उसकी अनुसन्धान-वृत्ति का इतिहास है ।

यह याद रखने की बात है कि प्रारंभिक मानव के पास साधनों की कमी थी, उसके पूर्वजों से संचित एवं पैतृक सम्पत्ति के रूप में प्राप्त ज्ञान-भण्डार कम था । इसलिए हर नयी खोज के लिए उसे अधिक समय लगाना पड़ता था, अधिक

---

१. **"हमारी सांस्कृतिक उन्नति का रहस्य शोध में निहित है । शोध नये सत्यों के अन्वेषण द्वारा अज्ञान के क्षेत्रों को लुप्त कर देता है और वे सत्य हमें कार्य करने की उत्कृष्टतर विधियाँ और श्रेष्ठ परिणाम प्रदान करते हैं ।"**

—Best John, W. 1959 : 9

चिन्तन और परिश्रम करना पड़ता था, और इनकी तुलना में फल अल्पमात्र या कभी-कभी नगण्य ही होता था। अतः उसके अनुसन्धान और जीवन-विकास का वेग अत्यधिक कम था। प्रत्येक पीढ़ी द्वारा संचित ज्ञान-भण्डार अगली पीढ़ी को प्राप्त था, और एक व्यक्ति अथवा समूह द्वारा अर्जित ज्ञान अन्यों को भी मिलता था, जिससे परवर्ती पीढ़ियों का कार्य अधिकाधिक सुगम, तेज़ और ठोस होता गया है। इसके परिणामस्वरूप संसार भर में आज प्रति-निमिष शोधकार्य आगे बढ़ रहा है। अन्तरिक्ष यात्रा और कम्प्यूटर से लेकर अणुबम एवं जीवाणु बम तक के क्षेत्रों में अति तीव्र विकास हो रहा है, और जीवन की गति प्रतिदिन अधिकाधिक तीव्रता के साथ बदल रही है। प्रतिदिन जिन नयी-नयी वस्तुओं और तकनीकों के विज्ञापन निकल रहे हैं, उनसे इस गति का कुछ-कुछ अनुमान किया जा सकता है।

अगर भौतिक या प्रायोगिक क्षेत्र में इस तरह अनुसन्धान हो रहा है, तो दूसरी ओर चिन्तन-क्षेत्र में भी मौलिक शोध के कारण क्रान्तिकारी परिवर्तन हो रहे हैं। अर्थशास्त्र, समाजशास्त्र, राजनीति, तर्क, दर्शन, मनोविज्ञान, भाषा-विज्ञान, सौन्दर्य शास्त्र आदि ज्ञान एवं सृजन के सभी क्षेत्रों में खोजों द्वारा पुराने सिद्धान्तों का खण्डन करके नये सिद्धान्तों की स्थापना की जा रही है। इन बौद्धिक सिद्धियों का प्रभाव सामाजिक संगठन, आर्थिक व्यवस्था, राजनैतिक व्यवस्था, कलात्मक सृजन आदि पर भी पड़ना स्वाभाविक है, जिससे जीवन का ढाँचा भी तेज़ बदल रहा है।

इससे स्पष्ट है कि आज के जीवन के आन्तरिक और बाह्य पक्ष अनुसन्धान के द्वारा ही विकसित हो रहे हैं। इस विकास के फल मानव जाति के लिए अच्छे हैं या बुरे यह प्रश्न दूसरा ही है।[१] भौतिक तथा विचार क्षेत्र के विकास के अनेक दुष्परिणामों के बावजूद यह स्वीकार करना पड़ेगा कि अनुसन्धान वर्तमान मानव-जीवन का एक अनिवार्य अंग है।

---

१. **विकास के परिणाम में उत्पन्न कुछ मुख्य समस्यायें, जिनका मानव जाति सामना कर रही है, निम्नलिखित हैं :—**

(क) आयुदैर्घ्य के बढ़ने और मृत्यु दर के कम होने से असाधारण जनवृद्धि। (ख) अधिकाधिक तकनीकों के द्वारा उत्पादन-वृद्धि तथा अमित उपभोग के कारण प्राकृतिक विभवों का अतिमात्रा में शोषण। (ग) औद्योगीकरण के कारण क्रमशः बढ़ता हुआ अन्तरिक्ष-मालिन्य। (घ) नये राजनैतिक उद्देश्यों से उत्पन्न अधिकार-लिप्सा पर आधारित आक्रामक राष्ट्रवाद तथा राष्ट्रों के परस्पर होड़ करते हुए मारक शस्त्र बनाने से उत्पन्न शाश्वत युद्ध-नीति। (ङ) आर्थिक अधिकार और अर्थक्षेत्र के नियंत्रण की लालसा से राष्ट्रों, वर्गों, प्रदेशों व समूहों में उत्पन्न तनातनी।

१.३. आरंभ कालीन शोध और वर्तमान शोध

आरंभ कालीन शोधों तथा वर्तमान शोधों में काफ़ी अन्तर है। पहले मानव जब किसी समस्या का सामना करता था, तब अनिवार्यतावश उनके समाधान की खोज करता था, और इस खोज की निश्चित प्रणाली या योजना नहीं थी। संभवतः उसकी कुछ क्रियायें मात्र आवश्यकता की पूर्ति या समस्या के समाधान के लिए नहीं थीं। औत्सुक्य की प्रेरणा से और बुद्धि कौशल के प्रयोग की स्वाभाविक इच्छा से भी उसने कुछ कार्य किये होंगे। पर इनमें भी सुनिश्चित लक्ष्य, कार्य प्रणाली या योजना नहीं थी। अतः वर्तमान अर्थ में इन प्रवृत्तियों को अनुसन्धान नहीं माना जा सकता, पर इनसे मानव-मस्तिष्क में निहित ज्ञान-पिपासा और शोध-वृत्ति का प्रमाण मिलता है।

आरंभ काल के आकस्मिक आविष्कारों तथा असंस्कृत रूप में ही सही, बोधपूर्वक किये जाने वाले शोध के बीच की निश्चित सीमा रेखा का निर्णय करना कठिन है। प्रारंभ के अनेक आविष्कार तो आकस्मिक थे। यह भी उल्लेखनीय है कि ऐसे आविष्कार भी लाखों वर्षों के मानव-विकास के बाद ही हुए होंगे। बनवासी मानव ने आकस्मिक रूप में लगी हुई आग में जले हुए माँस को खाकर माँस पकाना सीखा होगा। कहा जाता है कि किसी ने कच्ची मिट्टी पुती टोकरी कुटिया में रखी थी, और कुटिया में आग लग जाने से वह जल गयी तो पकी मिट्टी का बर्तन बन गया। लेकिन इस तरह के प्रारंभिक आविष्कार के बाद मनुष्य ने स्वयं सोचकर बोधपूर्वक प्रयत्न से अपनी समस्याओं को सुलझाने का प्रयत्न किया होगा। गोलाकार काष्ठ पर बैठकर या उसके ऊपर कुछ रखकर लुढ़काने से लेकर चक्रों पर चलने वाली गाड़ी बनाने तक, पत्ते, मृग-छाले और वृक्ष-छाल के शरीरावरण से लेकर कपास या रेशम की बनी पतली रूई के वस्त्र बुनने तक, तरु छाया और गुफाओं के आवास से लेकर साधारण कुटी या मकान बनाने तक, इस तरह कितने आकस्मिक आविष्कार हुए और कितना बोधपूर्वक प्रयत्न हुआ इसका निर्णय करने के लिए पूर्ण विश्वसनीय सामग्री अब प्राप्त नहीं है। पर इतना अनुमान किया जा सकता है, कि प्रारंभिक कुछ विकास के बाद मनुष्य ने अपनी बुद्धि का तीव्र उपयोग करके जीवन के सुधार का प्रयत्न शुरू किया होगा, और यहीं अनुसन्धान का आरंभ हुआ होगा। ज्यों-ज्यों ज्ञान भण्डार का इस तरह विकास होता गया, त्यों-त्यों बुद्धि का भी अधिक विकास हुआ और सुनियोजित अनुसन्धान की प्रक्रिया अधिकाधिक तीव्र एवं गहन होती रही।

वर्तमान अनुसन्धान सुनियोजित रूप में, सुनिश्चित कार्य पद्धति के अनुसार,

विशिष्ट उद्देश्यों की सिद्धि के लिए किये जाते हैं। उनकी निश्चित दिशाएँ होती हैं। छोटी सी कलम या पेन्सिल से लेकर अन्तरिक्ष यानों तक में, खाना पकाने के स्टोव से लेकर विनाशकारी अणु-आयुधों तक में सुधारे लाने के लिए शोध किया जा रहा है। परम सूक्ष्म जीवाणुओं से लेकर हर जीवित वस्तु की संरचना और जैव-व्यापारों की खोज हो रही है। संवेदनाओं को लिपि-प्रतीकों द्वारा प्रस्तुत करनेवाले साहित्य और नाद के माध्यम से संवहित करनेवाले संगीत के सृजन एवं आस्वादन प्रक्रियाओं को गहराई से जानने के लिए अनुसन्धान हो रहे हैं। इस तरह जीवन का हर क्षेत्र अब अनुसान्धान से प्रभावित और हर प्रवृत्ति अनुसंधान का प्रेरक है।

१.४. अनुसन्धान का उपयोग

भिन्न-भिन्न क्षेत्रों के अनुसन्धान के उपयोग रूप और मात्रा में भिन्न होते हैं। कुछ प्रत्यक्ष रूप में लक्षित और प्रमाणित हैं, तो अनेक परोक्ष और अदृश्य भी होते हैं। किसी भौतिक वस्तु के निर्माण में परिणत होनेवाले वैज्ञानिक शोध का उपयोग स्पष्ट और सहज मान्य है। पर किसी प्राचीन कलात्मक कृति के काल-निर्णय के लिए, या भाषा में प्रचलित कुछ शब्दों के पूर्वरूपों के निर्णय के लिए या कुछ पुरातत्व-वस्तुएँ खोद निकालकर किसी ऐतिहासिक सत्य का उद्घाटन करने के लिए जो शोध किये जाते हैं, उनका उपयोग इतना प्रत्यक्ष और तुरन्त अनुभव-गम्य नहीं हैं। फिर भी ऐसे शोधों का महत्त्व कम नहीं होता।

जीवन का विकास केवल बाह्य जगत् की अथवा भौतिक जीवन की समृद्धि मात्र पर आश्रित नहीं रहता, आन्तरिक जगत् के विकास की भी अपेक्षा रखता है। भौतिक जगत् की उपेक्षा कर मात्र अन्तर्जगत् का विकास करने से जीवन अपना पार्थिव अस्तित्व खो बैठेगा और अन्तर्जगत् की अवगणना करके मात्र भौतिक विकास करने से मानव की बौद्धिक प्रतिभा एवं सृजनात्मक दक्षता नष्ट हो जाएँगी, जीवन मानवीय आधार खोकर असन्तुलित हो जाएगा। अतः दोनों क्षेत्रों के ज्ञान का विकास जीवन के समग्र विकास के लिए अनिवार्य है और ऐसे विकास के लिए भौतिक एवं अभौतिक क्षेत्रों के विविध विषयों में भी अनुसन्धान की आवश्यकता होती है।

इस दृष्टि से शोध के दो प्रकार माने जा सकते हैं, (१) विशुद्ध या केवल अनुसन्धान (Pure Research) और (२) प्रायोगिक अनुसन्धान (Practical or Applied Research), जिस शोध से जीवन में प्रत्यक्ष भौतिक उपयोग नहीं होता, उसे केवल अनुसन्धान मान सकते हैं। विज्ञान में विशुद्ध सैद्धान्तिक (theoretical)

शोध और दर्शन, इतिहास, साहित्य, सौन्दर्य शास्त्र आदि के अधिकांश शोध इस तरह के होते हैं। उनमें प्रत्यक्ष उपयोग की गणना नहीं की जाती, पर उनसे सतत् और समग्र चिन्तन-प्रक्रिया को प्रेरणा मिलती है। चिन्तन प्रक्रिया किस ओर ले जाती है, उसके परिणाम अच्छे हैं या बुरे, इसकी भी परवाह किये बिना हर दिशा में विशुद्ध अनुसन्धान अग्रसर होता है।[1]

गणित और विज्ञान में ऐसे अनेक शोध किये जाते हैं जिनका परिणाम वस्तुओं की मात्रा, आकार, शक्ति, रूप-परिवर्तन आदि से सम्बन्धित सिद्धान्तों का आविष्कार होता है। प्रथम दृष्टि में ऐसे केवल शोध के फलों का प्रत्यक्ष प्रयोजन लक्षित नहीं होगा। परन्तु इन्हीं सिद्धान्तों के आधार पर प्रायोगिक शोध के द्वारा न जाने कितने वैज्ञानिक कार्य किये जाते हैं, नयी चीज़ों का आविष्कार किया जाता है। अतः केवल या सैद्धान्तिक शोधों का प्रयोजन कहीं अधिक है।

साहित्य, सौन्दर्य शास्त्र एवं मानविकी के विषयों के शोधों का प्रयोजन और एक तरह का है। अर्थशास्त्र, मनोविज्ञान आदि के कुछ शोधों का प्रायोगिक उपयोग हो सकता है, जैसे अर्थशास्त्रीय सिद्धान्तों का प्रयोग कर आर्थिक योजनाएँ (economic planning) आयोजित की जा सकती है, और मनोवैज्ञानिक शोधों से मनोरोगों की चिकित्सा, शिक्षा-विधानों का निर्माण आदि संभव है। पर अनेक शोधों के ऐसे प्रयोजन नहीं होते और अक्सर यह प्रश्न उठाया जाता है कि साहित्य और मानविकी के ऐसे शोध क्यों किये जाते हैं। इनको प्रायः कम महत्व के या बिलकुल महत्त्वहीन मानकर वैज्ञानिक अनुसन्धान की तुलना में इनकी उपेक्षा भी की जाती है, जिसे वर्तमान जीवन की भौतिक दृष्टि को देखते हुए स्वाभाविक माना जा सकता है।

पर इस समस्या का एक दूसरा पक्ष भी है। मानव संस्कृति का विकास मात्र भौतिक उन्नति पर आश्रित नहीं रहता। भौतिक मूल्यों के परे कुछ मूल्यों का भी विकास सांस्कृतिक विकास के लिए अपेक्षित है। दर्शन, कला, साहित्य आदि के द्वारा ऐसे ही मूल्यों का प्रतिष्ठापन होता है। जिस जाति में इन मूल्यों का विकास नहीं

---

1. Pure research is not hampered by considerations of the social use to which discoveries may be put. It is interested first of all in the continuity and integrity of the thought process in science, and philosophy......It permits the thinking process to lead where it will, no matter what erratic angle of direction is indicated.

—Whitney, F. L. (1958 : 25)

होता उसकी सभ्यता में स्थिरता और शान्ति नहीं होती। उसका भौतिक विकास भी कुछ काल के बाद कुंठित हो जाएगा, या फिर विनाश का रास्ता खोल देगा।

साहित्य, कला, दर्शन, इतिहास आदि के शोधों से, जिनका कोई प्रत्यक्ष लौकिक उपयोग दृष्टिगत नहीं होता, उन सब सौन्दर्यमूलक तत्त्वों एवं जीवन-मूल्यों का ज्ञान होता है, जिनको किसी जाति ने अपने अतीत की समस्त साधनाओं से संचित किया है, जिनको वर्चस्व के रूप में सुरक्षित रखा है। इस सम्पत्ति के मूल्य के ज्ञान से जाति की अस्मिता बनी रहती है, उसके आतमगौरव की नींव सुदृढ़ रहती है। इस जातीय गौरव से आत्मविश्वास और आत्मबल का विकास होता है, जो जाति की सर्वांगीण उन्नति में सहायक होते हैं। इस तरह इन सौन्दर्य-मूलक विषयों का शोध अत्यधिक सांस्कृतिक महत्त्व रखता है।

परन्तु जैसे वैज्ञानिक शोधों के परिणाम से प्राप्त वस्तुओं का विनाशकारी उपयोग भी हो सकता है, उसी तरह उपर्युक्त आतमगौरव और विकासक्रम अमित होकर या दिशा खोकर समाज को पथभ्रष्ट भी कर सकता है। अतः अन्य सभी अनुसन्धानों के लोककल्याणकारी उपयोग के लिए मानवीय मूल्यों के संरक्षण के उपायों की खोज भी महत्त्वपूर्ण है। शायद ऐसी खोज अनन्त काल तक करनी पड़ेगी।

———

: २ :

शोध-चिन्तन

२.०. अनुसन्धान का मूल आधार मस्तिष्क की वह प्रक्रिया है, जिसे चिन्तन कहते हैं। शोध के आरंभ से लेकर अन्त तक जितने क्रिया-कलाप होते हैं, उनकी दिशा और रूप निर्दिष्ट करने वाली प्रवृत्ति चिन्तन ही है। शोध-प्रबन्ध की उत्कृष्टता का मुख्य आधार भी मस्तिष्क की सतत जागरूकता और सक्रियता है। विषय की संभावनाओं तथा सीमाओं का निर्णय, उपलभ्य सामग्री का संचयन और विश्लेषण एवं तर्क पद्धतियों द्वारा अपने मंतव्यों की स्थापना में मस्तिष्क का ही कार्य प्रमुख होता है। अतः अनुसन्धान में इस चिन्तन प्रक्रिया के बारे में चिन्तन करना भी उपयोगी होगा।

२.१. चिन्तन

चिन्तन मानव-मस्तिष्क की विशेष प्रक्रिया है, और सभी क्षेत्रों में मानव की उन्नति का आधार है। जानवर नहीं सोचते—यदि सोचते हों, तो भी उस अर्थ में नहीं, जिसमें मनुष्य सोचता है। विशेष चिन्तन के बिना मनुष्य भी नित्य अनेक कार्य करता है, जिनका आधार या तो परम्परा है, या आदत अथवा वैकारिक उत्तेजन। जो कुछ स्वयं कोई करता आया है, या दूसरे लोग करते आये हैं, उसे करने के लिए विशेष चिन्तन की जरूरत नहीं है।

पर अगर हमारे सामने कोई समस्या उपस्थित हो जावे तो उसे सुलझाने के लिए चिन्तन करना पड़ता है। आदि मानव से लेकर आज तक के मानव ने इस तरह हज़ारों समस्याओं को सुलझाने के लिए जो चिन्तन किया है, उसी के फलस्वरूप जीवन आज की उपलब्धियों को प्राप्त कर सका है। इनमें कितनी मानव के लिए सचमुच उपयोगी है, और कितनी उसके सामने भीषण विपत्तियाँ खड़ी कर रही हैं, यह दूसरी बात है। पर इतना मानना पड़ेगा कि अपनी समस्त भलाइयों-बुराइयों के साथ सभ्यता का आधार चिन्तन और चिन्तनपूर्ण खोज है।

जब आदि मानव का चिन्तन अधिक गहरा या गंभीर न था, पर जब किसी

ने किसी समस्या को सुलझाने के लिए चिन्तन किया, और सोचकर कोई उपाय निकाला, तभी अनुसन्धान का आरंभ हुआ, सभ्यता का आविर्भाव हुआ। इस तरह मानव-सभ्यता का आधार अनुसन्धान है, और अनुसन्धान का आधार चिन्तन।

२.१.१. चिन्तन के प्रकार—निष्क्रिय चिन्तन और सक्रिय चिन्तन

आधुनिक जीवन भी चिन्तन-रहित कार्य-व्यापारों से रहित नहीं है। अधिकांश सामान्य लोगों के सामान्य दैनिक व्यवहारों की प्रेरणा के रूप में भी एक तरह का चिन्तन होता है। कहीं जाना हो तो बस या रेल पकड़ने की, सर्दी से बचने के लिए गरम कपड़े पहनने की और मन ऊबने लगे तो ज़रा घूम आने की हम सोचते ही हैं। इन सबके पीछे जो मानसिक प्रक्रिया है, उसे निष्क्रिय या रूढ़ चिन्तन कहा जा सकता है। धार्मिक और सामाजिक व्यवस्थाओं के प्रति अन्ध श्रद्धा, राजनैतिक आन्दोलन की नारेबाजी, अनेक विद्यार्थियों का नोट रटना आदि निष्क्रिय चिन्तन पर ही आधारित हैं।

इसके विरुद्ध समस्यायें सामने आवें तो उनको सुलझाने के लिए जो चिन्तन किया जाता है, वही सक्रिय चिन्तन है। समस्या बिलकुल नयी हो तो मौलिक रूप में उसे सुलझाने के लिए भी सोचना पड़ता है। ऐसा चिन्तन ही अनुसन्धान का आधार है। पर बहुत कम लोग इस तरह का चिंतन कर पाते हैं। गंभीर चिन्तन को अन्यों के लिए छोड़ देने में बड़ी सुविधा होती है ! इसलिए अनुसन्धान के क्षेत्र में मौलिक कार्य करने वालों की संख्या बहुत कम रहती है। लेकिन सच्चा और महत्वपूर्ण अनुसन्धान करना हो तो मस्तिष्क को कठिन श्रम देने के लिए तैयार रहना चाहिए।

मौलिक चिन्तन करने में कभी-कभी खतरा भी होता है। लीक छोड़कर सोचनेवालों को पागल माना जाता है। मौलिक चिन्तन करके नये सिद्धान्तों का आविष्कार करने वालों को प्रायः विद्वानों या समाज के विरोध का भी सामना करना पड़ता है, जिससे चिन्तन-विकास में बाधा होती है। वर्तमान युग में यह खतरा बहुत कम हो गया है, पर मानव-इतिहास में ऐसे उदाहरणों की कमी नहीं है, जिनमें नये सत्यों का उद्घाटन करनेवालों को अपनी जान से हाथ धोना पड़ा। कहा जाता है कि अरस्तू के युग में उनके मतों का खण्डन करनेवालों को तब तक एकान्त कारावास दिया जाता था, जब तक वे अपने मन न बदल लें। गैलीलियो और सुकरात को धार्मिक सत्ताधारियों से जो खतरा उठाना पड़ा, वह प्रसिद्ध है। हर धर्म में स्वतंत्र चिन्तन करनेवालों को विद्रोही माना जाता है। राष्ट्रनीति भी इससे मुक्त नहीं है। व्यष्टिगत मौलिक चिन्तन से समष्टि की सच्ची या कल्पित

हानि होने की आशंका से चिन्तकों और लेखकों को देश से निष्कासित करने की प्रवृत्ति अब भी कुछ राष्ट्रों में है। फिर भी इन सबके बावजूद स्वतंत्र सक्रिय चिन्तन का विकास होता रहा है।

इससे भी ख़तरनाक हर नये विचार या सिद्धान्त को परीक्षित किये बिना तुरन्त स्वीकृत कर लेने की मनोवृत्ति है, जिससे अनुसन्धान-वृत्ति ही कुंठित हो जाती है। वर्तमान भारत में विज्ञान, वैद्यक, अर्थशास्त्र, समाजशास्त्र, साहित्य, भाषा विज्ञान सभी के क्षेत्रों में विदेशों में विकसित नवीनतम सिद्धान्तों को अपना लेने की और हर निर्माण-क्षेत्र में विदेशी तकनीकों को अपना कर व्यापारिक मुनाफ़ा प्राप्त करने की जो होड़ा-होड़ी चल रही है, वह मस्तिष्क की वर्तमान निष्क्रियता की परिचायक ही नहीं है, बल्कि भविष्य में भी शोध-मनोवृत्ति के कुंठित रह जाने की सूचक भी है। शोध-क्षेत्र में यह दशा दो कारणों से होती है। कुछ निर्देशक अपने मतों एवं सिद्धान्तों के प्रति इतना अनुराग और इतनी प्रतिबद्धता रखते हैं कि अपने निर्देशन में शोध करनेवाले छात्रों को उन मतों और सिद्धान्तों के विरुद्ध सोचने ही नहीं देते। उन सिद्धान्तों में यदि मौलिक चिन्तन का बीज हो, जिसमें विकास की क्षमता हो, तो उस लीक पर चलने वाले उसका विकास कर एक चिन्तन परम्परा को प्रतिष्ठित कर सकते हैं। अन्यथा सिद्धान्त अथवा अनुयायी की दुर्बलता की दशा में आगे का चिन्तन कुण्ठित हो जाता है।

दूसरी ओर निर्देशक में पूरी उदारता और सहिष्णुता हो, तो भी अधिकांश शोध-छात्र अपनी असमर्थता या चिन्तन-दुर्बलता के कारण निर्देशक के अथवा अन्य किसी प्रतिष्ठित विद्वान् के सिद्धान्तों को अकाट्य मानकर स्वीकृत कर लेते हैं। इससे भी स्वतंत्र चिन्तन में बाधा आती है। किसी के मत या सिद्धान्त को स्वीकृत करना बुरा नहीं है, पर अनुसन्धाता में उसकी साधुता का परीक्षण करने की उत्सुकता और आवश्यक हो तो उसका विरोध करने की हिम्मत होनी चाहिए। दिमागी गुलामी अनुसन्धान-क्षेत्र का सबसे बड़ा अभिशाप है।

किसी का मौलिक या सक्रिय चिन्तन परवर्ती पीढ़ियों के लिए निष्क्रिय रूढ़ चिन्तन बन सकता है। रूई का कपड़ा बनाने में, चक्र का आविष्कार कर गाड़ी का निर्माण करने में, मिट्टी की ईंटें पकाकर उनका भवन बनाने में—इस तरह हर निर्माण-परक काम में प्राचीन मानव को सुदीर्घ काल तक चिन्तन करना पड़ा होगा, खोज करनी पड़ी होगी। पर आज इन सबके निर्माण हमें स्वतंत्र चिन्तन करना नहीं पड़ता, केवल स्मरण-मूलक चिन्तन (recall thought) करना पर्याप्त है। फिर भी इन सब कार्यों में सुधार करना हो तो सक्रिय चिन्तन अपेक्षित है।

दर्शन के क्षेत्र में मानव के अस्तित्व का अर्थ समझने के लिए और साहित्य में उसके धर्म, सृजन-प्रक्रिया और आस्वादन प्रक्रिया के स्पष्टीकरण के लिए काफ़ी चिन्तन करके अनेक सिद्धान्त बनाये गये हैं। अब हम इन सिद्धान्तों को दुहराते समय स्मरण-मूलक चिन्तन से ही काम लेते हैं। पर कोई व्यक्ति ऐसे कई सिद्धान्तों का सापेक्षिक मूल्य निर्धारित करना चाहें, या उन सबसे असन्तुष्ट होकर अपना नया सिद्धान्त प्रस्तुत करना चाहें, तो वह सक्रिय चिन्तन का ही आश्रय लेगा। यही सक्रिय चिन्तन मौलिक शोध का आधार है।

२.१.२. सक्रिय चिन्तन के भेद और अनुसन्धान

२.१.२.०. सक्रिय चिन्तन अनेक प्रकार के हो सकते हैं, जो अनुसन्धान में विविध रूपों और मात्राओं में उपयोगी होते हैं। अतः उनका ज्ञान शोधार्थी के लिए अनिवार्य है। चिन्तन के मुख्य भेद निम्नलिखित हैं—

१. मननात्मक चिन्तन (Reflective thinking)
२. विश्लेषणात्मक चिन्तन (Analytical thinking)
३. युक्तिसंगत चिन्तन (Rational thinking)
४. तार्किक चिन्तन (Logical thinking)
५. कल्पनात्मक चिन्तन (Speculative thinking)
६. सृजनात्मक चिन्तन (Creative thinking)

इनमें प्रथम चारों अनुसन्धान में सहायक हैं। अन्तिम दोनों अनुसन्धान में कठिनाइयाँ उपस्थित कर सकते हैं, या उसके परिणामों को अप्रामाणिक बना सकते हैं। पर कभी-कभी मार्ग के सहारे के रूप में इनसे भी काम लेना पड़ता है। लेकिन इनका उपयोग करते समय विशेष सतर्कता अपेक्षित है।

२.१.२.१. मननात्मक चिन्तन

यह अत्यन्त व्यापक शब्द है और गहन चिन्तन के प्रायः सभी पक्षों को समाविष्ट करता है। किसी वस्तु या विषय के बारे में गहराई से सोचना और उसके विभिन्न पहलुओं का परीक्षण करना मननात्मक चिन्तन है। कारण, स्रोत, प्रेरणा आदि की खोज करते समय संभावनाओं और अ-संभावनाओं पर सोचना भी इसके अन्तर्गत आता है।

२.१.२.२. विश्लेषणात्मक चिन्तन

पूर्ण का अंगों के रूप में विच्छेदन करना विश्लेषण है। अतः अध्येय विषय को विविध भागों में विभक्त करना, अंगों के पारस्परिक सम्बन्धों को समझना, पूर्ण

के साथ अंशों के सम्बन्ध को जानना, कार्य-कारण, क्रिया-परिणाम आदि का सम्बन्ध करना—आदि अंग-अंगी सम्बन्ध निरूपक सभी चिन्तन विश्लेषणात्मक माने जाएँगे। हर तरह के अनुसन्धान में विश्लेषण और संश्लेषण के द्वारा ही विषय या वस्तु का ज्ञान पाया जाता है, और प्रकट किया जाता है। अतः इसका अनुसन्धान में अत्यधिक महत्व है।

२.१.२.३. युक्ति-संगत चिन्तन[1]

सामान्य तर्क बुद्धि का प्रयोग कर स्वीकार्यता-अस्वीकार्यता का निर्णय करने के लिए जो चिन्तन किया जाता है, वही युक्ति-संगत चिन्तन (rational thinking) है। इस तरह चिन्तन करने वाला ऐसी अभौतिक या असंभाव्य बातों को ज्यों-का-त्यों स्वीकृत नहीं करता। कारण या प्रमाण द्वारा समर्थित तथ्यों को ही स्वीकृत करता है। कुछ प्रसंगों में यह शब्द उस चिन्तन के लिए प्रयुक्त होता है जिसमें ईश्वर, मोक्ष, अध्यात्म आदि ऐसे तत्त्वों का निषेध करता है, जो न इन्द्रियगम्य हैं, न सामान्य बुद्धि के तर्कों द्वारा निरूपित किये जा सकते हैं। एक तरह से यह भी तार्किक चिन्तन (logical thinking) से मिलता-जुलता है।

२.१.२.४. तार्किक चिन्तन

युक्ति-संगत चिन्तन का विकसित अथवा शास्त्रीय रूप ही तार्किक चिन्तन है। इसमें सुनिश्चित तर्कपद्धतियों के आधार पर व्यवस्थित चिन्तन किया जाता है, और आशयों या सिद्धान्तों को अपेक्षाकृत अधिक दृढ़ता से प्रमाणित किया जाता है। किसी प्रक्रिया की क्रमिकता को, कार्य-कारणों के सम्बन्धों को और विविध प्रक्रियाओं के पारस्परिक सम्बन्धों को समझने के लिए, और तथ्यों के सुनिश्चित प्रमाणीकरण के लिए तार्किक चिन्तन अत्यन्त उपयोगी हैं।

उपर्युक्त चारों प्रकार के चिन्तन अनुसन्धान की प्रक्रिया में अनिवार्यता का स्थान रखते हैं। वस्तुस्थितियों के रूपों को समझकर, पारस्परिक सम्बन्धों का निर्णय करने के लिए, और विविध प्रतिभासों (Phenomena) या प्रक्रियाओं (Processes) के बारे में नियम (Law) या सिद्धान्त बनाने के लिए इन सभी प्रकार के चिन्तनों से काम लेना पड़ेगा। चिन्तन जितना विशाल और गहन होगा, परिणाम

---

१. अंग्रेजी के rational thinking के लिए यहाँ 'युक्ति संगत चिन्तन' का प्रयोग किया जाता है। यद्यपि यह प्रयोग उतना उचित नहीं है, अधिक उचित अन्य शब्द के अभाव में इसका उपयोग किया जाता है। आगे चर्चित 'तर्कपरक चिन्तन' से इसकी तुलना भी करें।

भी उतना महत्वपूर्ण होगा। उत्तम शोध-प्रबन्ध अलभ्य सामग्री का संचय मात्र नहीं होता, गंभीर चिन्तन का भण्डार भी होता है।

२.१.२.५. कल्पनात्मक चिन्तन

कभी-कभी वस्तु-तथ्यों का विश्लेषण या कारण-कार्यों के सम्बन्ध का स्थापन बौद्धिक या तार्किक विश्लेषण-चिन्तन से नहीं हो सकता, तब कल्पनात्मक चिन्तन का सहारा लेने की प्रवृत्ति शोधकारों में दिखायी पड़ती है। प्रत्यक्ष प्रमाणों द्वारा निरूपित न होने पर भी कुछ अनुमान किया जाता है। प्राचीन लेखकों या इतिहास-पुरुषों के जीवन के बारे में, और अर्थ की दृष्टि से अस्पष्ट कृतियों का अर्थ बताने के लिए अक्सर अनुमानों पर आश्रित चिन्तन किया जाना है। इसी को कल्पनात्मक चिन्तन (Speculative thinking) कहा जाता है।

अनुसन्धान में जहाँ तक हो सके ऐसे चिन्तन का वर्णन करना चाहिए। प्रमाणित सत्यों को ही अनुसन्धान में अन्तिम परिणामों के रूप में मान्यता दी जाती है। अतः जो बातें प्रत्यक्ष या परोक्ष प्रमाणों से प्रमाणित नहीं हों, उनके बारे में कल्पना पर आधारित चिन्तन द्वारा निर्णय करने से और सिद्धान्त बनाने से अनुसन्धान का मूल्य घट जाता है।

लेकिन कभी-कभी जब शोध सामग्री इतनी अपरिचित हो कि कुछ प्रमाणित करना ही संभव नहीं है—जैसे प्राचीन इतिहास, साहित्य, भाषा आदि से सम्बन्धित बातें—तब तक सीमा तक कल्पनापरक चिन्तन से काम लेना पड़ता है। इस तरह तात्कालिक निर्णयों पर पहुँचकर उनके पुनः परीक्षण के लिए प्रामाणिक सामग्री की खोज जारी रखनी चाहिए। अनुमानाश्रित निर्णय प्रमाणित किये जा सकें, तभी उनको अन्तिम दशा में स्वीकृत करना चाहिए। विशेष सावधानी के साथ ही अनुसन्धान में कल्पनात्मक चिन्तन का उपयोग करना चाहिए।

२.१.२.६. सृजनात्मक चिन्तन

कल्पनात्मक चिन्तन का उन्नत और भव्य रूप ही सृजनात्मक चिन्तन है। इसमें कल्पना के द्वारा ऐसे भाव-संसार की सृष्टि की जाती है, जो भौतिक जगत् में वास्तविक अस्तित्व न रखने पर भी, सामान्य प्रमाणों से प्रमाणित न होने पर भी, मनो जगत् में अस्तित्व रखता है। अनुसन्धान में इसके उपयोग की गुंजाइश नहीं है। शायद सृजनात्मक कृतियों की व्याख्या में शोधकार अपने सृजनात्मक चिन्तन का उपयोग परोक्ष रूप में कर सकता है और उसे कुछ प्रकार के शोधों का आधार बना सकता है।

अनुसन्धाता को चिन्तन के इन भेदों को जानकर अपने विषय के विश्लेषण,

प्रतिपादन और मूल्यांकन में उनका यथोचित उपयोग करना चाहिए। इनकी विविध मात्राओं में प्रयोग से और अनुसन्धेय प्रश्न की प्रकृति के अनुसार चिन्तन वैज्ञानिक या दार्शनिक होता है।

२.१.३. वैज्ञानिक और दार्शनिक चिन्तन

जहाँ तक चिन्तन-प्रक्रिया की समस्या है, वह मूलतः एक ही होती है। पर उनके परिणामों या संभावनाओं के आधार पर उनकी भिन्न श्रेणियाँ बनायी जा सकती हैं। निम्नलिखित प्रश्नों का परीक्षण करें :—

श्रेणी १. राजघाट कहाँ है?
तुम्हारे घर में कितने कमरे हैं?
केरल की राजधानी कौन सी है?
राउरकेला में कौन-सा व्यवसाय है?
आन्ध्र में कौन-सी भाषा बोली जाती है?

श्रेणी २. भारत की गरीबी क्यों दूर नहीं हुई?
विकसित और विकासोन्मुख राज्यों के बीच की आर्थिक खाई के कारण क्या हैं?
प्रमेह की बीमारी कैसे होती है?
टेली-विज़न में चित्र-प्रसारण कैसे होता है?

श्रेणी ३. इस कविता का उद्देश्य क्या है?
आत्मा और परमात्मा का सम्बन्ध क्या है?
'सौन्दर्य' की परिभाषा क्या है?

इन तीनों श्रेणियों के प्रश्नों में स्पष्ट अन्तर है। पहली श्रेणी के प्रश्नों के उत्तर कोई व्यक्ति अपनी पूर्व जानकारी के आधार पर निश्चित रूप से दे सकता है। ऐसी जानकारी न हो तो उत्तर भी नहीं दे सकता। इसमें विशेष चिन्तन की आवश्यकता नहीं है। प्रश्न करने वाले को 'सही' या 'गलत' उत्तर भी मिल जाता है।

दूसरी श्रेणी के प्रश्नों का उत्तर देना इतना आसान नहीं है। उत्तर देने के लिए वस्तु-तथ्यों का संकलन, विश्लेषण, प्रयोग और अध्ययन आवश्यक है। उत्तर देते हुए वस्तुओं के बीच, तथ्यों के बीच, वस्तुओं या तथा तथ्यों के बीच अथवा कार्य-कारणों के बीच जो सम्बन्ध होते हैं उनको स्पष्ट करना पड़ता है। संपूर्ण संगत सामग्री का अध्ययन कर कोई भी इनके उत्तर दें, एक प्रश्न के उत्तरों में विशेष अन्तर नहीं होता। इन प्रश्नों के उत्तर देने के लिए जो चिन्तन अपेक्षित है, वही वैज्ञानिक चिन्तन है।

पूर्वोक्त दोनों प्रकार के प्रश्न वस्तुनिष्ठ हैं। पर पहली श्रेणी के प्रश्न प्रत्यक्ष स्थूल सत्यों या तथ्यों से सम्बन्धित हैं, जिनका ज्ञान मात्र जानकारी से हो सकता है। दूसरी श्रेणी के प्रश्न जिन वस्तुओं, तथ्यों या सम्बन्धों के बारे में हैं, वे गुप्त, अप्रत्यक्ष और अधिक संकुल हैं, और उनका मौलिक उत्तर अनुसन्धान के द्वारा ही दिया जा सकता है। ऐसे ही अगणित प्रश्नों का क्षेत्र वैज्ञानिक अनुसन्धान का क्षेत्र है।

तीसरी श्रेणी के प्रश्नों के उत्तर इन दोनों से जटिल होते हैं। प्रायः इनके कोई निश्चित उत्तर नहीं दिये जा सकते। चार व्यक्ति उत्तर दें तो चारों उत्तर भिन्न-भिन्न हो सकते हैं। समस्या के विश्लेषण की कोई निश्चित विधि नहीं होती, और न विश्लेषण-अध्ययन मात्र से उत्तर प्राप्त किये जा सकते हैं। इस तरह के प्रश्नों के उत्तर पाने के लिए जो चिन्तन किया जाता है, वही दार्शनिक चिन्तन है। इसमें चिन्तक के 'दर्शन' (Vision) का महत्वपूर्ण स्थान होता है।

२.१.४. अनुसन्धान में चिन्तन

२.१.४.१. अनुसन्धान कार्य में मुख्यतः दूसरे और तीसरे प्रकार के चिन्तन का उपयोग होता है। लेकिन पहली तरह के तथ्याश्रित चिन्तन का पूरा तिरस्कार भी नहीं होता। विशेषकर जब स्वयं तथ्य बहुतों के लिए अज्ञात है, और सामग्री सहज प्राप्य नहीं है, तब तथ्य-सम्बन्धी जानकारी स्वयं महत्व रखती है, और ऐसी जानकारी प्राप्त करना शोध के अन्तर्गत आता है। यद्यपि ऐसे तथ्य-संकलन का कार्य कभी-कभी पूर्णतः यांत्रिक होता है, और प्रत्यक्ष रूप में कोई मौलिकता या महत्व नहीं रखता तो भी बाद में विश्लेषणात्मक अध्ययन एवं सिद्धान्त-निर्माण के लिए इन तथ्यों का उपयोग हो सकता है। किसी भाषा में प्रयुक्त विविध संयुक्त व्यंजनों अथवा ध्वनिक्रमों का विवरण मात्र यांत्रिक दीख सकता है, पर भाषा के स्वरूप-निर्णय, ऐतिहासिक व्याकरण लेखन और विकास योजनाओं में इसे मौलिक आधार माना जाएगा। इसी तरह दिल्ली या मद्रास के विविध श्रेणियों के लोगों के शैक्षिक स्तर, पेशे, आय-व्यय आदि से सम्बन्धित विवरणों में ऊपरी दृष्टि से देखा जाय तो कोई मौलिकता नहीं है, पर ऐसे विवरणों से अनेक समाजशास्त्रीय तत्वों की जानकारी होती है, और सुधार-योजनाओं को सफल रूप देने के लिए इनकी अनिवार्यता है। इस तरह तथ्यात्मक जानकारी का महत्व (१) पहले अज्ञात या अल्पज्ञात तथ्यों को सामने लाने में है, और (२) दूसरी ओर आगे के प्रायोगिक और सैद्धान्तिक शोध के लिए आधार-भूत सामग्री प्रदान करने में है।

२.१.४.२. दूसरे प्रकार का चिन्तन—विश्लेषणात्मक चिन्तन—वैज्ञानिक

अनुसन्धान में अनिवार्य होता है। वैज्ञानिक अनुन्धान पूर्णतः वस्तु-सत्यों (material truths) और प्रमाणित सिद्धान्तों पर आधारित रहते हैं, और उनमें व्यक्तित्व का प्रभाव नहीं पड़ता। विभिन्न व्यक्तियों द्वारा समान वैज्ञानिक विश्लेषण प्रणालियों का प्रयोग किये जाने पर वे समान निष्कर्षों पर ही पहुँचते हैं। विश्लेषण, वर्गीकरण और अध्ययन की प्रणालियाँ भी मानकीकृत (standardised) होती हैं। इसका तात्पर्य यह नहीं है कि किसी एक समस्या का हल करने के लिए एक से अधिक शोध-प्रणाली का उपयोग नहीं हो सकता, पर इतना ही है कि विश्लेषण प्रणाली और निष्कर्ष पर व्यक्तित्व की छाप नहीं रहती। नयी प्रणालियों के विधान के लिए अनुसन्धान को स्वयं चिन्तन करना पड़ता है।

विज्ञान के अतिरिक्त समाज शास्त्र, भूगोल, इतिहास, मनोविज्ञान आदि मानविकी के विषयों में भी ऐसे विश्लेषणात्मक या वैज्ञानिक चिन्तन का उपयोग होता है।

२.१.४.३. तीसरा, दार्शनिक चिन्तन अधिक सूक्ष्म बातों पर आधारित होता है। उसका सम्बन्ध अधिकतः मनुष्य के अन्तर्जगत् के विविध पहलुओं से है। सृजनात्मक साहित्य, दार्शनिक सिद्धान्त आदि का अध्ययन इसके क्षेत्र में आता है। कविता की आत्मा, सामाजिक जीवन और साहित्य का सम्बन्ध, चित्रकला की शैलियाँ, संगीत का मानसिक प्रभाव, आत्मा का स्वरूप—इत्यादि के सन्दर्भों में इसी तरह का चिन्तन सम्भव है। ऐसे अध्ययनों के लिए विश्लेषण या चिन्तन की कोई परिनिष्ठित पद्धति नहीं होती। निष्कर्ष में भी सभी अनुसन्धान एक ही मत पर पहुँचे, यह आवश्यक नहीं है।

साहित्य के सृजनात्मक पक्ष से सम्बन्धित अनुसन्धान में इसी तरह का चिन्तन सम्भव है। शोधकर्त्ता को अपने विषय के विविध पहलुओं के बारे में स्वयं प्रश्न उठाकर गहन चिन्तन करना चाहिए। केवल सामग्री का विस्तृत विवरण और वर्गीकरण प्रस्तुत करना पर्याप्त नहीं है। उनका विश्लेषण करना एक क़दम आगे बढ़ना है, पर उच्च कोटि के शोध के लिए अध्ययन में विश्लेषणात्मक तथा दार्शनिक चिन्तन का समावेश अत्यन्त आवश्यक है। जितना गहन चिन्तन होता है, शोध के परिणाम भी उतने ही महत्वपूर्ण होते हैं।

———

: ३ :

शोध-संस्कार

३.० अनुसन्धान अपने मौलिक रूप में मानव-प्रकृति का एक अंग है, जिसका विकास एवं परिष्कार करने से एक संस्कार-सा बन जाता है। दूसरे शब्दों में कहा जाय तो सामान्य मनुष्य में जो अन्वेषण-वृत्ति और समस्याओं को हल करने की आकांक्षा से उत्पन्न मानसिक सक्रियता होती है, वह निरन्तर शिक्षण और अभ्यास के द्वारा प्रकृति और जीवन के निगूढ़ रहस्यों तथा गंभीर सत्यों की खोज के तीव्र प्रयत्न में परिणत होती है। इस मानसिक प्रवृत्ति को शोध-संस्कार कहा जा सकता है। नैसर्गिक रूप में जिनमें यह शोध-संस्कार होता है वे भौतिक प्रतिभासों या चिन्तन के क्षेत्र में महत्त्वपूर्ण आविष्कार करके वैज्ञानिक या दार्शनिक बनते हैं। सामान्यतः शोध के कार्य में रत होनेवाले व्यक्ति को भी अपने में इस संस्कार का विकास करना चाहिए।

३.१. शोध-संस्कार क्या है ?

शोध-संस्कार अनेक बौद्धिक और मानसिक गुणों का समुच्चय है, जो शोध के प्रेरक होते हैं। आगमनात्मक शोध के अग्रगामी फ्रांसिस बेकन ने अपने भविष्य निर्माण के चिन्तन के प्रसंग में जो आत्मनिरीक्षण की बात कही है, उससे शोध-संस्कार के मुख्य तत्त्वों का सामान्य ज्ञान होगा। बेकन का कहना है :—

इसके अतिरिक्त मैंने अपनी प्रकृति में सत्यचिन्तन के लिए विशेष अनुकूलन की प्रवृत्ति पहचानी क्योंकि मेरा एक ऐसा मन था जो उस सर्वप्रमुख लक्ष्य-याने दृश्य समानताओं को पहचानने के लिए पर्याप्त बहुमुखी था, और साथ—साथ सूक्ष्म अन्तरों का निरीक्षण करने के लिए पर्याप्त स्थिर और एकाग्र था। मुझमें खोज की उत्कट इच्छा थी, सब्र के साथ निर्णय स्थगित रखने की, आनन्द के साथ मनन करने की, सतर्कता के साथ (किसी विचार को) स्वीकृत करने की, गलत धारणाओं को बेहिचक सुधारने की और पूरा क्लेश उठाकर भी अपने विचारों को संगठित करने की क्षमता थी। मुझे न नवीनता का मोह था, न प्राचीनता के प्रति अन्ध

श्रद्धा। हर तरह के पाखण्ड से मुझे एकदम घृणा थी। इन सभी कारणों से मैंने समझा कि मेरी प्रकृति और मनोवृत्ति का, जैसे भी हो, सत्य के साथ किसी तरह का रिश्ता और सम्बन्ध था।[1]

यद्यपि इसमें एक अनुसन्धाता के लिए आवश्यक मुख्य गुणों का उल्लेख है, तो भी इसे पूर्ण और बिलकुल ठीक नहीं माना जा सकता। विविध लेखकों ने अनुसन्धाता में अपेक्षित जिन गुणों की गिनती की है, और महान् अनुसन्धाताओं में जो गुण दिखायी पड़ते हैं, उन सबके अवलोकन से दृढ़ और पूर्णतः स्वीकार्य रूप में कुछ कहना संभव नहीं है। इसका मुख्य कारण यह है कि विभिन्न प्रकारों के शोधों के लिए अपेक्षित शोधकार के गुण भिन्न हो सकते हैं, और भिन्न कालों और परिस्तिथियों में अपेक्षित गुण अलग-अलग हो सकते हैं। इस समस्या के बावजूद यहाँ कुछ मुख्य अपेक्षाओं की चर्चा की जाती है।

३.२. अनुसन्धाता में अपेक्षित गुण

३.२.१. **सत्यान्वेषण की प्रबल मनोवृत्ति :** अनुसन्धान की प्रेरणा ही सत्यान्वेषण-वृत्ति होती है, जिसमें नैसर्गिक रूप में ऐसी मनोवृत्ति होती है, वही उत्तम अनुसन्धाता हो सकता है। ऐसी नैसर्गिक मनोवृत्ति न होने पर भी समस्याओं का सामना करते समय संजात विवशता के कारण समस्याओं के समाधान खोजने की इच्छा हो सकती है। विशेष कोई प्रेरणा न होने पर भी कोई शोध में लग जाय,

---

1. More over, I found in my own nature a special adaptation for the contemplation of truth. For I had a mind at once versatile enough for that most important object—I mean the recognition of similititudes—and at the same time sufficiently steady and concentrated for the observation of subtle shades of difference. I possessed a passion for research, a power of suspending judgment with patience, of meditating with pleasure, of assenting with caution, of correcting false impressions with readiness, and of organising my thoughts with scrupulous pains. I had no hakering after novelty, no blind admiration of antiquity. Imposture in every shade I utterly detested. For all these reasons, I considered that my nature and disposition had, as it were, a kind of kinship and connection with truth.

—Quoted : Abbot. E. A : 1885 and Whitney F. L. : 1958 : 39-40.

तो किसी तरह टाल-मटोल कर उसे पूरा करने की कोशिश न करके वास्तविकता तक पहुँचने या वस्तुनिष्ठ सत्यों को ढूंढ निकालने का प्रयत्न करना चाहिए। यह अनुसन्धाता की न्यूनतम अपेक्षा है।

३.२.२. **सूक्ष्म निरीक्षण** : वस्तुसत्यों को जानने के लिए और समीचीन सिद्धान्तों का निर्णय करने के लिए सूक्ष्म निरीक्षण आवश्यक है। इस निरीक्षण से विषय का गहरा ज्ञान—अंग-अंगियों का सम्बन्ध, कार्य-कारणों का सम्बन्ध आदि का ज्ञान—होगा।

३.२.३. **चिन्तन और तर्क-बुद्धि** : प्रायः सभी विषयों में निरीक्षित सत्यों या तथ्यों के बारे में चिन्तन करके ही उनका विश्लेषण और अध्ययन किया जा सकता है। वस्तुओं के वास्तविक स्वरूप को समझने के लिए और कार्य-कारण सम्बन्धों का निर्णय करने के लिए तर्क-ब्रुद्धि का ही सहारा लेना पड़ता है। विशेषकर जहाँ विविध संभावनाएँ हों, वहाँ तार्किक बुद्धि से उन पर विचार करके निष्पक्ष रूप में निर्णय करना होगा। जिन विषयों में कारण-कार्य सम्बन्ध या अंग-अंगी सम्बन्ध या अन्य किसी प्रकार के तत्त्व मानक तथा निश्चित हों—जैसे वैज्ञानिक विषयों में तथा अर्थ-शास्त्र, समाजशास्त्र आदि से सम्बन्धित विषयों में—वहाँ निश्चित कार्य प्रणाली (Proceedure) द्वारा निष्कर्षों पर पहुँचना संभव है। ऐसी दशा में प्रयोग, सांख्यक सामग्री (Statistical data) का विश्लेषण आदि से सीधे निष्कर्षों पर पहुँचना संभव है, तार्किक चिन्तन की ज़रूरत नहीं होती। पर वहाँ भी कई कारक-शक्तियों की पारस्परिक क्रिया प्रक्रियायें हों तो चिन्तन, कल्पना तथा तर्क-बुद्धि से काम लेना पड़ता है। साहित्य, दर्शन, समाजशास्त्र, मनोविज्ञान आदि विषयों के सिद्धान्त-निर्णय के लिए तार्किक चिन्तन अनिवार्य होता है।

३.२.४. **बौद्धिक ईमानदारी और खुला मन** : अनुसन्धाता के निष्कर्षों की प्रामाणिकता का सबल आधार उसकी बौद्धिक ईमानदारी और खुला मन होते हैं। एक तरह से इनको प्रामाणिकता की मुहर मान सकते हैं। जो अपनी पसन्द-नापसन्द, और इच्छा-अनिच्छाओं को पूर्णतः तजकर पूरी ईमानदारी से तथ्यों को ग्रहण करता है, और उन्हीं के आधार पर तर्कपूर्ण चिन्तन द्वारा अपने निष्कर्षों पर पहुँचता है, उसका व्यक्तित्व स्वयं विश्वसनीयता का पर्याय बन जाता है। लेकिन वह स्वयं नये तथ्यों के आधार पर अपने मतों या सिद्धान्तों का पुनः परीक्षण करने और आवश्यक हो तो उनमें परिवर्तन करने के लिए तैयार रहता है। प्रतिबद्धताओं और वर्जनीय-ताओं से मुक्त रहने के कारण उसके निर्णय अकलुषित होते हैं। जिसमें बौद्धिक ईमानदारी नहीं होती, वह दूसरों को ही पथ-विगलित नहीं करता, आत्म वंचना भी करता है। ऐसा व्यक्ति शोध का बिलकुल अधिकारी नहीं होता।

३.२.५. **पूर्वाग्रह का अभाव** : बौद्धिक ईमानदारी से जुड़ी हुई दूसरी बात है पूर्वाग्रह का अभाव। कुछ व्यक्ति ऐसे होते हैं जो अपने प्रति पूरी ईमानदारी बरतते हैं, अपने सुदृढ़ विश्वासों के आधार पर ही अपने निर्णय करते हैं। किन्तु संस्कार-वश अथवा शिक्षण के कारण वे कुछ मतों या विश्वासों से प्रतिबद्ध रहते हैं, और उनके निर्णय इस प्रतिबद्धता से रंगित हो जाते हैं। ऐसी दशा में वे पूर्वाग्रह से मुक्त होकर सभी विषयों के बारे में निर्णय नहीं कर पाते। प्रतिबद्धता और पूर्वाग्रह का एक परिणाम यह भी होता है कि विषय-निरूपण में निर्णायक महत्त्व रखनेवाली बातों की गणना नहीं की जाती, और अपने मन-स्थापन में उपयोगी दीखनेवाले संदिग्ध प्रमाणों पर अधिक महत्त्व दिया जाता है।

पूर्वाग्रह वैयक्तिक संस्कार और शिक्षण के कारण भी आ सकता है, किसी वाद या सांप्रदायिक गुट से जुड़े होने के कारण भी, और दोनों सच्चे अनुसन्धान में बाधक हैं। पहले प्रकार में शोध कर्ता अपने व्यक्तिगत संस्कार-जनित इष्टानिष्टों के कारण कुछ विशिष्ट रुचियाँ रखता है। कुछ लेखक, कुछ विचारधारायें, कुछ आदर्श और कुछ अभिव्यक्ति-शैलियाँ उसे सहज ही पसन्द हो जाती हैं, और अन्य लेखकों, विचारों, आदर्शों और शैलियों से वह न्याय नहीं कर पाता। उनके प्रति उदासीनता का, या चरम दशा में, विरोध का मनोभाव रखता है, जो शोधपरक अध्ययन और मूल्यांकन में बाधक हो सकता है।

दूसरी ओर अपने धार्मिक सिद्धान्तों पर अटल श्रद्धा रखनेवाले तथा राज-नैतिक या साहित्यिक दल-विशेष से प्रत्यक्ष रूप में जुड़े हुए, या उनसे प्रतिबद्ध विचार-साम्य रखनेवाले भी विषय-सम्बन्धी सभी पहलुओं का अवलोकन करके सन्तुलित निर्णय पर पहुँच नहीं पाते। उत्तम शोध के लिए प्रतिबद्धता और पूर्वाग्रहों से मुक्त होकर अध्ययन करना चाहिए और निष्कर्ष अपनी प्रतीक्षा या अभीष्ट के विरुद्ध हो, तो उसे भी स्वीकृत करनेवाला खुला मन रखना चाहिए। समय-समय पर प्राप्त प्रमाणों के आधार पर अपने विचार बदलना अनुसन्धान में दुर्बलता नहीं है। राजा जी के मत में 'विचार क्षेत्र में अपरिवर्तनीयता गधे का गुण है !'

३.२.६. **सहिष्णुता** : सभी प्रकार के विचारों तथा मतभेदों को पूरी क्षमा के साथ देखकर, मानसिक सन्तुलन के साथ विश्लेषण कर, निर्णयों पर पहुँचने के लिए विचार-सहिष्णुता एक अनिवार्य तत्त्व है। अन्यों के मत प्रथम दृष्टि में किसी भी तरह लगें, विश्लेषण और तर्क की कसौटी पर उनका परीक्षण कर लेना चाहिए। उसी तरह किसी विषय पर परस्पर-विरोधी मत विभिन्न स्रोतों से मिलें, तो सहिष्णुता के साथ उनका विश्लेषण कर बौरूद्ध्य के कारणों को समझकर निर्णय पर पहुँचना चाहिए। जल्दीबाज़ी में सतही स्तर से ठीक लगनेवाली बातों को स्वीकृत

करने से अनुसन्धान में गहराई नहीं आ सकती। हर एक को अन्यों से मतान्तर रखने का अधिकार है, पर अन्यों के मतों को बेकार मानकर लापरवाही या उपेक्षा दिखाने का अधिकार नहीं है।

३.२.७. **वस्तुनिष्ठता** : उपर्युक्त सभी बातों की समग्रता ही अनुसन्धान में 'वस्तुनिष्ठता' (Objectivity) कहलाती है। जहाँ सृजनात्मक साहित्य में व्यक्ति-निष्ठता (Subjectivity) को ही अधिक महत्त्व मिलता है, उसी से कृति में मौलिकता आती है, वहाँ अनुसन्धान में बौद्धिक ईमानदारी, पूर्वाग्रह-हीनता और तर्कपूर्ण प्रमाणन के कारण वस्तुनिष्ठ सत्यों पर पहुँच जाता है। शोधकार के निर्णय मौलिक होने पर भी वस्तुनिष्ठ प्रमाणन के कारण वे सार्वजनिक निर्णय हो जाते हैं। स्वीकृत कार्य-प्रणालियों और प्राप्य प्रमाणों के आधार पर अन्य व्यक्ति भी इन वस्तुनिष्ठ निर्णयों का परीक्षण कर सकते हैं।

३.२.८. **अध्यवसाय और कर्तव्यबोध** : अनुसन्धाता के व्यक्तित्व में अपेक्षित एक मुख्य गुण है अध्यवसाय। निरन्तर परिश्रम और पूरी लगन के साथ पर्याप्त काल तक—कभी-कभी वर्षों तक—शारीरिक एवं बौद्धिक कार्य करके ही श्रेष्ठ अनुसन्धान-कार्य सम्पन्न किया जा सकता है। विषयानुसार कार्य की मात्रा और स्वरूप भिन्न हो सकते हैं, पर हर तरह के शोध में कर्त्तव्य-बोध के साथ काफ़ी समय तक कार्य करना पड़ता है। ठोस शोध-सामग्री जमा करने के लिए और विश्लेषण-अध्ययन करके निर्णयों को प्रबन्ध रूप में प्रस्तुत करने तक के कार्यों में विविध प्रकार के परिश्रम अपेक्षित हैं, और हर दशा में लगन की अनिवार्यता है।

३.२.९. **स्मरण-शक्ति** : स्मरण-शक्ति अनुसन्धाता की एक अमूल्य निधि है, जो उसके कार्य को सुगम और निष्कर्षों को मूल्यवान् बनाने में विशेष सहायक होती है। यद्यपि यथोचित रूप में नोट तैयार कर, नियमित रूप से नस्तित करने से, और आजकल कम्प्यूटरों का उपयोग करके दिमाग पर पड़नेवाले दमन और तनाव को कम किया जा सकता है, तो भी विभिन्न कालों में विभिन्न स्रोतों से मिलने वाली शोध-सामग्रियों के बीच के सम्बन्धों को पहचानने के लिए—कभी-कभी ये सम्बन्ध अत्यन्त सूक्ष्म बातों में होते हैं—स्मरण-शक्ति और प्रत्युत्पन्नमति ही सहायक होती हैं।

३.२.१०. **विषय में तत्परता और उसका पूर्वज्ञान** : यद्यपि कोई व्यक्ति प्रारंभ से ही किसी विषय का ज्ञान प्राप्त कर उसमें विशेष रुचि नहीं रखता, तो भी प्रायः यह देखा जाता है कि व्यक्तियों की अपनी विशिष्ट रुचियाँ होती हैं, मानसिक और बौद्धिक झुकाव होते हैं। थोड़े बहुत प्रयत्न से किसी में किसी विषय के प्रति रुचि उत्पन्न की जा सकती है, लेकिन पूर्वाध्ययन के फलस्वरूप अथवा मानसिक

पक्वता और झुकाव के कारण जिसमें गंभीर अध्ययन की प्रवृत्ति और किसी विषय में विशेष रुचि हो, उसके लिए उस विषय पर शोध करना अधिक सरल और उपादेय होगा।

३.२.११. **आधिकारिक विद्वानों और निर्देशक के प्रति मनोवृत्ति** : यह एक नाजुक और संकुल बात है। अनुसन्धाता में ऐसा एक अनासक्ति या अवैयक्तिकता का गुण होना चाहिए कि वह व्यक्ति और विचारों को अलग कर देख सके। बौद्धिक ईमानदारी के साथ ऐसी मानसिक विशालता भी होनी चाहिए कि किसी विषय के सम्बन्ध में उसके अधिकारी विद्वानों अथवा अपने निर्देशक से मतान्तर रखते हुए (जो अपने प्रमाणों पर आधारित होना चाहिए) भी उनके प्रति श्रद्धा रखे, और उलटे अधिकारी विद्वान् या निर्देशक के प्रति श्रद्धा रखने पर भी उनके मनों का अपने प्रमाणों के आधार पर परीक्षण कर खण्डन करने का साहस रखे, पर उनके प्रति श्रद्धा में कमी न हो। जो अनुसन्धाता पूर्व के आधिकारिक मतों या सिद्धान्तों का परीक्षण किये बिना उनको अन्ध श्रद्धा से स्वीकृत करेगा, वह शोध-क्षेत्र में कोई मौलिक योगदान नहीं कर सकेगा, पुराने मतों की ही लकीर पीटता रहेगा; और जो अधिकारी विद्वानों तथा निर्देशक के विचारों के खण्डन में उनके प्रति वह श्रद्धा खो बैठेगा, जिसके वे योग्य हैं, वह सामान्यतः सन्तुलित विचार में असमर्थ होकर, अपने शोध का मूल्य खो बैठेगा, अथवा वह अतिशय प्रतिभाशाली हो तो वैचारिक क्रान्ति का स्रोत बनकर अपने क्षेत्र में युग-प्रवर्तक बन जाएगा !

अनुसन्धान-रत साधारण शोध-छात्रों को इस छोटी-सी, पर नाजुक बात पर विशेष ध्यान रखना चाहिए, जिसके अभाव में अनेक छात्रों के शोध पूर्ण नहीं होते और अनेक अप्रत्याशित दुष्परिणाम होते हैं।

३.३. कुछ प्रायोगिक मत

३.३.१. ऊपर जिन गुणों की चर्चा की गयी है वे सामान्यतः सभी विषयों के शोध छात्रों को सफलता की राह पर ले जानेवाले गुण हैं। विश्व के अनेक विश्वविद्यालयों से अनुसन्धान से सम्बंधित अनुसन्धानों के कुछ रोचक परिणाम निकले हैं जिनकी संक्षिप्त चर्चा उपयोगी हो सकती है। डा० के० अच्युतन ने 'हिन्दू' पत्रिका के सम्पादक के नाम लिखित एक पत्र (२० सितंबर, १९७७) में अपने निर्देशक बुदापेस्ट विश्वविद्यालय के डा० के० स्टेलज़ेर (Stelczer) के मतों की चर्चा की है। डा० स्टेलज़ेर ने शोधकर्ता में अपेक्षित आठ गुणों की मात्राओं को यों प्रस्तुत किया है :—(१) तत्परता—५%, (२) खुला मन—१०%, (३) दृष्टि की विशालता—१५%, (४) कल्पना शक्ति—३०%, (५) निर्णय-दक्षता—१५%, (६) विषय का

सांकेतिक ज्ञान—१०%, (७) अनुभव—१०%, (८) जिम्मेदारी—५%, कुल—१००%।

द्रष्टव्य है कि यहाँ कल्पना-शक्ति (Imagination) को सबसे अधिक महत्त्व दिया गया है। 'कल्पना' का प्रयोग विशिष्ट अर्थ में किया गया है, जिसमें वह प्रकल्पनायें बनाने, पारस्परिक सम्बन्ध जोड़ने और तार्किक रीति से सैद्धान्तिक निर्णय करने की शक्ति को सूचित करती है। कल्पना के बिना किसी नये तथ्य का आविष्कार या नये सिद्धान्त का स्थापन नहीं हो सकता।

३.३.२. विविध गुण

एफ० एल० ह्विटनी ने (१९५८ : ४४) अमेरिका के विविध विश्वविद्यालयों में किये गये कार्यों पर आधारित ग्यारह प्रतिवेदन आकस्मिक नमूनों के रूप में चुनकर, उनमें शोधार्थियों के लिए अपेक्षित माने गये गुणों की एक तारतम्य तालिका बनायी है। इनमें कुल सत्तर गुणों का उल्लेख है। सबसे अधिक महत्त्व तर्क शक्ति को दिया गया है, जिसका उल्लेख नौ प्रतिवेदनों में है। इसके बाद सात प्रतिवेदनों में उल्लिखित सूक्ष्मता का और छः-छः में चर्चित बौद्धिक ईमानदारी एवं खुले मन का स्थान है। इसके बाद में आनेवाले गुण क्रमशः निम्नलिखित हैं :—

वस्तुनिष्ठता, मौलिकता (प्रत्येक-५), विवेचन शक्ति, स्मरण-शक्ति, स्वतंत्रता, स्थिरता, सोद्देश्यता (प्रत्येक-४), जागरूकता, संलग्नता, कार्यकुशलता, विनम्रता, तटस्थता, स्वबुद्धि, आत्म-विश्वास (प्रत्येक-३), सहयोगवृत्ति, अवैरुध्य, निर्माणात्मकता, धैर्य, उन्मेष, दक्षता, विश्वास, तीव्र निरीक्षण, तार्किकता, मनःशक्ति, सन्तुलन, विद्वत्ता, वैज्ञानिक कुशलता, आत्म नियंत्रण, विशेष-अभिरुचियाँ (प्रत्येक-२), महत्वाकांक्षा, आशंका, सृजनात्मकता, उत्सुकता, सत्य-कांक्षा, सर्वोत्तम होने की इच्छा, विराग, वाद-विवाद, प्रेम, अहन्ता, उदारता, सद्‌बुद्धि, सब्र, स्वास्थ्य, शौक, कल्पना-शक्ति, परिश्रम, प्रेरकता, आविष्कार-दक्षता, निर्णय क्षमता, नेतृत्व-क्षमता, सूत्रायोजन, सौम्यता, असामाजिकता (एकान्त-प्रियता), निरन्तर उत्साह, प्रौढ़ता, व्यवहार-बुद्धि, निश्चय-दृढ़ता, तुलनाश्रित तार्किकता, धार्मिकता, शोधोत्सुकता, आत्म-मूल्यांकन, गंभीरता, विश्वस्तता (ईमानदारी), रुचि, सहिष्णुता, अपरिवर्तनीयता और बहुज्ञता (प्रत्येक-१)

चूंकि इस तालिका का संकलन विविध व्यक्तियों से बनायी अलग-अलग तालिकाओं के आधार पर की गयी है, इसलिए कुछ वैरुध्यों का होना स्वाभाविक है। जहाँ अहन्ता गुण है, वहाँ विनम्रता भी। जहाँ सहयोगवृत्ति, विवाद प्रेम, और नेतृत्व क्षमता अपेक्षित है, वहाँ एकान्त-प्रियता भी उपयोगी है। इस तरह विरोधी

दीखनेवाली बातों के तात्पर्य को ठीक समझना आवश्यक है। यहाँ इतना ही कह सकते हैं, कि भिन्न-भिन्न परिस्थितियों में और भिन्न-भिन्न प्रकारों के कार्यों के लिए भिन्न-भिन्न गुणों का तुलनात्मक महत्त्व अधिक हो सकता है। दूसरी बात है कि सूक्ष्म अन्तर रखनेवाले गुणों को एक साथ मिलाकर उनकी संख्या को कम कर सकते हैं। ३.२.१. से ३.२.११ तक जिन गुणों की चर्चा की गयी है, वे विशेष महत्व के हैं, और प्रत्येक शोधार्थी को उन्हें अर्जित करने का प्रयत्न करना चाहिए।

———

: ४ :

शोध अनुशासन

४.०. शोध-सामग्री के निरीक्षण से अन्तिम निष्कर्ष तक के बौद्धिक कार्य ही अनुसन्धान का सबसे मुख्य अंग है, जिन पर शोध का मूल्य आश्रित रहता है। इस वैज्ञानिक बौद्धिक प्रक्रिया या चिन्तन की विविध दशाओं में पूर्णतः अनुशासित रूप में कार्य करने से अनुसन्धान प्रामाणिक एवं मूल्यवान होता है। शिकागो विश्वविद्यालय के प्रोफेसर ई० आर० डाउनिंग ने (१९२८; १९३४ : ५२-८८) वैज्ञानिक शोध-चिन्तन के सात तत्त्वों और विभिन्न दशाओं में ध्यान में रखने की सोलह बातों की चर्चा की है। कुछ परिवर्तनों के साथ यहाँ उनकी विस्तृत चर्चा की जाती है।

४.१. **सोद्देश्य निरीक्षण** : १. सूक्ष्म (accurate) हो, २. व्यापक (extensive) हो, ३. विविध परिस्थितियों में हो।

शोध सामग्री के प्रत्येक अंश का सूक्ष्म रूप में अवलोकन करने से ही अन्तिम निर्णय प्रामाणिक हो सकता है। शोध के उद्देश्य को दृष्टि में रखकर कुछ पहलुओं तक निरीक्षण को सीमित रखा जा सकता है, पर उन पहलुओं का निरीक्षण सूक्ष्म, विशद और समग्र होना चाहिए। विज्ञान, समाज-शास्त्र, शिक्षा, मनोविज्ञान, अर्थशास्त्र आदि का अध्ययन करते समय वस्तुओं, व्यक्तियों अथवा सिद्धान्तों का विविध परिस्थितियों में निरीक्षण कर उनकी प्रामाणिकता, पुष्टता और सांगत्य (Validity) का निर्णय करना आवश्यक है।

४.२. : **विश्लेषण संश्लेषण** ४. समस्यामूलक स्थिति में सभी प्रासंगिक तत्त्वों का चयन, ५. समानताओं और विषमताओं की परिगणना, ६. अपवादों पर विशेष ध्यान देकर उनकी अलग व्याख्या करना।

विषय सम्बन्धी जिन समस्याओं और तत्त्वों का अध्ययन किया जाता है, उनको विशेष महत्त्व देकर चुन लेना चाहिए। जो विशाल सामग्री सामने आती है

वह न किसी क्रमबद्ध रूप में होती है, न अध्ययनार्थ वर्गीकृत होती है। इस विशाल सामग्री से अपने विषय या समस्या के लिए अपेक्षित तत्त्वों को चुन लेना शोधार्थी का काम है।

किन्तु इसमें एक समस्या आती है। अध्ययन की प्रारंभिक दशाओं में यह पूर्ण रूप से स्पष्ट नहीं होता कि कौन-सी सामग्री प्रासंगिक और इसलिए अपेक्षित है, और कौन-सी अप्रासंगिक और अनपेक्षित। जो सामग्री पहले अप्रासंगिक या गौण लगे वह बाद में अनिवार्यतः आवश्यक हो सकता है। अतः शोधार्थी को सुरक्षित मार्ग को अपनाना चाहिए और प्रासंगिकता की संभावना को भी ध्यान में रखकर सामग्री का आकलन करना चाहिए। थोड़े बहुत शोध-अनुभव और विषय के व्यापक ज्ञान से ही इसमें सफलता हो सकती है।

शोध-सामग्री का विश्लेषण भी गहन दृष्टि की अपेक्षा रखने वाला कार्य है। विश्लेषण की दृष्टियों और प्रकारों की चर्चा अन्यत्र (अध्याय ७) की गयी है। यहाँ इतना कहना पर्याप्त है कि समानताओं और असमानताओं के आधार पर विभिन्न बातों का वर्गीकरण होना चाहिए। समान तत्त्वों, लगभग मिलते-जुलते तत्त्वों, काफ़ी भिन्न दीखने वाले तत्त्वों तथा बिलकुल विरोधी तत्त्वों का अलग-अलग चयन करके उनकी मात्रा, स्वरूप आदि के आधार पर निष्कर्षों पर पहुँचना होगा। तुलसी की नारी-सम्बन्धी दृष्टि के शोध में नारी निन्दा के प्रसंग, नारी की प्रशंसा के प्रसंग दोनों को लेकर उनका, तथा उनकी परिस्थितियों का विश्लेषण करके ही निर्णय किया जा सकता है। मैथिलीशरण गुप्त के सुधारवाद का अध्ययन करना हो तो उनकी सुधार-दृष्टि से सम्बन्धित तत्त्वों के अतिरिक्त उनकी परम्परावादी, परिवर्तन-विरोधी तथा सनातनी सभी प्रकार की प्रवृत्तियों का विश्लेषण करके संश्लिष्ट निर्णय पर पहुँचना होगा।

असन्तुलित दृष्टि अथवा पूर्वाग्रह के कारण किसी एक मत को अपनाकर, उससे मेल न खाने वाले अंशों को जाने-अनजाने उपेक्षित करने की प्रवृत्ति अनेक शोध-ग्रंथों में दिखायी पड़ती है। इसे शोध-दृष्टि से श्लाघनीय नहीं माना जा सकता।

और एक कठिनाई अपवादों की है। अनेक विषयों में यह देखा जाता है कि प्रचुर प्रमाणों के आधार पर कुछ निश्चित निर्णय बनाये जा सकते हैं, तो भी कुछ ऐसे अंश मिल जाते हैं, जो इस सामान्य निर्णयों के विरोधी हों। ऐसे सन्दर्भों में अपवादों पर अलग विचार करके, या तो सकारण उनकी स्वतंत्र व्याख्या की जा सकती है, अथवा अपवाद अत्यन्त सशक्त हों तो पूर्व निर्णयों का यथोचित रूप में संशोधन किया जा सकता है।

४.३. पूर्वज्ञान का पुनः स्मरण या प्रत्यानयन (Recall) : ७. व्यापक अध्ययन एवं अनुभव अपेक्षित है।

अपने अनुसन्धान को अधिक मौलिक बनाने के लिए और अपने सिद्धान्तों के मूल्यांकन के लिए विषय पर पहले किये हुए शोधों तथा पूर्व प्रकाशित मुख्य प्रकाशनों का ज्ञान आवश्यक है। पूरे विषय-क्षेत्र का सामान्य ज्ञान रखना निश्चित ही अनुसन्धाता के लिए एक सुविधा है। ऐसा व्यापक ज्ञान और अनुभव रखनेवाला छात्र अपने कार्य का आरंभ ही पर्याप्त उच्च स्तर से कर सकता है, और अधिक उन्नत स्तरों तक जा सकता है। पर्याप्त पूर्वज्ञान न होने पर (१) शोधकर्ता को विषय व अपने उद्देश्य का सामान्य स्वरूप ही ज्ञात नहीं होता, (२) विविध दशाओं में अपने निष्कर्षों को पूर्व-शोधों के साथ जोड़कर उनकी मौलिकता सिद्ध नहीं कर सकता और (३) कुल मिलाकर शोध उथला और शिथिल रह जाता है।

४.४. प्रकल्पना (Hypothesis) : ८. संभाव्य सभी कल्पनाओं की गणना। कार्य-कारण संबंधों की कल्पना करने की कुशलता।

समस्याओं का समाधान ढूंढ़ते या प्रतिभासों की परिस्थितियों अथवा कारणों का अध्ययन करते समय प्रायः एक से अधिक संभावनाएँ दिखायी देती हैं। ऐसी दशा में प्रत्येक संभाव्य समाधान या संकल्पन का प्राप्य प्रमाणों के आधार पर परीक्षण करना चाहिए। जल्दीबाज़ी में अथवा अपनी प्रतिबद्धताओं के कारण कुछ प्रकल्पनाओं को स्वीकृत करना, और बिना समुचित कारण के कुछ का तिरस्कार करना अनुचित है। शोध-ग्रन्थ के हर भाग में इस तरह समस्त संभावनाओं का परीक्षण आवश्यक है। सूक्ष्म अध्ययन तथा सन्तुलित मूल्यांकन एवं सिद्धान्त-निर्णय के लिए सभी संभावनाओं का परीक्षण अनिवार्य है।

प्रकल्पनाओं का सूझना व्यक्ति की बौद्धिक क्षमता और व्यापक अध्ययन-ज्ञान पर आश्रित रहता है। अनुसन्धाता को अपनी बुद्धि को इतनी तीक्ष्ण और अध्ययन को इतना विशाल बना लेना चाहिए कि उसमें किसी भी बात के विविध पहलुओं पर विविध दृष्टियों से विचार करने और संभावनाओं का अनुमान करने की क्षमता आवे।

४.५. प्रमाणों तथा प्रयोगों द्वारा परीक्षण : ९. प्रकल्पनाओं और अनुमानों के परीक्षण के लिए सकारात्मक और नकारात्मक प्रमाणों का उपयोग करके अथवा प्रयोगों के द्वारा निष्कर्ष की ओर उन्मुख होना।

प्रकल्पनाएँ बनाने के बाद पक्ष और विपक्ष में प्राप्य सभी प्रमाणों का आकलन अपेक्षित है। कुल प्रमाणों के आधार पर प्रकल्पनाओं को स्वीकृत करके अथवा प्रयोगों द्वारा उनको पुष्ट करके सिद्धान्त-निरूपण किया जा सकता है। वैज्ञानिक

विषयों में प्रयोगों का और अन्य विषयों में दूसरी तरह के प्रमाणों का उपयोग किया जाता है।

४.६. तर्क

(अ) सम्मति के आधार पर
(आ) विसम्मति के आधार पर
(इ) अवशेषों के आधार पर
(ई) सम्मति-सहित मतान्तरों के आधार पर
(उ) सम्मति-विसम्मति के संयुक्त आधार पर

१०. एक ही समय एक ही तत्त्व की गणना की जाय।

११. शोध सामग्री को नियमित और क्रम-बद्ध रूप में रखा जाय।

अनुसन्धान और सामान्य अध्ययन में एक मुख्य अन्तर यह होता है कि जहाँ सामान्य अध्ययन में अपनी दृष्टि से विषय का निरीक्षण करके कुछ मत व्यक्त करने की स्वतंत्रता रहती है, वहाँ अनुसन्धान में जहाँ तक संभव हो विविध दृष्टियों से देखने की और मत-मतान्तरों का परीक्षण कर अपने निष्कर्ष प्रस्तुत करने की आवश्यकता होती है। इस प्रक्रिया में तर्क-चिन्तन का विशेष महत्व होता है। (देखिये अध्याय ६.) विषय के विविध पहलुओं का अथवा उनसे सम्बन्धित पूर्व मतों का अध्ययन करते समय शोधकार कुछ तत्त्वों पर अपनी सम्मति व्यक्त कर उनको स्वीकृत कर सकता है। जहाँ विसम्मति हो वहाँ अपने समर्थन में प्रमाण प्रस्तुत करना आवश्यक है। कुछ ऐसे अवशिष्ट तत्त्व भी होते हैं जिनमें सम्मति-विसम्मति का विशेष महत्त्व नहीं होता। कहीं-कहीं कुछ मतों को सामान्यतः स्वीकृत करने पर भी उनके कुछ अंशों में परिवर्तन के सुझाव प्रस्तुत किये जा सकते हैं। इस तरह विविध दृष्टियों से तर्क-चिन्तन करते समय अध्ययन-विषय के विविध अंगों अथवा पहलुओं को अलग-अलग लेकर परीक्षण करने से अनुसन्धान में पर्याप्त गहराई आती है।

अर्थशास्त्र, समाजविज्ञान, मनोविज्ञान आदि में कार्य-कारण सम्बन्धों का निर्णय करते समय परिवर्तनीय (Variable) तत्त्वों में प्रत्येक को अलग-अलग लेकर उनके प्रभावों को निरीक्षित करना पड़ता है। उदाहरण के लिए स्कूली स्तर पर बीच में ही शिक्षा से छूट जाने वाले बालकों की इस प्रवृत्ति के कारणों का अध्ययन करना हो तो—

१. अन्य कारक तत्त्वों (Factors) के समान रहते माता-पिताओं का शिक्षा-स्तर इसके लिए कहाँ तक उत्तरदायी है ?

२. अन्य कारक तत्त्वों के बराबर रहते संरक्षकों की आर्थिक दशा का प्रभाव कितना है ?

३. अन्य कारक तत्त्वों के समान रहते पारिवारिक वातावरण का प्रभाव कितना है।

४. अन्य कारक तत्त्वों के समान रहते प्राप्य शिक्षा का स्तर और उसकी उपयोगिता कहाँ तक प्रभाव डालती है।

इस तरह भिन्न-भिन्न तत्त्वों का स्वतंत्र विश्लेषण करके ही निर्णयों पर पहुँचा जा सकता है।

दूसरी बात यह है कि किसी भी विषय में हो यथोचित विश्लेषण, पारस्परिक सम्बन्धन और तर्कपूर्ण निर्णय करने के लिए शोध-सामग्री का यथोचित रूप में संकलन, वर्गीकरण एवं क्रमीकरण भी आवश्यक है। अस्त-व्यस्त रूप में संकलित विशाल सामग्री के आधार न विवेकपूर्ण तर्क सम्भव है, न समीचीन सिद्धान्त निरूपण अतः सामग्री संकलन और वर्गीकरण करते समय क्रमबद्धता पर ध्यान रखा जाय तो बाद में तार्किक निर्णय का कार्य सरल होगा।

४.७. निष्कर्ष

१२. प्रमाण-सामग्री के पर्याप्त होने पर ही निष्कर्ष-निर्णय किया जाय।

१३. प्रमाण-सामग्री के प्रासंगिक और औचित्यपूर्ण होने पर ही निर्णय किया जाय।

१४. निष्कर्ष पक्षपात-रहित हो।

१५. निष्कर्ष अवैयक्तिक हो।

१६. जब तक यथोचित प्रमाण-सामग्री पर्याप्त मात्रा में न मिले तब तक निष्कर्ष स्थगित रखा जाय।

शोध के निष्कर्ष तभी महत्त्वपूर्ण होते हैं जब वे नये तथ्यों या सिद्धान्तों की स्थापना करते हैं, और इसमें प्रामाणिक रहते हैं। वे भविष्य के अनुसन्धाताओं के लिए रास्ते खोलते हैं। अतः उनको अपनी परिस्थितियों में प्रामाणिक होना चाहिए। इस बात को ध्यान में रखकर पर्याप्त मात्रा में उचित प्रमाण-सामग्री का संकलन, विश्लेषण और विशद अध्ययन करने के बाद ही निष्कर्षों पर पहुँचना चाहिए। जब तक ऐसी प्रामाणिक सामग्री पर्याप्त मात्रा में न मिले तब तक स्थिरीकृत निर्णय पर पहुँचना उचित नहीं है।

दूसरी बात यह है कि अनुसन्धान-निर्णय वैयक्तिक नहीं होना चाहिए। पर्याप्त प्रमाणों के अभाव में अटकल लगाकर 'मेरा मत यही है' कहने का अधिकार

शोधकार को नहीं है। प्रमाणों के होने पर निष्कर्ष अन्यों द्वारा परीक्षणीय हो जाते हैं, और अवैयक्तिक रहते हैं। जब तक इस तरह प्रमाणों द्वारा पुष्ट अवैयक्तिक निष्कर्ष करने की दशा नहीं आती, तब तक निष्कर्षों को स्थगित रखना अथवा अनिश्चित परीक्षणीय मतों के रूप में प्रस्तुत करना ही उचित है।

जितनी दृढ़ता के साथ उपयुक्त अनुशासन विधियों का पालन किया जाएगा, उतना ही अनुसन्धान का फल उपयोगी एवं मूल्यवान होगा।

: ५ :

अनुसन्धान के सोपान

५·० पहले के अध्यायों में यह स्पष्ट किया गया है, कि शोध किसी समस्या को पहचानने से लेकर उसे सुलझाने तक की, अथवा सत्य को जानने की अभिलाषा के उदय से लेकर उस सत्य का ज्ञान प्राप्त करने तक की व्यवस्थित एवं योजनाबद्ध प्रक्रिया या कार्यक्रम है। इस सम्पूर्ण प्रक्रिया को प्रायोगिक कार्य प्रणाली अथवा सुविधा को दृष्टि में रखकर कई अंगों में विभक्त किया जा सकता है। मनन एवं प्रायोगिक कार्य सम्बन्धी इन विभागों को 'अनुसन्धान के सोपान' मान सकते हैं। इन सोपानों तथा प्रत्येक सोपान में ध्यान देने योग्य बातों का ज्ञान अनुसन्धान को सरल, व्यवस्थित तथा प्रामाणिक बनाने में उपयोगी होगा।

किन्तु अनुसन्धान कार्य के विभाजन के स्पष्ट आधार निर्धारित नहीं हैं, अतः विभिन्न प्रकारों से विभाजन किया जा सकता है। कोलम्बिया विश्वविद्यालय के जॉन ड्यूई ने (१९३३ : १२) निम्नलिखित पाँच सोपान स्वीकृत किये हैं :—

१. किसी प्रत्यक्ष समस्या का अनुभव।

(अ) लक्ष्य-सिद्धि के लिए उचित साधन की अप्राप्यता की दशा में उसकी खोज।

(आ) किसी वस्तु के गुणों या स्वभावों की पहचान।

(इ) किसी अप्रत्याशित संभव का विशदीकरण।

२. प्रस्तुत समस्या का स्पष्ट शब्दों में कथन।

३. प्रस्तावित विशदीकरण या संभाव्य समाधान—कोई अनुमान, संकलपना, निष्कर्ष या सिद्धान्त।

४. पर्याप्त सामग्री या प्रमाणों के द्वारा प्रस्तुत समाधान से सम्बन्धित विचारों का प्रामाणिक विस्तार।

५. भावों का आकलन करके और प्रयोगों द्वारा संकल्पना का परीक्षण और

हार्वर्ड विश्वविद्यालय के टी० एल० केली ने (१६३२ : ५) इन पाँचों के साथ एक घंटा सोपान भी जोड़ा है—(६) भविष्य की अपेक्षाओं को दृष्टि में रखकर निष्कर्ष या सिद्धान्त का मूल्यांकन। यह मूल्यांकन कहाँ तक संभव या अपेक्षित है, यह एक विवादास्पद विषय हो सकता है।

उपर्युक्त विद्वानों ने मुख्यतः मनन-पक्ष को दृष्टि में रखकर ही यह विभाजन किया है। शोध-आयोजन तथा प्रथा प्रबन्ध-रूप में प्रस्तुति आदि को भी सम्मिलित करें तो कुछ अन्य सोपान भी आवश्यक लगते हैं। तत्कालीन शोध छात्रों के प्रायोगिक कार्यों को दृष्टि में रखकर निम्नलिखित रूप में शोध कार्य का विभाजन किया जा सकता है।

१. अनुभूत समस्या अथवा संकुल स्थिति—जिसका समाधान खोजना आवश्यक है।

२. समस्या का निर्धारण।

३. तात्कालिक समाधान या संकल्पना और समाधान की संभावना।

४. शोध के क्षेत्र तथा सीमाओं का निर्धारण।

५. सामग्री संकलन, विश्लेषण और पंजीकरण।

६. स्पष्टीकरण और प्रमाणन।

७. अन्य संभावनाओं के निषेध के द्वारा निष्कर्षों की पुष्टि।

८. प्रस्तुति।

इनमें से प्रत्येक के संभाव्य रूपों तथा आदर्श रूप को समझने से अनुसन्धान को सुगम तथा मौलिकतापूर्ण एवं सशक्त बनाया जा सकता है।

५.१. अनुभूत समस्या अथवा संकुल स्थिति

ज्ञान के किसी क्षेत्र में कोई अज्ञात तत्व या संकुल स्थिति हो, तो उसे सुलझाने या स्पष्टतः समझने की आकांक्षा होती है—या तो उसके प्रायोगिक उपयोग के कारण, अथवा मानव-सहज औत्सुक्य की पूर्ति के लिए। यही अनुसन्धान की प्रेरक बिन्दु है। यहीं अनुसन्धान का जन्म होता है।

विज्ञान और मानविकी के अनेक विषयों में किसी न किसी स्पष्ट समस्या को पहचानकर उसका हल ढूंढ़ने का प्रयास किया जाता है, जैसे मोटर गाड़ी चलाने के लिए पेट्रोल के बदले किस द्रव का उपयोग किया जा सकता है, क्षण रोगाणुओं के नियंत्रण के लिए उत्तम औषधि क्या है, कृत्रिम उपग्रह के द्वारा ध्वनि और प्रकाश तरंगों का संप्रेषण कैसे किया जा सकता है, ताज महल बनवानेवाला शाहजहाँ था या और कोई, ब्राह्मी लिपि का आविर्भाव कैसे हुआ ?—इत्यादि। यह आवश्यक

नहीं है कि इस तरह समस्या का बोध तत्काल सामने आनेवाली जीवन की ज़रूरत के बारे में ही हो, या तुरन्त उससे किसी जटिलता को सुलझाने का प्रयास हो। समस्या प्रायोगिक क्षेत्र की हो सकती है अथवा केवल किसी विषय से सम्बन्धित जिज्ञासा मात्र से उत्पन्न होनेवाली। विशेषकर दर्शन और साहित्य से सम्बन्धित समस्यायें ऐसी हैं, जिनके समाधान से कोई भौतिक लाभ नहीं होता, पर उनसे सम्बन्धित शोध से मनुष्य के मानसिक संस्कार का परिष्कार हो सकता है।

५.२. समस्या का निर्धारण

व्यवस्थित अनुसन्धान के लिए अगली सीढ़ी समस्या को स्पष्ट रूप में पहचानकर उसके स्वरूप का निर्धारण करना है, जिससे निर्दिष्ट दिशा में कार्य करने में सुविधा हो। अगर समस्या या शोध-विषय का स्पष्ट ज्ञान नहीं हो तो योजनाबद्ध कार्यक्रम के अन्दर निर्दिष्ट दिशा में प्रवृत्त होना असंभव होगा और अंधाधुंध बहुत कुछ काम करना पड़ेगा, जिसका वृहत् अंश निष्फल हो सकता है। इस तरह अपने शोध की समस्या का स्पष्ट ज्ञान न होने से अनेक शोधार्थियों को बीच में अटक जाना पड़ता है और विषय बदलने की अनिवार्यता होती है।

ऐसा पूर्वज्ञान प्राप्त करने के लिए निर्दिष्ट विषय में पहले ही कुछ कार्य करके समस्या का थोड़ा बहुत ज्ञान प्राप्त करना उपयोगी होगा। कुछ उच्च-शिक्षा संस्थानों में छात्रों के पंजीकरण का दृढ़ीकरण ही कुछ समय तक अनुसन्धान करके समस्या के स्वरूप को जानने और उसका प्रमाण देने पर होता है। ऐसा न हो तो भी छात्र और निर्देशक को इस पूर्वाभ्यास पर बल देना उपयोगी होगा। समस्या-निर्धारण के लिए निम्नलिखित कार्य उपयोगी होंगे—

(१) विषय के बारे में ज्ञात बातों का और उससे सम्बन्धित प्रकाशित साहित्य का अध्ययन करें। (२) अध्ययन के बीच आनेवाली असंगतियों, विसंगतियों, अस्पष्टताओं तथा वैरुध्यों पर ध्यान दें। (३) इनके आधार पर तात्कालिक रूप में समस्या का निर्धारण करें और (४) निर्देशक तथा अन्य विद्वानों से परामर्श करके उसका निर्णय करें या आवश्यक दीखे तो यथोचित परिवर्तन करें।

(दे० अध्याय १०—'शोध-विषय का चुनाव' भी)

५.३. तात्कालिक समाधान या प्रकल्पना (प्रसिद्धान्त) और समाधान की संभावना

जहाँ अनुसन्धान समस्यामूलक हो, किसी समस्या को हल करने के निश्चित लक्ष्य से प्रेरित हो, वहाँ, यह भी सोच लेना चाहिए कि अपने शोध की परिस्थितियों में उसका समाधान हो सकता है या नहीं। 'पृथ्वी में जीवन का आरंभ', 'भारतीय भाषाओं का मूल रूप', 'भारतीय साहित्य की सामान्य प्रवृत्तियाँ'

आदि विषय इतने विशाल और अस्पष्ट हैं कि किसी कालावधि के अन्दर ठोस निर्णय या शोध-फल की संभावना नहीं रखते। कुछ विषय अपनी अस्पष्टता के कारण और दूसरे कुछ प्रमाण-सामग्री की अप्राप्यता के कारण वैज्ञानिक अनुसन्धान के लिए उपयुक्त नहीं होते। विषय- चयन करते समय ही इस बात पर ध्यान रखकर ऐसे ही विषय चुनने चाहिए जिनके बारे में स्पष्ट या निश्चित समाधान संभव है।

जहाँ अनुसन्धान समस्यापरक नहीं होता, केवल विवरणात्मक होता है, वहाँ यह समस्या नहीं उठती, पर वहाँ भी यह देख लेना चाहिए कि प्रासंगिक सभी सामग्री, बिना अपवाद के, पूर्ण रूप से मिल जाती है या नहीं।

विषय का थोड़ा बहुत अध्ययन करने के बाद उससे कुछ तथ्य और उनको अनुचालित करने वाले कुछ नियम दृष्टिगत होने लगते हैं। इस दशा में न सम्पूर्ण प्रासंगिक सामग्री का संकलन-अध्ययन हुआ होता है, न बनाये जाने वाले सिद्धान्तों के पूर्ण और अकाट्य प्रमाण मिले होते हैं, किन्तु इनके मिलने की आशा रहती है। ऐसे तात्कालिक समाधान या सिद्धान्त को संकलपना या प्रसिद्धान्त या प्रकल्पना (Hypothesis) कहा जाता है। इस तरह तत्कालीन नियम बनाने के बाद अधिक सामग्री का अध्ययन करके पक्ष और विपक्ष में प्रमाण इकट्ठे किये जाते हैं, और समस्त प्रमाणों के आधार पर सिद्धान्त या नियम का निर्णय अथवा वस्तु-सत्य का उद्घाटन किया जाता है।

याद रखने की बात है कि 'प्रकलपना', 'सिद्धान्त', 'नियम' आदि में वस्तुतः अधिक अन्तर नहीं होता। ये अपनी ही विशेषताओं या गुणों या प्रक्रियाओं के कारण भिन्न-भिन्न नहीं होते, अध्ययन की दशा के अनुसार ही भिन्न होते हैं। यह संभव है किसी विषय के बारे में बनायी गयी प्रकल्पना (Hypothesis) ही अधिक सामग्री द्वारा प्रमाणित होकर सिद्धान्त या नियम के रूप में स्वीकृत की जाय। प्रायः प्रकल्पनाओं को थोड़े-बहुत परिवर्तनों के साथ स्वीकृत करके सिद्धान्त या नियम बनाना पड़ता है। कभी-कभी किसी विषय के बारे में एक से अधिक संकलपनाएँ बनानी पड़ती हैं और अधिक प्रमाणों के आधार पर उनमें से एक अथवा अनेक के आधार पर सिद्धान्त बनाना पड़ता है।

प्रकलपना बनाने का उपयोग यह होता है कि प्रारंभ में विषय की अधिक जानकारी के बिना जो दिशाहीन अध्ययन किया जाता है, उसे एक निश्चित दिशा मिलती है। प्रकल्पना बनाने के बाद का अध्ययन अधिक नियंत्रित एवं लक्ष्य-केन्द्रित होता है। दूसरा प्रयोजन यह है कि प्रकल्पना की दशा में ही विषय की संभावना बहुत कुछ स्पष्ट हो जाती है और यदि पर्याप्त मात्रा में प्रासंगिक सामग्री अथवा पर्याप्त प्रमाण मिलने की संभावना न दीखे तो प्रस्तुत विषय को छोड़ा जा सकता है।

५.४. शोध के क्षेत्र तथा सीमाओं का निर्धारण

अन्तिम समाधान या सिद्धान्त निर्णय से जुड़ी हुई एक बात है शोध क्षेत्र की व्याप्ति और सीमाओं का स्पष्ट निर्धारण। प्रायः सभी विषयों पर—यदि वे शोध-योग्य हों तो—बिना सीमा के अध्ययन किया जा सकता है। अध्येय वस्तु की मात्रा, अध्ययन की दृष्टि, विश्लेषण की प्रणाली, आदि में इतनी विभिन्नता संभव है कि अपने शोध के सन्दर्भ में इन तत्वों की सीमा निर्धारित न करें तो कार्य में शैथिल्य की और निर्णय में अनिश्चयता की संभावना रहती है।

अनेक शोध प्रबन्धों में यह देखा जाता है कि मूल प्रमेय वस्तु से सम्बन्ध न रखनेवाली बहुत सी बातें आ जाती हैं, पर मूल विषय के पूर्ण विश्लेषण और प्रमाणन के लिए अपेक्षित सामग्री नहीं आती। इससे शोध-ग्रन्थ में अनावश्यक विस्तार तो आता है, पर ग्रन्थ शोध-दृष्टि से दुर्बल होता है। यह याद रखा जाय कि रोचक प्रसंगों का आकलन शोध ग्रन्थ का लक्ष्य नहीं है, पर कुछ तथ्यों का प्रामाणिक निरूपण ही उसका उद्देश्य है।

इसी तरह शोधकार की दृष्टि निर्धारित नहीं हो तो शोध-ग्रन्थ में आन्तरिक वैरुध्य की संभावना रहती है। अन्ततः शोध प्रबन्ध को मूल्यवान् बनानेवाली चीज़ अनुसन्धानकर्ता द्वारा उद्घाटित नये तथ्यों के अतिरिक्त—शायद उन तथ्यों से बढ़कर—उसकी मौलिक दृष्टि भी होती है। अतः यह अनिवार्य है कि अपने पूर्व के तथा अपने काल के विशेषज्ञों की दृष्टियों को समझने के साथ-साथ प्रारम्भ से ही अपनी एक दृष्टि विकसित करने का प्रयास किया जाय, जो सम्पूर्ण शोध-कार्य में प्रतिबिम्बित हो।

अनुसन्धान का आरम्भ करते समय इस तरह विषय के क्षेत्र, दृष्टि आदि का स्पष्ट निर्धारण कठिन या असम्भव होगा। इसलिए कुछ विश्वविद्यालयों में पंजीकरण के समय विषय का व्यापक क्षेत्र बनाना पर्याप्त है। कुछ समय के बाद निश्चित शीर्षक देना पड़ता है। स्पष्ट है कि विषय का थोड़ा बहुत अध्ययम करने के बाद ही अपने कार्य के स्पष्ट स्वरूप और सीमाओं का ज्ञान हो सकता है।

५.५. सामग्री-संकलन, विश्लेषण और पंजीकरण

अनुसन्धान कार्यक्रम का सबसे विस्तृत और मुख्य अंग है सामग्री-संकलन, विश्लेषण और पंजीकरण। विषय के अध्ययन के लिए उपयोगी सामग्रियों के प्रकार, उनके स्रोत तथा संचित करने के तरीकों के बारे में अलग-अलग विस्तृत चर्चा की जाएगी। (दे० अध्याय १३, 'सामग्री-संकलन') यहाँ इतना ही कहना पर्याप्त है कि समस्या या शोध-विषय के स्वरूप और शोध के उद्देश्य को दृष्टि में रखकर उचित स्रोतों से सभी प्रासंगिक सामग्रियों का संचय कर लेना चाहिए और वैज्ञानिक ढंग

से उनका वर्गीकरण करना चाहिए। सामग्री संचित करते समय ही उनका नस्तीकरण (फाइलिंग) करते जाना प्रायोगिक दृष्टि से अत्यन्त महत्त्वपूर्ण कार्य है।

५.६ विश्लेषण और प्रमाणन

शोध में अध्ययन की जो बौद्धिक प्रक्रिया है, वही विश्लेषण है। सामग्री का विश्लेषण करते हुए निष्कर्षों पर पहुँचना, और प्राप्त निष्कर्षों के प्रमाणन के लिए विश्लिष्ट सामग्री का उपयोग करना एक तरह से अनुलोम-प्रतिलोम कार्य है। दूसरे शब्दों में, जिन निष्कर्षों पर पहुँचना है, उनको दृष्टि में रखकर (जो कुछ ठोस कार्य करने के बाद ही संभव होगा) सामग्री का विश्लेषण करके, उनके अंग-प्रत्यंगों का निर्णय और कार्य-कारण सम्बन्धों का निर्धारण करना होगा। अन्त में निष्कर्ष प्रस्तुत करते समय उनको इस स्पष्ट विश्लिष्ट सामग्री के द्वारा प्रामाणित भी करना होगा। विश्लेषण और प्रमाणन की विस्तृत चर्चा अन्यत्र देखें।

५.७. अन्य सम्भावनाओं का निषेध

तात्कालिक समाधान या प्रकलपना की चर्चा के प्रसंग में (५.३) यह बताया गया है कि समस्या के जितने समाधान हो सकते हैं, उन सबकी गणना की जानी चाहिए। धीरे-धीरे प्रमाण-सामग्री का संचय कर अपने सिद्धान्तों या निर्णयों की पुष्टि की जाती है, तब स्वभावतः कुछ सम्भावनाओं को स्वीकृत किया जाता है। साथ-साथ यह भी आवश्यक है कि अस्वीकार्य सम्भावनाओं का सप्रमाण निषेध भी किया जाय। सकारात्मक या नकारात्मक प्रमाणों से निषेध किया जा सकता है। जिन सम्भावनाओं के विरुद्ध प्रत्यक्ष प्रमाण मिलते हैं उनको सीधे तिरस्कृत किया जा सकता है। जिन सम्भावनाओं के समर्थन के लिए स्पष्ट प्रमाण नहीं मिलते उनको तात्कालिक रूप में अस्वीकृत करके, पक्ष या विपक्ष के प्रमाणों की खोज जारी रखनी चाहिए। किसी तरह का प्रमाण न मिलने पर ऐसी सम्भावनाओं को तिरस्कृत किया जा सकता है।

इस तरह समस्त सम्भावनाओं का निरीक्षण कर स्वीकार्य एवं अस्वीकार्य सम्भावनाओं को पहचाना न जाय, तो अनुसन्धान का निष्कर्ष भी दुर्बल होगा। रामचरित मानस और कम्ब—रामायण में राम-सीता के पूर्वराग के प्रसंग के वर्णन हैं। कम्ब रामायण पूर्व की रचना है, और मानस बाद की। अब इन्हीं बातों के आधार पर इस निष्कर्ष पर पहुँचना उचित नहीं होगा कि तुलसी कम्ब-रामायण से प्रभावित हैं। जब तक अधिक सशक्त प्रमाण न मिले—जैसे किसी असामान्य भाव में अथवा विशिष्ट शैली में एकरूपता, जो आकस्मिक नहीं हो सकती—तब तक यह निष्कर्ष अप्रमाणित रहेगा। दूसरी ओर तुलसी के अन्य सम्भाव्य स्रोतों पर—जैसे संस्कृत के अन्य रामायणाश्रित ग्रन्थ (प्रसन्न राघव, हनुमन्नाटक आदि), हिन्दी

की ही पूर्व काव्य-परम्परा (अनेक वीरगाथा काव्यों में पूर्वराग के वर्णन हैं)—भी विचार करके निर्णय करना होगा। इसके अतिरिक्त इस बात पर भी ध्यान देना चाहिए कि तुलसीदास किसी पूर्व लेखक का पल्ला न पकड़कर स्वयं जीवन से भी ऐसी बातों को ले सकते थे।

अतः शोध कार्य में स्वीकृत सिद्धान्तों की पुष्टि को जितना महत्व दिया जाता है, उतना ही महत्त्व अस्वीकार्य तत्त्वों के निषेध को भी देना है। साहित्य में ही नहीं, मानविकी और विज्ञान में भी इसे सत्य माना जा सकता है।

५.८. प्रस्तुति

उपर्युक्त कार्य प्रणाली के द्वारा अनुसन्धान के जिन निष्कर्षों पर पहुँचा जाता है, उन्हें 'शोध-निबन्ध' (रिपोर्ट) या शोध प्रबन्ध (थीसिस) में प्रस्तुत किया जाता है। वस्तुतः रिपोर्ट में निष्कर्ष ही विशेष महत्त्व के होते हैं, पर उनकी स्पष्टता के लिए (१) शोध की आधार-सामग्री, (२) प्रमाण-सामग्री तथा (३) विश्लेषण एवं तर्कों को भी प्रस्तुत किया जाता है। शोध प्रबन्ध के स्वरूप एवं अंगों की चर्चा अन्यत्र की जाएगी। (दे० अध्याय १६)

अनुसन्धान एक अत्यन्त महत्त्वपूर्ण कार्य है जिसके फलस्वरूप भविष्य के लिए निरूपित सत्य, प्रमाणित सिद्धान्त और गम्भीर विचार जहाँ तक सम्भव हो त्रुटि-रहित, सन्तुलित और शुद्ध (Acourate) रूप में प्रस्तुत किया जाता है। इसके लिए अनुसन्धान के प्रत्येक पग पर पूर्ण अनुशासन की आवश्यकता हैं। शोध कार्य के आरम्भ से लेकर विविध कार्यों में पूरी निष्ठा, और तत्परता की जरूरत है। विविध चरणों पर जिन बातों पर ध्यान देना है, उनके महत्त्व को दृष्टि में रखकर उनकी चर्चा अगले अध्यायों में की जाती है।

———

: ६ :

तर्क-पद्धतियाँ

६.० अनुसन्धान की प्रक्रिया का एक महत्वपूर्ण अंश है तर्क। सामने प्रस्तुत विविध प्रकारों की समग्री का विश्लेषण कर, उद्दिष्ट परिणामों या निष्कर्षों पर पहुँचने के लिए चिन्तन का महत्व हम देख चुके हैं। अनुसन्धान में वस्तु, तथ्य या विचार सम्बन्धी ऐसे निष्कर्ष प्रस्तुत करने पड़ते हैं, जो उपलब्ध सामग्री के द्वारा प्रमाणित हों। इस प्रमाणन के लिए स्वीकृत चिन्तन पद्धति तर्क है। विशेष प्रतिभासों के आधार पर सामान्य निष्कर्ष, तथ्यों और प्रक्रियाओं से सिद्धान्त, आदि के निर्माण के लिए तर्क का आश्रय लेना पड़ता है। विविध विषयों में तर्क की मात्रा में अन्तर हो सकता है, पर किसी तरह का अनुसन्धान तर्क-प्रक्रिया से पूर्णतः मुक्त नहीं होता। दार्शनिक सिद्धान्तों के निरूपण में तर्क का ही अधिक महत्त्व है, तो अर्थशास्त्र, समाजशास्त्र, यहाँ तक कि विज्ञान में भी विविध तर्क-पद्धतियों का उपयोग करके ही निर्णयों पर पहुँचना पड़ता है।

सिद्धान्तों के प्रमाणीकरण के लिए मुख्यतः दो तर्क पद्धतियों का उपयोग किया जाता है—(१) निगमनात्मक पद्धति (Deductive method) और (२) आगमनात्मक पद्धति (Inductive method)। अनुसन्धान में निष्कर्षों को प्रमाणित करने के लिए, सिद्धान्तों को निरूपित करने के लिए इन पद्धतियों का ज्ञान आवश्यक है। इसके अभाव में अनेक शोध ग्रंथों में ऐसे सिद्धान्तों पर पहुँचा जाता है जो या तो प्रमाणित नहीं होते या दुर्बल प्रमाणों के द्वारा प्रमाणित होते हैं। शोध ग्रंथ में इसे एक बड़ी दुर्बलता माना जाएगा।

६.१. निगमन पद्धति (Deductive Method)

निगमनात्मक पद्धति में पूर्व निर्णीत सिद्धान्त या सामान्य सत्य से तर्क-रीति द्वारा अज्ञात विशेष सत्य को प्रमाणित किया जाता है।

प्रायः ज्ञान सत्यों के आधार पर दो कथन (syllogism) होते हैं, जिनसे एक तीसरे सत्य का निगमन होता है।[1]

उदाहरणार्थ

१. सभी मनुष्य मरते हैं। (आधारभूत सामान्य कथन)

२. गोविन्द मनुष्य है। (विशेष सम्बन्धी उपकथन)

इनसे यह निगमन अनिवार्य है—

३. गोविन्द मरेगा।

इसी तरह—

१. मछलियाँ अंडे देती हैं। (सामान्य कथन)

२. मगर मच्छी अंडे नहीं देती। (विशेष उपकथन)

३. मगर मच्छी मछली नहीं है। (निगमन)

अरस्तू जैसे ग्रीक चिन्तकों ने इसी तर्क पद्धति का उपयोग कर सिद्ध किया कि प्रामाणिक तथ्यों पर आधारित निर्णय स्वीकार्य सत्य होते हैं। लेकिन इसमें ध्यान रखने की बात है कि सभी प्रमाणों का सूक्ष्म परीक्षण किया जाय और अप्रासंगिक या अप्रमाणित बातों को परीक्षण की परिधि में नहीं लाया जाय, और उनके आधार पर सामान्य कथन नहीं किया जाय। एक उदाहरण द्रष्टव्य है—

१. मनुष्य बोलने वाला प्राणी है। (सामान्य कथन)

२. रमेश नहीं बोलता। (विशेष उपकथन)

इनसे यह निगमन होना चाहिए कि रमेश मनुष्य नहीं है, जो ठीक नहीं है। किन्तु यहाँ पहले वाक्य का कथन ही पूर्णतः प्रमाणित सत्य नहीं है। यहाँ दो बातें विचारणीय हैं—(१) बोलने के अतिरिक्त मनुष्य के अन्य कई गुण भी हैं, जो रमेश में प्राप्य हैं। (२) विशाल संख्या में मनुष्यों का परीक्षण किया जाय, तो ज्ञात होगा कि (रमेश ही नहीं) अन्य कई मनुष्य भी नहीं बोलते, माने प्रथम आधार वाक्य के सामान्य कथन की प्रामाणिकता पूर्णतः सिद्ध नहीं है।

भारतीय तर्कशास्त्र (न्याय) में न्याय वाक्य के पाँच अंग माने गये हैं। ईसा पूर्व प्रथम शताब्दी के जैन ग्रंथकार भद्रबाहु द्वारा प्रस्तुत इस पद्धति के पाँच वाक्य हैं—

१. पूर्वपक्ष (प्रतिज्ञा) — मोहन मरेगा।

२. हेतु — क्योंकि वह मनुष्य है।

३. उदाहरण — सभी मनुष्य मरते हैं।

---

1. Reasoning from the known to the unknown, by a deductive process whose basis is a syllogism. The syllogism provides a means of testing the validity of any given conclusion of idea. —Hillway, T. : 1956 : 8

४. प्रयोग (उपनय) — मोहन भी मनुष्य है।
५. निगमन — अतः वह भी मरेगा।

ईस्वी चौथी शती में जीवित वसुबन्धु ने परार्थानुमान के लिए उपर्युक्त पाँचों अंगों को अनिवार्य और स्वार्थानुमान के लिए प्रथम तीनों को पर्याप्त माना।

यहाँ पूर्वपक्ष से सम्बन्धित तत्व के हेतु के आधार पर सामान्य तत्व का कथन होता है, और फिर उससे निगमन सिद्ध होता है।

अनुसन्धाता को ध्यान रखना चाहिए कि जो आधार वाक्य दिये जाते हैं, वे सब तथ्याश्रित या प्रमाणित हों। अनेक शोध प्रबन्धों में यह देखा गया है कि ऐसे प्रामाणिक आधार न होने से या समुचित तर्क के अभाव के कारण सन्दिग्ध निगमन प्राप्त किये जाते हैं। इससे बचना विषय के सबल निरूपण के लिए अनिवार्य है।

दूसरी ओर 'एक-तात्त्विक प्रमाण' (single factor evidence) के आधार पर (जैसे (१) मनुष्य बोलने वाला प्राणी है। (२) रमेश नहीं बोलता) निर्णय करना भी नहीं चाहिए। सभी प्रासंगिक तत्त्वों का (यहाँ मनुष्य के सभी अनिवार्य और वैकल्पिक तत्त्वों का) परीक्षण करके ही निर्णय करना चाहिए। वरना प्रमाणीकरण पूर्णतः स्वीकार्य नहीं होगा।[1] अनुसन्धान के निगमन दुर्बल प्रमाणों पर आधारित नहीं होने चाहिए।

६.२. आगमन पद्धति (Inductive Method)

प्रत्यक्ष विशेष तथ्यों के आधार पर सामान्य सिद्धान्तों पर पहुँचना आगमन पद्धति (Inductive method) की प्रक्रिया है।

किसी वस्तु या प्रक्रिया में जो तथ्य या प्रमाण मिलते हैं, उनका निरीक्षण किया जाता है, और इस तरह अनेक समान वस्तुओं या प्रक्रियाओं में परिलक्षित विशेष तत्त्वों के आधार पर सामान्य सिद्धान्त बनाये जाते हैं। जैसे यह देखा जाता है कि एक गिलास के पानी को ठंडा करके बरफ़ बनाया जाय तो उसका घनमान बढ़ता है। इस तरह अनेक निरीक्षणों से यह सिद्धान्त या नियम बनाया जाता है कि पानी जब बरफ़ बनता है, तब उसका घनमान बढ़ता है। यह सामान्य सिद्धान्त बनाने के लिए संसार के समस्त जल को बरफ़ बनाकर देखना आवश्यक नहीं है।

---

1. एक उदाहरण द्रष्टव्य है—रामचरित मानस में रामसीता के पूर्व राग का चित्रण है। उसके पूर्व के तमिल के कम्बर की रामायण में भी पूर्व राग का वर्णन मिलता है। इन बातों से यह निर्णय किया जाता है कि तुलसीदास कम्बर से प्रभावित हैं। यहाँ तर्क में ये त्रुटियाँ हैं—1. तुलसी के अन्य संभाव्य स्रोतों का परीक्षण कर उनका तिरस्कार नहीं किया गया है और २. तुलसी के कम्बर की रामायण से परिचित होने की बात असंदिग्ध रूप में प्रमाणित नहीं की गयी है।

इतालियन चित्रकार लियोनार्डो दि विंची ने पहले पहल इस पद्धति का व्यापक प्रयोग किया और बाद में अंग्रेज चिन्तक फ्रान्सिस बेकन (१५६१-१६२६) ने इसे एक सिद्धन्त के रूप में प्रतिष्ठित किया। बेकन ने निगमनवादियों की कटु शब्दों में आलोचना की, क्योंकि उनके समय तक निगमन पद्धति से अप्रमाणित सामान्य सत्यों अथवा तथाकथित प्रामाणिक व्यक्तियों के कथनों के आधार पर भ्रान्त निष्कर्षों को प्रमाणित सत्यों के रूप में प्रतिष्ठापित करने की प्रथा व्यापक रूप में चल पड़ी थी। ऐसे तर्क वाद-विवाद में जीतने के लिए उपयोगी होने पर भी सत्य को खोज निकालने में उपयोगी नहीं थे। इस कारण से बेकन ने इस बात पर बल दिया कि विशेष वस्तु-सत्यों का व्यापक रूप में निरीक्षण करके ही सामान्य सिद्धान्त बनाये जा सकते हैं।

६.३. निगमन पद्धति और आगमन पद्धति के मुख्य अन्तर

(क) निगमन पद्धति सिद्धान्त केन्द्रित है, और आगमन पद्धति वस्तु केन्द्रित। दूसरे शब्दों में, निगमन पद्धति में सामान्य सिद्धान्त से विशेष तथ्य की ओर जाकर उनके गुणों का परीक्षण किया जाता है, तो आगमन पद्धति में विशेष वस्तुओं के गुणों के आधार पर सामान्य सिद्धान्त बनाये जाते हैं।

(ख) निगमन पद्धति में कुछ अनुमान से काम लिया जाता है, पर आगमन पद्धति में केवल तथ्यों को आधार बनाया जाता है।

(ग) निगमन पद्धति में सैद्धान्तिक कथन के रूप को आधार मानकर अन्य तत्त्वों की सत्यता को प्रमाणित या अप्रमाणित किया जाता है, जबकि आगमन पद्धति में वस्तुओं का परीक्षण कर निर्णयों पर पहुँचा जाता है।

(घ) अतः निगमन पद्धति का उपयोग दर्शन, गणित आदि में अधिक होता है, और आगमन पद्धति का प्रयोग वैज्ञानिक शोध में होता है।

६.४. साहित्य और मानविकी के प्रयोगिक क्षेत्रों में

साहित्य और मानविकी के विविध विषयों में दोनों पद्धतियों का उपयोग हो सकता है, और यथोचित रूप में होना चाहिए। अनुसन्धाता को चाहिए कि वस्तुनिष्ठ या प्रमाणित तथ्यों का पर्याप्त मात्रा में संकलन करे और आगमन पद्धति से निष्कर्षों पर पहुँचे। किसी युग के साहित्य के सम्बन्ध में, जिसके बारे में विशेष जानकारी नहीं है, सामान्य सिद्धान्तों का निर्णय करने के लिए, उस युग की रचनाओं का पर्याप्त मात्रा में विश्लेषण कर प्रत्येक रचना की प्रवृत्तियों का लेखा तैयार किया जाता है। फिर सामान्य प्रवृत्तियों के आधार पर उनका वर्गीकरण कर, उन प्रवृत्तियों को युगीन-साहित्य की विशेषता माना जाता है। प्रारंभ काल में हिन्दी साहित्य का काल विभाजन करनेवाले इतिहासकारों को इसी तरह प्राथमिक सामग्री का विश्लेषण करके निर्णयों पर पहुँचना पड़ा।

इसी तरह विशेष आर्थिक, सामाजिक या मनोवैज्ञानिक तत्त्वों का विश्लेषणात्मक अध्ययन करके तत्सम्बन्धी सामान्य नियम बनाये जाते हैं। यही असल में शोध की वैज्ञानिक प्रणाली है।

लेकिन कभी-कभी ऐसे अध्ययन के लिए प्रत्यक्ष आधारभूत सामग्री पूर्ण रूप से नहीं मिलती, जैसे प्राचीन इतिहास, साहित्य, संकुल मनोवृत्तियाँ, सूक्ष्म आर्थिक और सामाजिक प्रक्रियायें या परिवर्तन आदि के सन्दर्भों में। तब निगमन पद्धति का भी सहारा लेना पड़ता है। अज्ञात विषयों के बारे में सामग्री-संचय करते समय सम्पूर्ण प्रासंगिक सामग्री नहीं मिले तो, प्राप्त सामग्री के आधार पर—वह भले ही अपूर्ण और अपर्याप्त हो—कुछ सामान्यीकृत निष्कर्ष बनाने पड़ते हैं, और पुनः निगमनात्मक दृष्टि से उनके प्रमाणों की खोज करनी पड़ती है। इसे निगमनात्मक कूद (deductive leap) या विश्वास की कूद (leap of faith) कहा जाता है (ह्विट्नी : १९५८ : ६) मान लें कि किसी प्राचीन ग्रन्थ के कुछ हस्तलिखित पृष्ठ मिलते हैं। इनके आधार पर ग्रन्थ की भाषा, लेखक की चिन्तन प्रणाली, शैली, काल आदि के बारे में कुछ तात्कालिक अनुमान किया जा सकता है और उसके पक्ष या विपक्ष में प्रमाण जुटाकर उसे प्रमाणित, तिरस्कृत या परिवर्तित किया जा सकता है। रोगी की चिकित्सा करने वाले डाक्टर को कभी-कभी बाह्य लक्षणों से रोग का निश्चित निर्णय करना कठिन होता है। तब वह दृष्ट चिह्नों के निरीक्षण से रोग का अनुमान करता है, और औषधि का प्रयोग करके अपने पूर्व-निर्णय को पुष्ट या परिवर्तित करता है। किसी प्रदेश में उत्पादनों के बढ़ने के बावजूद उनके मूल्य गिरने के बदले में बढ़ते जाएँ तो उसके कारणों का अनुमान करके, उचित सामग्री का संचय करके अनुमान का स्थिरीकरण करना पड़ता है। इस तरह सभी विषयों में निगमन पद्धति का थोड़ा बहुत उपयोग होता है। लेकिन बड़ी सतर्कता से उसका प्रयोग करना चाहिए।

अरस्तू ने तो निगमनों के आधारभूत सामान्य तत्त्वों (generalisations) को प्रत्यक्ष तथ्यों पर आधारित रखा। प्रत्यक्ष प्रमाण जितने व्यापक होते हैं, सामान्यीकृत निगमन भी उतने ही प्रमाणित होते हैं। परवर्ती चिन्तकों ने इस मुख्य बात की अवगणना करके अपर्याप्त सामग्री के आधार पर या आर्ष वचनों को स्वीकृत कर सिद्धान्त बनाये और मात्र तर्क वितर्कों के लिए उनका प्रयोग किया। उनका उद्देश्य वस्तुनिष्ठ सत्य का उद्घाटन नहीं था, मात्र तर्क में जीतना था। आज भारत में भाषा, शिक्षा-माध्यम राष्ट्रभाषा, आर्थिक और

व्यावसायिक विकास, राजनैतिक तंत्र आदि के क्षेत्रों में ऐसे कई प्रमादपूर्ण सिद्धान्त प्रचलित हैं, जिनका पल्ला पकड़कर पक्ष-विपक्ष में काफी तर्क किया जाता है, पर सत्य तक पहुँचने का अप्रतिबद्ध प्रयत्न नहीं किया जाता। हिन्दी साहित्य में भी विविध वादों या मतों से सम्बन्धित विपुल मात्रा की चर्चाएँ इसी पद्धति के आधार पर होती हैं, जो निष्पक्ष निर्णय और तटस्थ मूल्यांकन में बाधक है।

अनुसन्धाता को इस तरह अप्रमाणित, अर्द्ध-प्रमाणित अथवा अपूर्ण तथ्यों पर आधारित सैद्धान्तीकरण और उसपर आश्रित निगम का एक दम वर्जन करना चाहिए।

६.५. वैज्ञानिक तर्क पद्धति

वैज्ञानिक तर्क-पद्धति पूर्णतः निरीक्षित या प्रमाणित तथ्यों पर आधारित होती है। वस्तुनिष्ठ सत्यों या तथ्यों का विश्लेषण कर निष्कर्ष निकालने के लिए उसका उपयोग किया जाता है। किन्तु वस्तुनिष्ठ सत्य ही एक मात्र सत्य नहीं होता। मनुष्य चिन्तन और मनन करनेवाला प्राणी है। उसने अपने एक मनोजगत् का निर्माण कर रखा है, जिसके सत्यों तक पहुँचने के लिए विज्ञान के तरीक़े, वस्तुनिष्ठ निरीक्षण और आगमनात्मक तर्क उपयोगी नहीं होते। तुलसीदास के जीवन काल का निर्णय वस्तुनिष्ठ तथ्यों के आधार पर किया जा सकता है (इसमें समस्याएँ हो सकती हैं, पर वे भिन्न प्रकार की हैं), पर 'मानस' की रचना की प्रेरणा के रूप में उनकी कौनसी मनोदशा रही, इसका निर्णय करना सहज नहीं है। जिन विषयों का मनोजगत् से थोड़ा भी सम्बन्ध होता है, उनके बारे में अनुसन्धान करते समय पूर्णतः वैज्ञानिक या वस्तुनिष्ठ प्रणाली का उपयोग संभव नहीं है।

साहित्य क्षेत्र के अनुसन्धाता को इस समस्या का सामना सबसे अधिक करना पड़ता है—विशेष मूल्यांकन-परक शोधों में। जिस शोध में भाव जगत् से सम्बन्धित तत्त्वों का अन्वेषण नहीं होता, उसमें वस्तुनिष्ठ वैज्ञानिक पद्धति का चिन्तन और तर्क संभव है,—जैसे किसी लेखक के काल निर्णय में या रचना के भाषा वैज्ञानिक अध्ययन में। जब कृति का समाजशास्त्रीय अध्ययन या लेखक की दार्शनिक दृष्टि पर अनुसन्धान करना है तब उसमें थोड़े-बहुत व्यक्तिनिष्ठ चिन्तन और निगमनात्मक तर्क का समावेश भी आवश्यक हो जाता है। इनका अध्ययन बहुत कुछ बाह्य सामग्री पर आधारित होने पर भी उनके स्वभाव और कार्य-कारणों के सम्बन्ध के बारे में व्यक्तिगत मत हो सकते हैं। रचना के सौन्दर्य का या उसमें प्रतिष्ठित मानव-मूल्यों का अनुसन्धान करना हो तो अधिक व्यक्तिनिष्ठ चिन्तन अनिवार्य हो जाता है।

अनुसन्धाता को शोध का विषय चुनने से लेकर, शोध निर्णयों का प्रतिपादन करने तक इन बातों पर ध्यान रखना चाहिए। विषय चुनते समय ही उसके लिए उपयुक्त चिन्तन या तर्कपद्धति पर अपने अधिकार का स्वपरीक्षण कर लेना चाहिए और चुन लेने के बाद विविध सोपानों में यथोचित चिन्तन और तर्क से काम लेना चाहिए।

———

: ७ :

विश्लेषण पद्धतियाँ

७.० शोध-प्रक्रिया का एक मुख्य अंग है विश्लेषण। शोध-सामग्री का संचयन हो जाय तो, अगला कार्य विश्लेषण का होता है। कभी-कभी, शोध-प्रविधियों और विश्लेषण की पद्धतियों का ज्ञान हो तो, सामग्री-संचयन के साथ ही विश्लेषण कार्य का एक बड़ा अंश भी हो जाता है, और विश्लेषण में अपेक्षित तत्त्वों के आधार पर सामग्री-संचयन को भी अधिक सोद्देश्य बना सकते हैं। इस जानकारी के अभाव के कारण अनेक शोध-छात्र भारी-भरकम ग्रन्थों से या विशाल क्षेत्रों से, बिना किसी निश्चित दृष्टि और उद्देश्य के, विपुल मात्रा की सामग्री अव्यवस्थित रूप में संचित करते हैं, और यह सोचकर स्तंभित रह जाते हैं कि इन सब सामग्रियों का विश्लेषण-अध्ययन कैसे किया जाय। संचित शोध-सामग्री के कौन-कौन से अंश किन-किन प्रकारों से महत्त्वपूर्ण हैं, किन-किन दृष्टियों से उनका अध्ययन किया जा सकता है, इन बातों को जानने से अध्ययन बहुत सरल हो जाता है और सामग्री-संचयन भी बहुत कुछ नियंत्रित हो सकता है। अन्यथा अन्धाधुन्ध अध्ययन करते, और सामग्री-संकलन करते जाने से बाद में उसको व्यवस्थित करना भी कठिन है, बहुत कुछ संचित सामग्री बेकार भी जाती है। अत: छात्रों को पहले ही विश्लेषण के आधारों और प्रणालियों की सामान्य जानकारी प्राप्त कर लेनी चाहिए, और आगे बढ़ते-बढ़ते विश्लेषण-दृष्टि को तेज़ बना लेना चाहिए।

७.१. विश्लेषण के आधार

विश्लेषण करते समय जितनी बारीकी से विषय के विविध अंगों तथा उनके पारस्परिक सम्बन्धों को देखा जाएगा, और जितने ठोस आधारों पर सामग्री का वर्गीकरण करके निष्कर्ष निकाले जाएँगे, अध्ययन में उतनी गहराई और गम्भीरता के आ जाने की सम्भावना रहती है।

विश्व में अध्ययन योग्य विषय इतने विपुल और वैविध्यपूर्ण हैं और अध्ययन के उद्देश्य भी इतने विभिन्न होते हैं, कि सबके लिए उपयोगी टकसाली

विश्लेषण-पद्धतियों का विधान करना संभव नहीं है। अतः नीचे विश्लेषण के आधारभूत तत्त्वों की जो श्रेणियाँ दी गयी हैं, उनमें से जो-जो अपने विषय के लिए लागू हो सकते हैं, उनको चुनकर, उनके अनुसार विश्लेषण करना चाहिए।

७.१.१ मात्रा की श्रेणियाँ (Categories of Quantity)

अनेक वस्तुओं में (साहित्यिक धारा में, सामाजिक दशा में, आर्थिक व्यवस्था में, प्राकृतिक तत्त्वों में) कुछ समान तत्त्व होते हैं, पर उनकी मात्राओं में भिन्नता हो सकती है, जो वस्तु के मौलिक स्वभाव में निर्णायक रहती है। अतः वस्तुओं में द्रष्टव्य गुणों का मात्रात्मक अनुसन्धान विश्लेषण का एक मुख्य अंग होगा। मानविकी के अनेक विषयों में इसका उपयोग है। साहित्य में भी विभिन्न कलात्मक गुणों, सामाजिक तत्त्वों, मनोवैज्ञानिक प्रवृत्तियों की मात्रा के आधार पर मूल्यांकन सम्भव है। मात्रा की श्रेणियों में (१) एकता (२) बहुत्व और (३) समग्रता की गणना हो सकती है, जिनके आधार पर क्रमशः अनेक वस्तुओं में दीखनेवाली एकता (समता), बहुलता और उन सबकी समग्रता का अध्ययन सम्भव है।

७.१.२. गुणात्मकता की श्रेणियाँ (Categories of Quality)

अधिकांश अध्ययन गुणात्मकता के आधार पर होते हैं। यह अध्ययन गुणों या वस्तुधर्मों के (१) अस्तित्व (२) नास्तित्व या (३) सीमा के आधार पर हो सकता है। यह निर्णय किया जाता है कि किसी विषय या अध्ययन-सामग्री में कोई गुणात्मक तत्त्व है, या नहीं है या किस सीमा तक है।

७.१.३. सम्बन्ध की श्रेणियाँ (Categories of Relation)

विविध वस्तुओं, तत्वों, कार्य-कारणों तथा अंगी-अंगों के पारस्परिक सम्बन्धों का अध्ययन विश्लेषण को गहनता देता है। सम्बन्ध की श्रेणियों में (१) वस्तु व घटना (या कार्य व कारण) का निश्चित सम्बन्ध (२) कार्य-कारणों का अनुमानित सम्बन्ध और (३) समूह और अंग (अंगी और अंग) का घटनात्मक सम्बन्ध—इनका अध्ययन होगा। परिस्थितियों तथा प्रवृत्तियों के बीच में या कारणों और कार्यों के बीच में जो सम्बन्ध होते हैं उनका गहराई से विश्लेषण करना होगा।

७.१.४. सम्भावना-या प्रकार की श्रेणियाँ (Categories of Modality)

वस्तुओं तथा उनके गुणतत्त्वों के प्रकारों की अनेक सूक्ष्म बातें होती हैं, जिनका उद्घाटन विश्लेषण में होना चाहिए। विशेषकर सूक्ष्म विचारों, सिद्धांतों तथा संभावनाओं से सम्बन्धित अनुसन्धानों में विश्लेषण भी सूक्ष्म चिन्तन के धरातल पर ही हो सकता है। ऐसे चिन्तन की श्रेणियों में (१) संभाव्यता-असंभाव्यता का समस्यात्मक (problematic) स्वरूप (२) अस्तित्व-नास्तित्व के बारे में सकारात्मक (assertoric) निर्णय अथवा (३) परस्पर सम्बन्धों के बारे में अनिवार्यता (apodectic) का निर्णय किया जा सकता है।

विश्लेषण के तत्त्वों की जो श्रेणियाँ ऊपर दी गयी हैं, उनमें सब सभी विषयों के लिए लागू नहीं हो सकती, या शोधार्थी की विशेष दृष्टि के सन्दर्भ में प्रासंगिक नहीं रहती। लेकिन शोधार्थी को अपने विषय और दृष्टि के अनुसार स्वयं उपर्युक्त श्रेणियों से सम्बन्धित प्रश्न उठाकर उत्तरों की खोज करनी चाहिए। इससे विश्लेषण में गम्भीरता और गहनता आ सकती है।

७.२ अंश-सापेक्ष अथवा अंशोन्मुख विश्लेषण और पूर्ण सापेक्ष अथवा पूर्णोन्मुख विश्लेषण (Micro-analysis and Macro-analysis)

किसी वस्तु के स्वरूप को समझकर उसका मूल्यांकन करना हो तो दो दिशाओं में उसका अध्ययन किया जा सकता है।

(१) **अंशोन्मुख विश्लेषण** (Micro-analysis)—किसी वस्तु या तत्त्व का विच्छेदन कर उसके विविध अंगों का अध्यय किया जाय तो उसे अंशोन्मुख विश्लेषण कहा जाता है। इसे रूप-निर्णयात्मक विश्लेषण भी कह सकते हैं।

(२) **पूर्णोन्मुख विश्लेषण** (Macro-analysis)—किसी वस्तु या तत्त्व का उससे बृहत्तर वस्तु या तत्त्व के अंग के रूप में अध्ययन किया जाय तो उसे पूर्णोन्मुख विश्लेषण कहा जाता है। इसे स्थान-निर्णयात्मक विश्लेषण भी कहा जा सकता है।

कुछ उदाहरणों से इसे स्पष्ट किया जा सकता है। अगर समाज विज्ञान में संयुक्त परिवार का अध्ययन किया जाय तो उसके अंशोन्मुख विश्लेषण में संयुक्त परिवार का स्वरूप, उसके विविध अंग, अंगों के बीच के पारस्परिक सम्बन्ध, प्रत्येक अंग के विशेष तत्त्व और कार्य आदि का अध्ययन किया जाएगा। अध्ययन संयुक्त परिवार के बाहर के तत्त्वों के साथ विशेष रूप में सम्बद्ध नहीं होगा, भले ही कभी-कभी आनुषंगिक रूप में अंगों का अन्य बाहरी तत्त्वों के साथ सम्बन्ध जोड़ा जाए। लेकिन संयुक्त परिवार का पूर्णोन्मुख अध्ययन किया जाय तो उसमें सम्पूर्ण हिन्दू या भारतीय समाज के साथ उसका क्या सम्बन्ध है, समाज की अन्य व्यवस्थाओं (जैसे अर्थ व्यवस्था, शिक्षा व्यवस्था आदि) के साथ उसका क्या सम्बन्ध है, समाज में वह किन दायित्वों की पूर्ति करता है, और समाज के ऐतिहासिक विकास क्रम में उसने क्या ज़िम्मेदारियाँ उठायी है—इन सबका अध्ययन होगा। दूसरे शब्दों में कहें तो पहले अध्ययन में संयुक्त परिवार के स्वरूप और कार्यों का निर्णय होगा, जबकि दूसरे में उसका समाज में स्थान निर्धारित किया जाएगा।

इसी तरह अज्ञेय के कृतित्व का अध्ययन करना हो तो अंशोन्मुख या रूप निर्णायक विश्लेषण में अज्ञेय की विविध कृतियों के रूप, विशेषताएँ, प्रत्येक कृति का महत्व आदि का अध्ययन किया जाएगा। अन्य लेखकों, या पूर्व साहित्य धाराओं के

साथ उसके सम्बन्ध का अध्ययन अनिवार्य नहीं होगा—पर कुछ प्रसंगों में आनुषंगिक रूप में बाह्य तत्त्वों से सम्बन्ध जोड़ा जा सकता है। किन्तु पूर्णोन्मुख अध्ययन में मुख्य रूप में हिन्दी काव्य के विकास के सन्दर्भ में अज्ञेय काव्य का मूल्यांकन किया जाएगा। अज्ञेय के पूर्व के हिन्दी काव्य की प्रवृत्तियाँ, अज्ञेय की प्रेरक शक्तियाँ, उन पर पड़े हुए देशी-विदेशी प्रभाव, सम्पूर्ण हिन्दी काव्य पर अज्ञेय काव्य का प्रभाव सब इस अध्ययन के अन्तर्गत आ जाएँगे। समग्रता में हिन्दी काव्यधारा में अज्ञेय काव्य का स्थान निर्णय (placement) होगा।

भाषा विज्ञान में खड़ी बोली के स्वरूप का अध्ययन अंशोन्मुख विश्लेषण किया जाय तो खड़ी बोली के अन्दर ही रहकर उसके विविध अंगों (ध्वनि, व्याकरणिक रूप, वाक्य रचना आदि) के स्वरूपों तथा उनके पारस्परिक सम्बन्धों का अध्ययन किया जाएगा, जिसका परिणाम खड़ी बोली का विवरणात्मक व्याकरण (Descriptive Grammar) होगा। अन्य बोलियाँ या पूर्वकाल के भाषारूपों की जानकारी इसके लिए ज़रूरी नहीं है। पर पूर्णोन्मुख अध्ययन में खड़ीबोली के पूर्वरूपों के विकास क्रम और आवश्यक हो तो अन्य बोलियों के रूपों के साथ सम्बन्ध का अध्ययन करके एक विस्तृत परिवेश में उसका स्थान निर्धारित किया जाएगा। इससे खड़ीबोली का ऐतिहासिक या तुलनात्मक व्याकरण तैयार हो सकता है।

शोध करनेवालों को स्पष्ट जानकारी होनी चाहिए कि अपने उद्देश्य की पूर्ति के लिए इनमें किस तरह के विश्लेषण का उपयोग करना उचित होगा। उद्देश्य के अनुसार किसी एक प्रकार के विश्लेषण का और निश्चित सीमाओं के अन्दर दोनों प्रकार के विश्लेषणों का उपयोग किया जा सकता है।

———

: ८ :

अनुसन्धान में मौलिकता

दो राहें निकलीं एक वन में,
और मैंने वह राह ली,
जिसको लेते थे कम राही,
अन्तर था बस, इतना ही।[1]

— राबर्ट फ्रॉस्ट

८.०. जिन लोगों ने महत्त्वपूर्ण शोध के द्वारा मानव के ज्ञान क्षेत्र का विस्तार किया है, उन सबने ऐसी राहें स्वीकृत करके यात्रा की है, जिनसे कोई नहीं चला है, या बहुत कम लोग चले हैं। नयी राहों की यात्रा, नये लक्ष्यों का सन्धान, नये सत्यों की खोज, अनजुती भूमि की जुताई शोध का अनिवार्य अंग है। शोध के महत्त्व का निर्णायक तत्त्व है—मौलिकता। मौलिकता से रहित कोई अध्ययम ज्ञान क्षेत्र के विकास में सहायक नहीं होता, अतः अनुसन्धान के अन्तर्गत नहीं आता।

हर तरह के नयेपन को मौलिकता नहीं कह सकते। कुछ ग्रन्थों अथवा पूर्व ज्ञात तथ्यों से कुछ सामग्री जुटाकर नये रूप में प्रस्तुत करना मौलिकता नहीं है। प्रायः मज़ाक में कहा जाता है कि किसी एक लेखक की पुस्तक से नकल करना चोरी है, अनेक लेखकों की रचनाओं से नक़ल करना शोध है। यद्यपि यह कथन सच्चे शोध के सम्बन्ध में ठीक नहीं है, तो भी अनेक अनुसन्धानों के बारे में—विशेषकर डिग्री के लिए किये जानेवाले अनुसन्धानों के बारे में पूर्णतः सत्य है। अतः शोधार्थी को इस दशा से बचना चाहिए। जहाँ स्वतंत्र शोध के द्वारा कोई मौलिक वस्तु प्रस्तुत करने में ज्ञान क्षेत्र का विस्तार होने के साथ-साथ आत्मतोष भी मिलता है, वहाँ दूसरों के विचारों का संकलन कर, उसे अपने शोध-निर्णय के रूप में प्रस्तुत करना ग़ैर ईमानदारी ही है, जिससे स्वाभिमान की भी क्षति होती है।

---

1. Two roads diverged in a wood, and I
Took the one less travelled by
And that has made all the difference.
— Robert Frost. 'Road Not Taken'

८.१. मौलिकता क्या है, क्या नहीं है ?

किसी शोध कृति के मौलिक होने के लिए उसमें कुछ संकलित तथ्यों के संग्रह से और अन्यों के विचारों के पुनः-प्रतिपादन से बढ़कर कुछ 'अपना' होना चाहिए—अपना सिद्धान्त, अपनी दृष्टि या अपनी वैज्ञानिक विश्लेषण-पद्धति।

केवल तथ्यों का संकलन अनुसन्धान नहीं है, भले ही उनकी ओर दूसरों की दृष्टि नहीं गयी हो, या उन तक दूसरों की पहुँच नहीं हो। अमेरिका जानेवाला कोई व्यक्ति वहाँ के जीवन के बारे में एक विवरण प्रस्तुत करे, तो उसमें उन सबके लिए नवीनता हो सकती है, जो अमेरिका नहीं गये हैं। लेकिन इसे शोध नहीं कह सकते। दूसरा कोई भी वहाँ जाकर एक विवरण तैयार करे, तो कुछ आकस्मिक अन्तरों के अतिरिक्त अधिक भिन्नता नहीं होगी। लेकिन उस जीवन का विश्लेषण कर अपने किसी सिद्धान्त का स्थापन करे, तो उसे मौलिकता माना जाएगा।

इसी तरह तमिल, मलयालम, जर्मन या अन्य किसी भाषा में प्राप्य सामग्री को संकलित कर, उससे अपरिचित हिन्दी भाषियों के सामने रखकर यह दावा नहीं किया जा सकता कि हिन्दी में यह अब तक नहीं आया है, अतः मौलिक है। यहाँ नवीनता का कारण शोधकार की मौलिक दृष्टि, चिन्तन या विश्लेषण नहीं है, बल्कि अध्ययन-वस्तु से उसका परिचित होना, और दूसरे कुछ लोगों का अपरिचित होना है। भौगोलिक संपर्क या भाषा का माध्यम इस 'परिचित-अपरिचित' का आधार है। कोई भी भौगोलिक सीमा को पार कर या भाषा के बन्धन को तोड़कर आगे जावे तो वह अपरिचित वस्तु परिचित हो जाएगी, और उसमें मौलिकता नहीं रहेगी। इसके विरुद्ध वस्तु चाहे अपरिचित हो या परिचित, नयी दृष्टि, चिन्तन प्रणाली या विश्लेषण से ऐसे तथ्यों या सिद्धान्तों पर पहुँचा जाय, जिन पर दूसरे नहीं पहुँच सकते, तब उस कार्य को अनुसन्धान माना जाएगा। 'वैयक्तिक देन' उत्तम अनुसन्धान का अनिवार्य अंग है, चाहे वह दृष्टि की मौलिकता के रूप में हो, चाहे नयी विश्लेषण प्रणाली के रूप में, या नये-सिद्धान्त की स्थापना के रूप में।

८.२. नवीनता, मौलिकता और महत्त्वपूर्णता

जैसे हर नवीन वस्तु मौलिक नहीं होती, उसी तरह हर मौलिक वस्तु अनुसन्धान की दृष्टि से महत्त्वपूर्ण भी नहीं होती। किसी अज्ञात कवि या लेखक का अथवा कृति का अध्ययन करके यह दावा किया जा सकता है कि इस लेखक या कृति का अध्ययन अब तक किसी ने नहीं किया है, यह बिलकुल मौलिक है। यह दावा अंशतः ठीक भी हो सकता है। पर यह आवश्यक नहीं है कि यह 'मौलिक' शोध महत्त्वपूर्ण हो। अगर उस अज्ञातनामा लेखक के अज्ञात रहने का कारण ही

उसकी रचनाओं की दुर्बलता या महत्त्वहीनता हो, तो मुर्दा खोदकर चीर-फाड़ करना व्यर्थ ही होगा। किसी एक छोटे गाँव के या जन-समूह की आर्थिक दशा का अध्ययन, नगर के रिक्शावालों के पारिवारिक जीवन का अध्ययन, किसी विशेष प्रकार की छिपकली की प्रजनन-प्रक्रिया का अध्ययन, चालीस व्यक्तियों में प्रचलित एक बोली का अध्ययन—ये सब शोध की दृष्टि से महत्त्वहीन होने की सम्भावना रखते हैं।

किन्तु पहले ही यह निर्णय करना अवश्य कठिन होता है कि किस विषय का अध्ययन महत्त्वपूर्ण होगा, और किसका नहीं होगा। निर्णय करने के लिए मान-दण्ड यही हो सकता है कि वह अब तक उस विषय के सम्बन्ध में प्राप्त ज्ञान भण्डार को कैसे प्रभावित करता है। अगर कोई अनुसंधान कार्य उस विषय के क्षेत्र में प्रवाहित विचारधाराओं में गण्यमान परिवर्तन ला सकता है, प्रचलित विश्लेषण-पद्धतियों को अधिक सूक्ष्म बना सकता है या प्रचलित सिद्धान्तों को संशोधित अथवा परिवर्तित कर सकता है, तो उस कार्य को मौलिक और महत्त्वपूर्ण माना जाएगा। दूसरे शब्दों में कहें तो विषय-सम्बन्धी कुल प्राप्त ज्ञान-राशि पर जो प्रभाव पड़ेगा उसी के अनुसार अनुसन्धान का मूल्य माना जायेगा।

ऊपर महत्त्वहीन माने गये विषयों में कुछ में शायद ऐसे तत्त्व मिल सकते हैं, जो ज्ञान का नया रास्ता खोल दें। अज्ञात कवि की रचना साहित्य की किसी भाव-शृंखला में नयी कड़ी जोड़कर विकास क्रम के अज्ञात तत्त्वों पर प्रकाश डाले, तो वह अत्यन्त महत्त्वपूर्ण होगा। किसी छोटे जन-समूह की आर्थिक दशा का अध्ययन अधिक विशाल एक अध्ययन के अंग के रूप में महत्त्वपूर्ण हो सकता है। अगर उससे समाज में क्रियाशील नयी आर्थिक शक्तियों पर, अथवा उनके सामाजिक प्रभावों पर प्रकाश न पड़े, तो उसका मूल्य अनिश्चित रहेगा। उसी तरह एक नष्ट प्राय बोली का अध्ययन अन्यत्र अप्राप्य कुछ नमूने देकर भाषा-विकास में कुछ अज्ञात दशा को स्पष्ट कर सके तो, उसका महत्त्व असंदिग्ध है। इस तरह मौलिक देन से ज्ञान क्षेत्र का विस्तार न करके केवल कुछ नयी सामग्री प्रस्तुत करनेवाला शोध-कार्य विशेष महत्त्व का नहीं होगा। सम्भव है शोध की प्रारम्भिक दशा में महत्त्व का निर्णय कुछ कठिन हो। पर तनिक आगे बढ़ने के बाद अपने कार्य की सम्भावनाओं पर विचार कर उसकी मौलिकता और महत्त्व का परीक्षण कर लेना चाहिए।

८. ३ व्यक्तिगत मत और मौलिकता

अनुसन्धान द्वारा प्रतिष्ठापित सत्य या सिद्धान्त भले ही व्यक्तिगत कार्य

और चिन्तन से अपना जन्म ले, तो भी शोध-निर्णय के रूप में वह सामान्य सत्य या सिद्धान्त हो जाता है, और अन्य शोधकार प्रासंगिक सामग्रियों के आधार पर उसका परीक्षण करके स्वीकृत या अस्वीकृत कर सकते हैं। अगर अन्यों द्वारा स्वीकार्य हो, तो वह सार्वजनिक होकर महत्त्व अर्जित करता है, अस्वीकार्य हो तो वह मात्र व्यक्तिगत मत रहकर परित्याज्य हो जाता है। किसी भी मौलिक शोध निर्णय को इस परीक्षण में खरा उतरना चाहिए।

अतः किसी विषय के बारे में 'मह मेरा व्यक्तिगत मत है, दूसरे लोग मानें या न मानें' कहना अनुसन्धान क्षेत्र में अनुचित है। अपने वैयक्तिक मत को प्रमाणों द्वारा पुष्ट करके दूसरों के लिए स्वीकार्य बनाने का दायित्व शोधकार पर है। निर्णय में व्यक्तिगत मतों—रुचियों तथा इष्टनिष्टों—से बढ़कर प्रत्यक्ष प्रमाणों को अधिक महत्त्व देने से ही यह संभव है। इस तरह अकाट्य प्रमाणों द्वारा वैयक्तिक शोध-निर्णयों को सार्वजनिक नहीं बनाया जाय तो इसे शोध की अपक्वता या कच्चापन ही मानना पड़ेगा। शोधकारों को याद रखना चाहिए की सत्य के प्रतिष्ठापन के लिए अनुसन्धान किया जाता है, अपने प्रिय मतों की बिक्री के लिए नहीं।

———

: ९ :

अनुसन्धान के प्रकार

९.० मानव का ज्ञान इतना व्यापक और बहुमुखी है कि उसके विविध क्षेत्रों से सम्बन्धित अनुसन्धानों के स्वरूपों की एक निश्चित परिभाषा देना, या उनको सुनिश्चित कार्य-प्रणाली के अन्दर लाना संभव नहीं है। विविध क्षेत्रों के अनुसन्धानों की कार्य-प्रणालियाँ भिन्न होती हैं, उद्देश्य भिन्न होते हैं, चिन्तन या तर्क-पद्धतियाँ भिन्न होती हैं। इन सबका सामान्य ज्ञान रखना और अपने विषय एवं उद्देश्य के अनुकूल पद्धतियों को अपनाकर उनके सिद्धान्तों का अनुसरण करना अनुसन्धान को सफल और उच्चस्तरीय बनाने के लिए आवश्यक है।

(१) अनुसन्धेय विषय (२) अनुसन्धान की कार्य-प्रणाली (proceedural method), (३) लक्ष्य अथवा (४) प्रयुक्त तर्क-रीति के आधार पर अनुसन्धान के प्रकारों का वर्गीकरण किया जा सकता है। चूंकि ये वर्गीकरण एक दूसरे से पूर्णतः स्वतंत्र या एक दूसरे के विरोधी नहीं हैं, इसलिए एक शोध-कार्य को भिन्न वर्गों में रखा जा सकता है। प्रायः यह भी देखा जाता है कि शोध-विशेष में एक से अधिक पद्धतियों का उपयोग करना पड़ता है।

९.१. विषयानुसार अनुसन्धान के प्रकार :

(**प्राकृतिक और सामाजिक विज्ञान**—Natural and Social Sciences)

विश्व भर के प्रतिभासों (Phenomena) तथा मानव के ज्ञान भण्डार को दो व्यापक भागों में विभक्त किया जा सकता है—प्रकृति एवं उसकी क्रिया-प्रक्रियाओं से सम्बन्धित तथा मानव द्वारा निर्मित सामाजिक जीवन के विविध पहलुओं से सम्बन्धित। प्रथम से सम्बन्धित शोध प्रकृति-विज्ञान (Natural Science) के अन्तर्गत आते हैं, और दूसरे से सम्बन्धित समाज-विज्ञान (Social Soience) के अन्तर्गत।

प्रकृति-विज्ञान के दो भाग होते हैं—भौतिक विज्ञान (Physical Sciences) और जीव-विज्ञान (Bio-Sciences)। भौतिक विज्ञानों के अन्तर्गत भौतिकी (Physics) एवं रसायन की गणना होती है। इनमें प्रत्येक की अनेक शाखाएँ हैं, जिनमें अनुसन्धान द्वारा आश्चर्य-जनक विकास हो रहा है। जीव-विज्ञान में जन्तु-विज्ञान

(Zoology) और वनस्पति विज्ञान (Botany) की गणना होती है। जहाँ भौतिक विज्ञानों में निर्जीव वस्तुओं का अध्ययन होता है, वहाँ जीव-विज्ञानों में सभी प्राणियों का अध्ययन किया जाता है।

मानव के सामाजिक जीवन के विविध पहलुओं का अध्ययन समाज-विज्ञान (Social Science) के अन्तर्गत आता है। मानव अन्य प्राणियों की तरह केवल एक प्राणी नहीं है। अपने मस्तिष्क और हृदय की शक्तियों के सहारे उसने अपने सामाजिक जीवन का निर्माण किया है, जिसमें उसके सामूहिक सृजनात्मक प्रवृत्तियों, पारस्परिक सम्बन्धों, सम्मिलित दायित्वों तथा समूह-जीवन-सम्बन्धी अन्य क्रिया-प्रक्रियाओं का एक विशिष्ट स्थान है। इस सामाजिक जीवन में भूत, वर्तमान और भविष्य का अपना-अपना स्थान है। भूत से हमें अपनी परम्परागत संचित भौतिक एवं सूक्ष्म संपत्तियाँ मिलती हैं, वर्तमान हमारे उपभोग का आधार है, और भविष्य के निर्माण के लिए हम सतत प्रयत्नशील रहते हैं। इन सबमें जो क्रिया-प्रक्रियायें होती हैं, उनका अध्ययन समाज विज्ञान के अन्दर आता है। इतिहास, अर्थ-शास्त्र, समाज-शास्त्र, राजनीति, मनोविज्ञान, भाषाशास्त्र, साहित्य आदि समाज-विज्ञान के विषय हैं।

स्मरणीय है कि मानव-सम्बन्धी समस्त अध्ययन सामाजिक अध्ययन नहीं है। उसके शरीर से सम्बन्धित शरीर विज्ञान, आरोग्य विज्ञान आदि मानव के प्राकृतिक तत्त्वों से सम्बन्धित होने के कारण प्रकृति विज्ञान माने जाते हैं।

उपर्युक्त प्रकृति-विज्ञान तथा समाज-विज्ञान के सभी क्षेत्र शोध के लिए उपयुक्त क्षेत्र हैं।

६.२. कार्य-प्रणाली के अनुसार अनुसन्धान के भेद

(प्रयोगात्मक (Experimental), **सर्वेक्षणात्मक** (Surveying), **दस्तावेजी** (Documentary) **और मननात्मक** (Reflective) **शोध**)।

६.२.० **ज्ञान के क्षेत्र इतने** विस्तृत हैं, और अध्ययन की दृष्टियाँ इतनी भिन्न हैं कि सोद्देश्य शोध के लिए विभिन्न कार्य-प्रणालियों को भी अपनाना पड़ता है। प्रत्येक प्रणाली के अपने उद्देश्य होते हैं, अपनी कार्य-विधियाँ तथा परिणाम होते हैं। इनके आधार पर शोधों के चार मुख्य प्रकार माने जा सकते हैं।

६.२.१. प्रयोगात्मक शोध (Experimental Research)

इसमें प्रयोगों या परीक्षणों के द्वारा वस्तुओं के गुणों (Properties), क्रिया-प्रक्रियाओं और पारस्परिक सम्बन्धों को व्यक्त किया जाता है। प्रयोगात्मक शोध का ध्येय नियंत्रित परिस्थितियों में प्रयोग द्वारा वस्तुओं, तथ्यों या कारणों के बीच पार-

स्परिक सम्बन्धों का आविष्कार करना है। दूसरे शब्दों में, वस्तुओं तथा प्रक्रियाओं के बीच के कारक (functional) सम्बन्धों का आविष्कार करना ही प्रयोगात्मक शोध का कार्य है। (Mouly : १९६४ : ३२६) सभी वैज्ञानिक विषयों के शोध प्रयोगात्मक होते हैं। प्राकृतिक पदार्थों में कौन-कौन से मूल द्रव्य हैं, उनकी पारस्परिक रासायनिक प्रक्रियाओं की परिस्थितियाँ तथा परिणाम क्या हैं, नीचे गिरती हुई एक चीज़ की गति को कौन-कौन शक्तियाँ प्रभावित करती हैं, प्राणियों के जीवन-चक्र कैसे चलते हैं, शरीर के अन्दर कौन-सी प्रक्रियायें चलती रहती हैं, इत्यादि से लेकर प्रकृति के अत्यन्त संकुल एवं गहन तत्त्वों को प्रयोग करके अनावृत किया जाता है। आज जीवन में सुख-सुविधाओं के जितने साधन मिलते हैं, वे सब ऐसे शोधों से ही आविष्कृत किये गये हैं।

नियंत्रित परिस्थितियों में निरीक्षण प्रायोगिक शोध का मुख्य कार्य है। किसी संकल्पना या अनुमानित सिद्धांत (Hypothesis) को प्रमाणित करने के लिए ऐसी परिस्थितियाँ उत्पन्न की जाती हैं, जिनमें सिद्धान्त के लिए प्रासंगिक तत्त्व निहित हों, और अप्रासंगिक तत्त्वों का अभाव हो। **फेलिक्स सान्तशी** नामक स्वीज़ वैज्ञानिक ने यह संकल्पना करके कि चींटियाँ दिशा-ज्ञान के लिए सूर्य किरणों का सहारा लेती हैं, एक प्रयोग किया। अपने निवास से दूर भटकी हुई एक चींटी के रास्ते की सीधी प्रकाश-किरणों को एक टट्टी से रोक दिया, और एक दर्पण से उल्टी दिशा की किरणें विकीर्ण कीं। चींटी ने भी अपनी गति की दिशा बदलकर उल्टी दिशा ग्रहण कर ली। कई बार इस प्रयोग की आवृत्ति से संकल्पना प्रमाणित हो गयी। सभी प्रयोगात्मक अनुसन्धानों में इस तरह नैसर्गिक परिस्थितियों से भिन्न कृत्रिम एवं नियंत्रित परिस्थितियाँ उत्पन्न की जाती हैं, और उन परिस्थितियों में प्रवृत्तियों तथा क्रिया-प्रक्रियाओं का निरीक्षण करके निर्णय पर पहुँचा जाता है। आवश्यक हो तो इसके लिए अनेक पदार्थों, संकुल यंत्रोपकरणों तथा जटिल कार्य-प्रणालियों का उपयोग किया जाता है। आधुनिक विज्ञान के विविध क्षेत्रों में अत्यन्त संकुल एवं नाजुक उपकरणों तथा भीमाकार यंत्र-सामग्रियों का उपयोग किया जाता है।

किन्तु ऐसे प्रयोगात्मक शोधों में भी प्राथमिकता बौद्धिक क्रिया को ही है। उपकरण एवं प्रयोग-क्रियाएँ दूसरा ही स्थान रखती हैं। शोध-संकल्पना से लेकर आयोजन, निरीक्षण, कार्यों की व्याख्या एवं निष्कर्ष तक में बौद्धिक क्रिया या चिंतन का विशेष महत्त्व होता है।

प्रयोगात्मक शोधों से जो निष्कर्ष निकलते हैं, वे निश्चित होते हैं, और उनका परीक्षण अन्यों द्वारा भी हो सकता है। समान वस्तुओं और प्रक्रियाओं का उपयोग कर अनेक व्यक्ति प्रयोग करें तो निष्कर्ष भी एक-से होते हैं। इसमें भी क्रिया-प्रक्रियाओं

की तर्क पूर्ण व्याख्या और चिन्तन अपेक्षित है, पर निष्कर्ष केवल व्याख्या व चिन्तन पर आधारित न होकर प्रमेय तथ्यों (verifiable facts) पर आधारित होते हैं। जो निष्कर्ष बनते हैं, वे अधिक तथ्यों के आधार पर परिवर्तित किये जा सकते हैं, पर ये निष्कर्ष भी अन्यों द्वारा प्रमेय होते हैं।

प्रयोगात्मक शोध केवल विज्ञान में ही नहीं, जीवन के अन्य क्षेत्रों में भी हो सकते हैं। नये कुंजीपट वाले द्वोरक (Dvorak) टाइप राइटर के उपयोग से कार्य-क्षमता की वृद्धि का अध्ययन करने के लिए एक संस्था के लगभग समान योग्यता के टाइपिस्टों को दो भागों में विभक्त कर एक से पुराने और दूसरे से नये टाइप राइटर पर काफी दिनों तक काम कराया गया। इसी तरह विविध विषयों के शिक्षण में शिक्षण-उपकरणों तथा शिक्षण-प्रविधियों की क्षमता का अध्ययन करने के लिए विविध ग्रूपों (समूहों) के वर्ग चलाये जाते हैं। व्यावसायिक क्षेत्रों में भी नये यंत्रोपकरणों, कार्य पद्धतियों तथा व्यवस्था-प्रबन्धों का उपयोग करने के पहले सीमित जाँच-समूहों (Test groups) में उनका प्रयोग कर परिणाम का वीक्षण किया जाता है। ये सब प्रयोगात्मक शोध ही हैं। किन्तु मानवों से सम्बन्धित ऐसे शोधों में निर्णय उतने निश्चित नहीं होते, जितने वस्तु-सम्बन्धी शोधों में। इनमें विशेष सतर्कता की ज़रूरत है, क्योंकि सभी व्यक्ति एक-से नहीं होते, सभी समूह एक-से नहीं होते और एक ही व्यक्ति या समूह भी सदा एक-सा नहीं रहता।

प्रयोगात्मक शोध के प्रकार : प्रयोगात्मक शोध के तीन मुख्य भेद हैं।

९.२.१.१ सैद्धान्तिक शोध (Theoretical Research)

प्रयोगों के द्वारा सिद्धान्तों का निर्णय या आविष्कार करने का कार्य सैद्धान्तिक अनुसन्धान है। विश्व के प्रतिभासों के पारस्परिक सम्बन्धों तथा विविध कार्य-कारण सम्बन्धों की स्थापना करनेवाले सिद्धान्तों का निर्णय करना सैद्धान्तिक अनुसन्धान का उद्देश्य है। वस्तुओं की गति से सम्बन्धित न्यूटन के तीन नियम, गिरती हुई वस्तु की वेगवृद्धि से सम्बन्धित गुरुत्वाकर्षण नियम (Law of gravitation), ऊर्ज (energy) और पिंड (mass) का पारस्परिक सम्बन्ध बतानेवाला आइनस्टीन का सम्बन्ध-सिद्धान्त (Theory of Relativity), विविध रासायनिक पदार्थों की प्रक्रियाओं की परिस्थितियाँ बतानेवाले रासायनिक नियम आदि उदाहरण हैं।

९.२.१.२ प्रायोगिक शोध (Applied Research)

इसके विरुद्ध सिद्धान्तों के आधार पर नयी-नयी वस्तुओं का, अथवा निर्माण-रीतियों का आविष्कार करना प्रायोगिक शोध का कार्य है। साधारण तराजू (उत्तोलन-दण्ड के सिद्धान्त पर आधारित) से लेकर बड़े-बड़े पुलों और भवनों तक, रसोई

के चूल्हे से लेकर इस्पात के कारखाने की भट्टियों तक, बच्चों के खेलने के लट्टू से लेकर जेट (jet) से उड़नेवाले हवाई जहाज तक प्रायोगिक शोध के परिणाम हैं, और अनेक सूक्ष्म सिद्धान्तों के आधार पर बने हैं।

सैद्धान्तिक एवं प्रायोगिक शोधों का अपना महत्त्व है। यद्यपि सैद्धान्तिक शोध से तुरन्त व्यावहारिक प्रयोजन नहीं होता, तो भी वही समस्त प्रायोगिक शोधों का आधार है। विश्व-प्रतिभास की विविध शक्तियों, क्रिया-प्रक्रियाओं, पदार्थ-स्वभावों तथा कार्य कारणों के सूक्ष्म तत्त्वों की जानकारी के बिना, किसी भी प्रकार का निर्माण या अन्य विकासात्मक कार्य संभव नहीं है। प्रायोगिक शोध का महत्त्व इस बात में है कि उससे हमें व्यावहारिक जीवन में उपयोगी समस्त वस्तुओं की उपलब्धि होती है।

६.२.१.३. क्रियात्मक शोध (Action Research)

प्रयोगात्मक शोध का और एक रूप है क्रियात्मक शोध (Actien Research) जिसकी ओर ध्यान अधिक नहीं दिया जाता। किसी विशेष क्षेत्र में कार्य करते हुए ही प्रयोग द्वारा उस क्षेत्र की समस्याओं को सुलझाने के लिए सिद्धान्तों और कार्य-पद्धतियों का आविष्कार करना ही क्रियात्मक शोध का उद्देश्य है। दूसरे शब्दों में कह सकते हैं कि इसमें व्यावहारिक कार्य और अनुसन्धान को सम्मिलित किया जाता है।

उदाहरण के लिए एक क्लास में कोई विषय पढ़ाते समय कई समस्याएँ हो सकती हैं। विद्यार्थियों के बौद्धिक स्तरों और पहले के अध्ययन में अन्तर होने से एक ही तरह के अध्यापन से भी सबका लाभ नहीं हो सकता होगा। प्रस्तुति का जो ढंग प्रायः स्वीकृत किया जाता है, जिसकी शिक्षा अध्यापक को मिल चुकी है, वह विफल हो सकता है। इस तरह कई समस्याएँ होती हैं, जो प्रस्तुत सीमित क्षेत्र से सम्बन्धित हैं और जिनके समाधान के लिए सामान्य सिद्धान्त या प्रणाली नहीं होती। इस हाल में अध्यापक को अपना कार्य करते हुए ही उसे अधिक सफल बनाने के लिए अनुसन्धान रत रहना पड़ता है। उसे कोई सामान्य शिक्षा-सिद्धान्त अथवा शिक्षण-प्रणाली का आविष्कार करने की उतनी आवश्यकता नहीं होती, जितनी सामने प्रस्तुत समस्या को सुलझाने की। यहीं क्रियात्मक अनुसन्धान उपयोगी होता है। समस्या स्थानीय या परिस्थितिजन्य हो सकती है। तब प्रायः उसे सुलझाने के लिए व्यापक बने-बनाये समाधान नहीं मिलते और शिक्षक को स्वयं ऐसे व्यावहारिक शोध का ही सहारा लेना पड़ता है। इससे निकलने वाले निष्कर्ष या परिणाम भी सीमित हो सकते हैं, लेकिन बाद

में उनका व्यापक प्रयोग हो सकता है। 'किन्दर गार्डन' (बालोद्यान) पद्धति का आविष्कार इसी तरह हुआ, और आज इसका विश्व व्यापक प्रसार है।

१९५३ में स्टीफेन एम० कोरी ने 'स्कूली शिक्षण के सुधार के लिए क्रियात्मक शोध' (Action Research to improve School Practice) नामक जो पुस्तक लिखी, उसी से क्रियात्मक शोध का विकास हुआ। आज शिक्षण क्षेत्र में इसका व्यापक प्रयोग होता है।

यद्यपि अन्य क्षेत्रों में बोधपूर्वक इसे एक शोध-पद्धति के रूप में स्वीकृत नहीं किया गया है, तो भी सीमित मात्रा में ऐसे शोध होते हैं। वैद्यक में विभिन्न परिस्थितियों में रोगी की दशा का निरीक्षण कर चिकित्सा-पद्धति तथा औषधि का निर्णय करनेवाला डाक्टर अनजान में इसी तरह का शोध करता है। कारखानों और रसायन वस्तु-निर्माण शालाओं में काम करनेवाले व्यक्तियों द्वारा भी कभी-कभी ऐसे प्रयोग के द्वारा नयी वस्तुओं या तकनीकों का आविष्कार होता है। लेकिन इन क्षेत्रों में ऐसे कार्यों को व्यवस्थित नहीं किया गया है, जिससे उनके परिणाम भी सीमित हैं। राज्य के आर्थिक सुधार के क्षेत्र में क्रियात्मक शोध का व्यापक प्रयोग किया जाय तो उसकी संभावनाएँ असीम हो सकती हैं।

साहित्य क्षेत्र में भी इसका अधिक प्रयोग नहीं हुआ है। लेखन में जो प्रयोग किये जाते हैं वे बोधपूर्वक न होने से सही अर्थ में शोध के अन्तर्गत नहीं आते। अगर बोधपूर्वक रूप में भाषा एवं अभिव्यक्ति के प्रयोग करके परिणामों का निरीक्षण कर निष्कर्ष बनाये जाएँ तो शायद इस क्षेत्र में कार्यात्मक शोध से लाभ हो सकता है।

कार्यात्मक शोध का सबसे बड़ा प्रयोजन यह है कि विविध ज्ञान-क्षेत्रों के अनुसन्धान और जीवन के व्यावहारिक कार्यों के बीच में जो खाइं होती है, उसे पाटा जा सकता है। आज बहुत से वैज्ञानिक शोधों के निष्कर्षों का प्रयोग व्यावहारिक क्षेत्रों में नहीं होता, जिससे जीवन का विकास मन्द रहता है। कार्यात्मक शोध से इस दशा को बदला जा सकता है। इसके अतिरिक्त, यदि कार्यरत व्यक्ति ही शोधरत हो जायँ तो उसकी अन्तर्दृष्टि और दक्षता में भी विकास हो सकता है।

किन्तु ऐसा शोध सीमित मात्रा में ही सम्भव है। व्यवस्थित कार्य-पद्धति के न होने से उसके परिणाम भी अधिक नहीं होते। अगर विशेष सतर्कता न रखी जाय तो हानि की भी सम्भावना रहती है।

६.२.२. सर्वेक्षणात्मक शोध (Survey Reseasch)

प्रकृति में दीखने वाली विविध वस्तुएँ भिन्न-भिन्न प्रदेशों में भिन्न-भिन्न मात्राओं में दिखायी पड़ती हैं। मानव की विभिन्न प्रवृत्तियाँ और दशायें, सामाजिक स्थितियाँ आदि भी किसी भौगोलिक प्रदेश के अन्दर विभिन्न स्थानों में विभिन्न मात्राओं में दीखती हैं। इस तरह एक व्यापक प्रदेश में व्याप्त वस्तुओं, प्रवृत्तियों या प्रतिभासों से सम्बन्धित जानकारी प्राप्त करके उसके विविध पहलुओं का मात्रा-परक या गुणपरक अध्ययन करना सर्वेक्षणात्मक शोध (Survey Research) कहलाता है। उदाहरण के लिए भारत के वन-विभवों का अध्ययन करना हो तो विविध प्रदेशों के वनों में दीखनेवाली सभी वन-वस्तुओं का लेखा तैयार करना होगा। देश की जनता की सामान्य आर्थिक दशा का निर्णय करना हो तो विभिन्न प्रदेशों के, विभिन्न स्तरों के लोगों की आय, व्यय आदि से सम्बन्धित बातों का संकलन कर, व्यवस्थित रूप में उनका अध्ययन करना पड़ेगा। स्कूली बालकों के स्वास्थ्य की जानकारी के लिए निर्दिष्ट प्रदेश के स्कूलों के निश्चित वय सीमा के बालकों की शारीरिक दशा, पौष्टिकता, उनकी बीमारियाँ, खाने की आदतें आदि से सम्बन्धित विशाल सामग्री जुटानी होगी।

जार्ज जे० माउली (१९६४ : २३१-३२) के अनुसार 'सर्वेक्षण का उद्देश्य किसी प्रतिभास के कारणों की पहचान से बढ़कर उसकी दशा का निर्णय है।' समूह में साक्षरता का प्रसार किसी बीमारी का प्रसार, विविध श्रेणियों के लोगों की दैनिक आवश्यकताएँ, ग्रामीण जनता की मौलिक समस्यायें आदि का निर्णय करने के लिए सर्वेक्षण किया जा सकता है। कभी-कभी किसी प्रवृत्ति या प्रतिभास के कारण के निर्णय के लिए भी सर्वेक्षण पद्धति का उपयोग किया जा सकता है। कुछ समाचार-पत्र किसी स्थान पर अपना प्रचार कम होता दीखे तो उसके कारणों को जानकर उनको दूर करने के लिए पाठकों के बीच में जाकर सर्वेक्षण करते हैं। इस सर्वेक्षण में पाठक पत्रिकाओं के किन अंशों को अधिक पढ़ते हैं, किनको छोड़ देते हैं, पत्रिका किस समय उनके पास पहुँचती है, क्या अन्य कोई पत्रिका उसके पहले ही मिलती है, अन्य पत्रिकाओं की तुलना में उसका मूल्य खरीदने वालों को कैसे प्रभावित करता है—इत्यादि के बारे में जानकारी प्राप्त की जाती है। साहित्य क्षेत्र में पाठक-रुचि का सर्वेक्षण करके एक ओर जन-समूह के मानसिक विकास का पता लगाया जा सकता है, तो दूसरी ओर साहित्य-विकास की गति-विधियों को निश्चित, और कभी-कभी नियंत्रित किया जा सकता है, किन्तु भारत में इस तरह के सर्वेक्षण प्रायः नहीं हुए हैं।

सर्वेक्षण में अज्ञात या अल्पज्ञात तथ्यों का संकलन मात्र नहीं किया जाता।

तथ्य संकलन उसका प्रारम्भिक कार्य मात्र है। उन तथ्यों का विश्लेषण, व्याख्या और संश्लेषण करके उनके अर्थों का अथवा कई तत्त्वों के पारस्परिक सम्बन्धों का ज्ञान भी प्राप्त किया जाता है वस्तुतः इस तरह के गम्भीर निष्कर्षों पर पहुँचने के लिए ही सर्वेक्षण किया जाता है। अन्य अनुसन्धानों की तरह इसमें भी एक केन्द्रीय समस्या से सम्बन्धित तत्त्वों का अध्ययन किया जाता है। इस समस्या और उद्देश्य के अनुसार सर्वेक्षण को व्यापक बनाया जाता है, उससे प्राप्त सामग्री के प्रासंगिक तत्त्वों को अलग कर उनका विश्लेषण किया जाता है।

सर्वेक्षणात्मक शोध का उपयोग राज्य-व्यवस्था, उद्योग-विकास, व्यापार-प्रसार आदि के क्षेत्रों में समस्याओं तथा वास्तविक दशाओं को समझने के लिए और योजनाएँ बनाने के लिए किया जाता है।

सर्वेक्षण में सामग्री संकलन नमूनीकरण की पद्धतियों से किया जाता है, जिसकी चर्चा अलग की जाएगी (दे० अध्याय १२)। प्रश्नावली एवं साक्षात्कार का उपयोग भी हो सकता है। (दे० १३.२ और १३.३)

६.२.३. दस्तावेजी शोध (Documentary Research)

विविध प्रकार की दस्तावेजों से सामग्री-संकलन करके विद्वत्तापूर्ण विश्लेषण और अध्ययन करने को दस्तावेजी अनुसन्धान कहा जाता है। अनुसन्धान के प्रायः सभी क्षेत्रों में इसका थोड़ा बहुत उपयोग होता है, पर भाषा, साहित्य, इतिहास-दर्शन आदि से सम्बन्धित शोधों में इसका विशेष महत्त्व है।

जिसे प्रायः ऐतिहासिक अध्ययन कहा जाता है, उसकी मुख्य अध्ययन-सामग्री प्रामाणिक दस्तावेजें ही होती हैं। संभवतः अनुसन्धान के प्राचीनतम रूपों में इसकी गणना हो सकती है। प्राचीन काल में जितने ऐतिहासिक ग्रंथ लिखे जाते थे उनका आधार दस्तावेजें रहा। लिखित भाषा-सामग्री को दस्तावेज के रूप में स्वीकृत करके ही व्याकरण लिखे जाते थे। आज जीवन-सम्बन्धी कोई अध्ययन करता हो तो उससे सम्बन्धित पूर्व लिखित दस्तावेजों का अध्ययन आवश्यक है।

व्यापक अर्थ में तथ्यों का प्रतिपादन करनेवाली हर लिखित सामग्री दस्तावेज मानी जा सकती है, जिससे अनुसन्धान में सहायता मिलती है। कानूनी दस्तावेज, राजकीय दान पत्र व अन्य प्रलेख, व्यक्तिगत पत्र व लेखन, ऐतिहासिक लेखन आदि तथ्य प्रदान करनेवाली लिखित सामग्रियों का अध्ययन करके उनसे अज्ञात तथ्यों का उद्घाटन किया जाता है, और पारस्परिक सम्बन्धों का निर्णय किया जाता है। कुछ विद्वान् इसके अतिरिक्त काल, संस्कृति आदि के बारे में निर्णय करने में सहायक प्रस्तर-खण्ड, अस्थि पंजर आदि को भी दस्तावेज मानते हैं,

(टाइरस हिलवे : १९५६ : १३०) और उनको अलिखित दस्तावेजों के वर्ग में रखते हैं।

९.२.३.१. **दस्तावेजों के प्रकार** : शोध के लिए उपयोगी सामग्री के अन्तर्गत कानूनी दस्तावेज, सरकारी पत्र, रिकर्ड, रपटें, शासकीय आज्ञा पत्र, दान पत्र, मंडल-समितियों के प्रतिवेदन, वार्षिक रपटें, प्रमाण पत्र आदि का व्यापक उपयोग होता है।

दूसरे प्रकार की दस्तावेज है अखबारी समाचार और लेख। विशेषकर विश्वसनीय प्रामाणिक सामग्री देनेवाले समाचार पत्र तथा आनुकालिक प्रकाशनों में प्राप्त सामग्री शोध में अत्यन्त महत्त्वपूर्ण होती है। इनसे इतिहास, शासन, समाजशास्त्र, नीति, राजनीति आदि से सम्बन्धित विश्वसनीय प्रमाण मिलते हैं। पर इनमें भी कभी-कभी तथ्य-विरोधी बातें हो सकती हैं। अतः अन्य प्रमाणों की सहायता से और विशेष सतर्कता के साथ ही इनका उपयोग करना चाहिए।

व्यक्तिगत पत्र, दैनिकियाँ, जीवनियाँ, आत्मकथायें, संस्मरण, यात्रा-विवरण आदि अन्य दस्तावेजें हैं, जिनका उपयोग विविध अनुसन्धानों में हो सकता है।

उपर्युक्त विवरण से स्पष्ट है कि शोधोपयोगी दस्तावेजें अगणित प्रकारों की होती है, और उनका उपयोग भी भिन्न-भिन्न दृष्टियों से होता है। इन सबको पहचानकर दस्तावेजों का उपयोग किया जाय तो प्राथमिक स्रोतों (Primary Source) तथा निर्णायक प्रमाणों (Confirming evidences) के रूप में उनका असीम मूल्य है।

जहाँ तक अध्ययन का सम्बन्ध है, दस्तावेजों का अध्ययन अन्य लिखित सामग्रियों के अध्ययन से अधिक भिन्न नहीं होता। विश्लेषण और व्याख्या के सहारे इनसे भी प्रामाणिक निष्कर्षों पर पहुँचा जाता है।

९.२.४. मननात्मक शोध (Reflective Research)

मानविकी के विविध क्षेत्रों में सर्वाधिक व्यापक रूप में प्रयुक्त पद्धति मननात्मक या अध्ययनात्मक शोध की है। साहित्य-क्षेत्र में प्रायः एकाधिकार ही है।

सभी प्रकार की तथ्यात्मक एवं सृजनात्मक सामग्री का अध्ययन करके, विश्लेषण, व्याख्या और मनन द्वारा निश्चित निर्णयों पर पहुँचना ही मननात्मक या अध्ययनात्मक शोध का उद्देश्य है।

दस्तावेजी शोध से यह इस बात में भिन्न है कि दस्तावेजी शोध में केवल तथ्यों पर आधारित और प्रामाणिक मानी जानेवाली लिखित सामग्री का ही उपयोग किया जाता है, जबकि मननात्मक शोध में तथ्याधारित सामग्री के अतिरिक्त कल्पना

की नींव पर खड़े और सौन्दर्य-दृष्टि से समन्वित सृजनात्मक साहित्य तथा चिन्तन-मनन प्रधान दार्शनिक लेखन को भी अध्ययन-सामग्री के रूप में स्वीकृत किया जाता है। अर्थशास्त्र, समाजशास्त्र, राजनीति, मनोविज्ञान, भाषा विज्ञान आदि में जब प्रत्यक्ष रूप में प्रस्तुत वस्तुनिष्ठ सत्यों से आगे बढ़कर सूक्ष्म सिद्धान्तों की मीमांसा की जाती है, तब उसे मननात्मक शोध के अन्तर्गत माना जाएगा। जहाँ प्रयोगों से प्रमेय सिद्धान्त प्रयोगात्मक अनुसन्धान के द्वारा और संकलित तथ्यों से प्रमेय सिद्धान्त दस्तावेजी अनुसन्धान तथा सर्वेक्षणात्मक अनुसन्धान के द्वारा निर्मित किये जाते हैं, वहाँ मननात्मक शोध में केवल तर्क द्वारा प्रमेय सिद्धान्तों की स्थापना की जाती है। अतः इसे सैद्धान्तिक या व्याख्यात्मक शोध भी कहा जा सकता है। ईश्वर एवं सृष्टि तथा उनके पारस्परिक सम्बन्ध का सिद्धान्तीकरण, जीवन के मूल्यों का निर्णय, कलात्मक रचना की सुन्दरता का विवेचन आदि इसी तरह के शोध के अंतर्गत आते हैं।

स्रोत-सामग्री की दृष्टि से भी मननात्मक शोध कुछ भिन्न होता है। वस्तुओं तथा उनकी क्रिया प्रक्रियाओं के स्थान में विचार, भाव या पूर्व-निर्णीत सिद्धान्त ही इसमें अनुसन्धेय विषय रहते हैं। दूसरे शब्दों में कह सकते हैं कि इसका सम्बन्ध सूक्ष्म चिन्तन-क्षेत्र से है, सीधे प्रत्यक्ष वस्तु क्षेत्र से नहीं। जहाँ वस्तुओं के आधार पर सौन्दर्य-तत्त्व की व्याख्या की जाती है तब भी, अध्ययन का विषय मूर्त्त भौतिक वस्तु न होकर उसमें निहित अमूर्त्त सौन्दर्य ही होता है।

मननात्मक अनुसन्धान से प्रतिष्ठापित सिद्धान्त वैज्ञानिक सिद्धान्तों की तरह प्रयोग या अन्य वस्तुपरक आधारों के द्वारा प्रमेय नहीं होते, पर मनन और तर्क द्वारा निरुपेय होते हैं। वस्तुनिष्ठ आधार के न होने से, ऐसे सिद्धान्त भाव-स्तर के होते हैं, और उनमें वैयक्तिकता की छाप लगी रहती है। 'कला कला के लिए,' 'कला जीवन की उन्नति के लिए', 'कला केवल आनन्द के लिए', 'कला जीवन के यथार्थों से मुक्ति के लिए'—ऐसे सिद्धान्तों को सप्रमाण निरूपित करना सम्भव नहीं है। व्यक्तिगत कला-चेतना के आधार पर—जिसको रूपायित करने में व्यक्ति की परम्परा, तत्कालीन समाज के कला सम्बन्धित मान्यताएँ आदि का भी योगदान रहता है—विविध मतों को अथवा उनके समन्वय से परिकल्पित एक नये सिद्धान्त की स्वीकृत किया जा सकता है।

मननात्मक अनुसन्धान के कई भेद हो सकते हैं, जिनमें आख्यानात्मक या निरूपणात्मक (Explanatory) शोध, व्याख्यात्मक (Interpretative) शोध और मूल्यांकनपरक (Evaluative) शोध मुख्य हैं।

६.२.४.१. आख्यानात्मक या **निरूपणात्मक** शोध में केवल पूर्व निश्चित मतों

या सिद्धान्तों का विश्वस्त स्पष्टीकरण होता है। पक्ष-विपक्ष के प्रमाणों का परीक्षण किया जाता है और सभी प्रासंगिक तत्त्वों का उपयोग कर उसका निरूपण किया जाता है। निरूपण खण्डनात्मक या मण्डनात्मक हो सकता है, लेकिन नये सिद्धान्त स्थापना का प्रयास होता है, और न पूर्व-सिद्धान्त को वैयक्तिक मत या व्याख्या के द्वारा नया अर्थ देने का प्रयत्न।

दूसरी ओर प्राप्य वैचारिक प्रमाणों के आधार पर वस्तु-रूप-निर्णय भी इसी तरह के शोध के अन्तर्गत आता है, जैसे 'हर्ष चरित', 'कादम्बरी' आदि ग्रंथों के आधार पर हर्षवर्द्धन के काल की सामाजिक और राजनैतिक दशा का अध्ययन; कालिदास की रचनाओं के विश्लेषण द्वारा सामयिक जीवन के स्वरूप का अध्ययन, तमिल के संघ कालीन साहित्य के आधार पर प्राचीन तमिल समाज की संरचना का अध्ययन, रामचरित मानस के आधार पर तुलसी के काल की सामाजिक एवं धार्मिक दशा का अध्ययन आदि। शोध कार्य की प्रणाली की दृष्टि से यह शोध दस्तावेज़ी शोध से अधिक भिन्न नहीं होता, पर दोनों में अन्तर यही है कि दस्तावेज़ी शोध में सामग्री तथ्यपरक और प्रामाणिक होती है (अन्यथा सिद्ध हो तो उनका वर्जन ही उचित है), और निश्चित निर्णय भी संभव हैं, पर निरूपणात्मक शोध में इस तरह सुनिश्चित निर्णय संभव नहीं है। इसकी मौलिकता एक ओर उन स्रोत-सामग्रियों को प्रकाश में लाने में है, जिनका अध्ययन नहीं हो सका है, और दूसरी ओर भाषा एवं ऐतिहासिक परिवेश के कारण दीखनेवाली क्लिष्टता को पार कर जाकर कृतियों में प्रकट सत्यों का उद्घाटन है।

६.२.४.२ व्याख्यात्मक शोध (Interpretative Research)

मननात्मक शोध में इससे आगे बढ़कर प्राप्त सामग्री की नयी दृष्टि से व्याख्या की जा सकती है, अथवा उसके आधार पर नये सिद्धान्त बनाये जा सकते हैं। जहाँ दार्शनिक चिन्तन की गहनता या उसे अभिव्यक्त करनेवाली भाषा की दुरूहता के कारण किसी सैद्धान्तिक कृति की सीधी व्याख्या सम्भव नहीं है, तब व्याख्यात्मक शोध का उपयोग करना पड़ता है। आचार्य शंकर के अद्वैतवाद की व्याख्या करते हुए विशिष्टाद्वैत द्वैताद्वैत आदि के सिद्धान्त प्रस्तुत करनेवाले आचार्यों का कार्य किसी शोध से कम नहीं है। कबीर की उलटबाँसियों या सूर के दृष्टि कूटों के आधार पर उनके सैद्धान्तिक विचारों का अध्ययन करना हो तो, उनकी दार्शनिक भूमिका तथा उनके भक्ति-सम्प्रदाय में प्रचलित सांकेतिक शब्दावलियों की खोजबीन करके पदों की व्याख्या करनी होगी। फिर भी निश्चित रूप से कह नहीं सकते कि विविध शोध-कारों के निर्णय समान होंगे। यह भाषा की दुरूहता से उत्पन्न प्रत्यक्ष कठिनाई के कारण व्याख्या में आनेवाले वैविध्य का स्पष्ट उदाहरण है। जहाँ इतनी दुरूहता

नहीं होती, वहाँ भी कृति की सामायिक परिस्थितियों को न जानने के कारण, अथवा विषय के स्पष्टीकरण में कमी के कारण विविध व्याख्याएँ सम्भव होती हैं। किसी भी प्राचीन साहित्यकार की रचनाओं में ऐसी उक्तियाँ मिल सकती हैं, जिनकी व्याख्या कठिन होती है, अथवा जिनकी व्याख्या विविध प्रकारों में की जा सकती है, क्योंकि रचना की परिस्थितियों के सभी तत्त्वों की पूरी जानकारी हमें नहीं होती। शब्दों के विविध संभाव्य अर्थों, कृति के प्रसंगों तथा लेखक की व्यापक जीवन दृष्टि के सौन्दर्य में व्याख्या करनी पड़ती है। प्रायः लेखक की अन्य कृतियों तथा उसकी परिस्थितियों से सम्बन्धित अन्य रचनाओं का अध्ययन ऐसे व्याख्यात्मक शोध में उपयोगी हो सकता है। कालिदास, तुलसी, अथवा सूर की रचनाओं में सामायिक संस्कृति-सम्बन्धी जो उल्लेख हैं, उनके गहन और सही अर्थों को समझने के लिए उनकी सब कृतियों का अध्ययन, और कवि की जीवन दृष्टि का परिचय अपेक्षित है। 'ब्राह्मी' अथवा 'नागरी' शब्द की समुचित व्याख्या और उसके विकास का इतिहास प्रस्तुत करना हो तो उनसे सम्बन्धित समस्त प्रारंभिक सामग्रियों की व्याख्या अनिवार्यतः अपेक्षित है।

प्राकृतिक प्रतिभासों के सम्बन्ध में कभी-कभी बौद्धिक व्याख्या की जरूरत पड़ती है। अन्तरिक्ष में होनेवाली क्रिया-प्रक्रियाओं का विश्लेषण अंशतः उचित उपकरणों के द्वारा किया जाता है, पर अनेक बातों की व्याख्या अनुमान से की जाती है। केरल तट के समुद्र में कुछ खास स्थानों पर वर्षा ऋतु के समय कुछ बाँध से बन जाते हैं, और बाँध और तट के बीच तरंगहीन मेलखाएँ बनती हैं, जहाँ मछलियाँ ज्यादा होती हैं। इस प्रतिभास का कारण वैज्ञानिक रूप से अब तक अज्ञात है। अतः अंशतः वैज्ञानिक क्रियाओं पर आधारित अनेक व्याख्यायें प्रस्तुत की गयी हैं। इसी तरह शरीर की प्रक्रियाएँ समाज में उपस्थित होनेवाली परिस्थितियाँ, अर्थ क्षेत्र में आनेवाले अप्रत्याशित परिवर्तन इत्यादि का अध्ययन कभी-कभी व्याख्यात्मक ही होता है। किन्तु दर्शन, रचनात्मक साहित्य आदि सूक्ष्म विषयों की तुलना में इन विषयों के कुछ प्रत्यक्ष आधार होते हैं, और अक्सर भविष्य में अधिक तथ्यों का संग्रह करके पूर्णतः वैज्ञानिक निर्णय करने की संभावना होती है।

६.२.४.३. **मूल्यांकनपरक शोध** : प्रासंगिक सामग्री के निरूपण, विश्लेषण और व्याख्या से आगे बढ़कर आपेक्षिक दृष्टि से उसके मूल्य का भी निर्णय किया जाय, तो शोध मूल्यांकनपरक होता है। 'मूल्य' शब्द स्वयं कुछ सूक्ष्म अर्थ

५

का द्योतक और सापेक्षिक होता है, अतः मूल्यांकनपरक शोध भी चिन्तन-विश्लेषण के अमूर्त क्षेत्रों से सम्बन्धित होता है। लेखकों, कृतियों तथा सिद्धान्तों का मूल्यांकन करते समय अनुसन्धान की वैयक्तिक अभिरुचियों के प्रभाव की गुंजाइश रहती है। मूल्यांकन मात्र वैयक्तिक मतों के प्रकटन के रूप में गिर न जाय इसके लिए विशेष सतर्कता की आवश्यकता है। दूसरी ओर रचना या सिद्धान्त के बारे में 'महत्त्वपूर्ण', 'सर्वोत्कृष्ट', 'अनन्य', 'अपूर्व', 'अमूल्य', 'अन्यतम' आदि अस्पष्ट शब्दों के द्वारा महत्व निर्णय करने पर मूल्यांकन मात्र सतही रह जाता है। अनुसन्धान में ऐसे मूल्यांकन का भी वर्जन करना चाहिए।

शोध-परक मूल्यांकन में सम्पूर्ण परिप्रेक्ष्य को दृष्टि में रखकर लेखक, कृति अथवा सिद्धान्त के सापेक्ष मूल्य का निर्णय किया जाता है। अगर प्रेमचन्द के उपन्यासों का मूल्यांकन करना हो तो (१) उनके पूर्व के उपन्यासों की प्रवृत्तियों के परिप्रेक्ष्य में प्रेमचन्द द्वारा प्रतिष्ठापित नयी प्रवृत्तियों या वैचारिक, भावगत और कलात्मक तत्त्वों का उद्घाटन, (२) उपन्यास को अधिक कलात्मक सौष्ठव, या सामाजिक चेतना आदि प्रदान करने में इन नव-प्रतिष्ठित तत्त्वों का योगदान, (३) परवर्ती उपन्यास साहित्य पर अपनी छाप बनाये रखने की उनकी क्षमता, (४) परवर्ती उपन्यासों की तुलना में इनकी विशेष प्रवृत्तियों की साधुता (validity) और टिकाऊपन—इन बातों की गणना होगी। इससे एक तरह से हिन्दी उपन्यास की सम्पूर्ण धारा में प्रेमचन्द के उपन्यासों का स्थान निर्णय (Placement) होगा। उनकी देनों तथा दुर्बलताओं को स्वीकृत किया जायेगा। इस तरह व्यापक परिप्रेक्ष्य में स्थान-निर्णय ही वास्तविक मूल्यांकन है। मूल्यांकन-परक शोध में इसी तरह वैयक्तिक रुचि से मुक्त और सर्वमान्य मानदण्डों पर आश्रित मूल्यांकन अपेक्षित है।

६.२.४.४. मननात्मक शोध और सिद्धान्त

मननात्मक अनुसन्धान के तीनों रूपों में प्रयोगात्मक शोध की तरह सिद्धान्तीकरण संभव है। वस्तुतः सामने प्रस्तुत तथ्यों के आधार पर सामान्य सिद्धान्तों या व्यापक सत्यों तक पहुँचना ही शोध का उद्देश्य होता है। आख्यानात्मक अनुसन्धान में वस्तु-तथ्यों के स्वरूप के सम्बन्ध में, व्याख्यात्मक शोध में उनके गहन अर्थों तथा प्रत्यक्ष रूप में अज्ञात पारस्परिक सम्बन्धों के बारे में और मूल्यांकन-परक शोध में विषय की सातत्यधारा में उसके मूल्य या स्थान के बारे में सिद्धान्त बनाये जाते हैं। प्रयोगात्मक अनुसन्धान के सिद्धान्तों की तरह इन सिद्धान्तों को प्रयोग द्वारा प्रमाणित नहीं किया जा सकता, किन्तु

तथ्यों के विश्लेषण और तर्क के द्वारा इनको प्रमाणित या अप्रमाणित किया जा सकता है।

अन्य प्राप्त तथ्यों या तथ्यों के बीच नवाविष्कृत सम्बन्धों के आधार पर इस तरह प्रतिष्ठित सिद्धान्तों का खण्डन किया जा सकता है और नये सिद्धान्त बनाये जा सकते हैं। इस प्रक्रिया के मुख्य सोपान होंगे :—

तथ्य संकलन।

सूक्ष्म विश्लेषण या तर्कपूर्ण मीमांसा।

(दृष्ट तथ्यों के ही आधार पर)

सिद्धान्त-निर्णय (आख्यान)

पुनः परीक्षण (नये तथ्यों के आधार पर)

पुनराख्यान

ज्ञान-क्षेत्र में इन प्रक्रियाओं का सातत्य बना रहेगा और नये सिद्धान्त बनाये और तोड़े जायेंगे।

९.३. लक्ष्य के अनुसार शोध के प्रकार

उपर्युक्त विविध प्रकारों के अनुसन्धानों को उनके लक्ष्य अथवा परिणामों के आधार पर चार भागों में विभक्त किया जा सकता है।

१. सकारात्मक (Positive) या तथ्यनिरूपक

२. स्तर-निर्णायक (Normative) या प्रतिमानक

३. सत्याख्यानक (Theorizing) या सिद्धान्त-दर्शक

४. निर्माणात्मक (Constructive) या रचनात्मक

९.३.१. सकारात्मक या तथ्य निरूपक :

अनुसन्धान प्रत्यक्ष तथ्यों पर आधारित हो, और उसका उद्देश्य केवल वस्तुओं, प्रतिभासों और क्रिया-प्रक्रियाओं के स्वरूप मात्र का निर्णय हो तो उसे सकारात्मक या तथ्य-निरूपक कहा जाता है। इससे केवल कुछ सामग्री संचित करके प्रस्तुत करना पर्याप्त नहीं है, अज्ञात तथ्यों, तथा परवर्ती दशा में विश्लेषण और गंभीर अध्ययन व सैद्धान्तीकरण के लिए योग्य सामग्री प्रस्तुत करना ही शोध माना जाएगा। इसमें अध्ययन पूर्णतः वस्तुनिष्ठ होता है। विज्ञान, अर्थशास्त्र, समाजशास्त्र आदि में इसका प्रयोग होता है।

९.३.२. स्तर निर्णायक या प्रतिमानक

अनुसन्धान का उद्देश्य केवल रूप-निर्णय न होकर स्तरीय या आदर्श रूप (Norm) का भी निर्णय हो तो, वह स्तर-निर्णायक अनुसन्धान (Normative Research) माना जाएगा। विशाल सामग्री का सर्वेक्षण या विश्लेषण करके

प्रतिमानक (Normal) या आदर्श (Typical) रूप का निर्णय किया जाता है। मूल्य निर्णय भी इसके अन्तर्गत आ सकता है। ऐसे शोध से प्रायः वस्तुओं के सामान्य रूप की जानकारी होती है, जिससे समस्याओं को सुलझाने में सहायता मिलती है, पर इस सामान्य जानकारी के आधार पर वैज्ञानिक सिद्धान्त (theory) या नियम (law) का प्रतिपादन संभव नहीं होता। शिक्षण क्षेत्र में प्रत्यक्ष समस्याओं को जानकर उन्हें सुलझाने के लिए प्रतिमानक सर्वेक्षण (Normative Servey) का उपयोग किया जाता है। समाजशास्त्र और अर्थशास्त्र मे भी वर्तमान प्रवृत्तियों की दिशाएँ जानकर समस्याओं को सुलझाने के लिए और भविष्य-निर्माण की योजनाएँ बनाने के लिए यह अनुसन्धान उपयोगी है।

६.३.३. सत्याख्यानक या सिद्धान्त-दर्शक

गोचर वस्तु-सत्यों के परे जाकर उन सबके लिए आधारभूत सार्वलौकिक सत्यों की खोज करके सिद्धान्त बनाना लक्ष्य हो तो अनुसन्धान सत्याख्यानक या सिद्धान्त-दर्शक होता है। इसमें वैयक्तिक दृष्टि और चिन्तन का विशेष स्थान होता है। किन्तु तथ्यों का विश्लेषण कर अपना मत—सिद्धान्त के बहाने—व्यक्त करना पर्याप्त नहीं है, तर्कपूर्ण मीमांसा द्वारा ऐसे सिद्धान्तों का प्रतिष्ठापन करना आवश्यक है जो चर्चित परिस्थितियों में प्रमाणित एवं मान्य हो। मानविकी के सभी विषयों के विशेषकर दर्शन और साहित्य के सन्दर्भ में सिद्धान्त-दर्शक शोध का विशेष स्थान है।

६.३.४. निर्माणात्मक या रचनात्मक

उपर्युक्त सभी प्रकार के शोधों में वस्तुक्षेत्र से विचार क्षेत्र की ओर—स्थूल से सूक्ष्म की ओर—गमन किया जाता है। यदि अनुसन्धान का अन्तिम लक्ष्य इस तरह केवल तथ्यों, सत्यों और सिद्धान्तों का ज्ञान मात्र न होकर उनके प्रायोगिक उपयोग के द्वारा वस्तुक्षेत्र में निर्माण करना हो, अथवा निर्माण की तकनीकों का आविष्कार करना हो, तो उसे निर्माणात्मक अनुसन्धान माना जाएगा। सभी प्रायोगिक शोध (applied research) इस तरह के होते हैं। इनसे सिद्धान्तों का प्रायोगिक उपयोग करके नयी-नयी वस्तुओं के निर्माण की विधियाँ बनायी जाती हैं। इंजिनीयरिंग, वैद्यक आदि में निर्माणात्मक शोध अनिवार्य है। अर्थशास्त्रीय या समाजशास्त्रीय सिद्धान्तों के आधार पर प्रायोगिक कार्य करके आर्थिक या सामाजिक दशा में परिवर्तन लाने के लिए जो शोध किया जाता है, उसे भी व्यापक अर्थ में निर्माणात्मक मान सकते हैं।

संक्षिप्त रूप में उपयुक्त अनुसन्धानों और उनके परिणामों को यों दिखाया जा सकता है—

अनुसन्धान	परिणाम
तथ्य निरूपक	नये तथ्य सामने आते हैं।
स्तर-निर्णायक	नये मूल्य सामने आते हैं।
सत्याख्यानक	नये सिद्धान्त बनाये जाते हैं।
निर्माणात्मक	नयी तकनीकें आविष्कृत होती हैं।

विविध प्रकारों के शोधों में इनके स्थान भिन्न-भिन्न होते हैं। शोध छात्र को अपने लक्ष्य का स्पष्ट ज्ञान होना चाहिए और उसके अनुसार कार्य-प्रणालियों तथा तर्क पद्धतियों को अपनाकर आगे बढ़ना चाहिए।

६.४ तर्क रीति के आधार पर अनुसन्धान के प्रकार

तर्कपूर्ण रीति से, समुचित प्रमाणों द्वारा प्रमाणित करके निष्कर्षों पर पहुँचना अनुसन्धान का लक्ष्य है। सामने प्रस्तुत तथ्यों के पारस्परिक सम्बन्ध को समझने के लिए इन्द्रियों और मस्तिष्क की संग्राहक शक्ति और तर्क का सहारा लेना पड़ता है। प्रत्येक गम्भीर चिन्तन में इसी तर्क-वृत्ति का संकुल रूप दृष्टिगत होता है। अनुसन्धान के हर पग पर तर्क से वस्तु-स्थितियों को पूर्णतः समझकर आगे बढ़ना पड़ता है। प्रत्यक्ष सत्यों या तथ्यों से गंभीर सत्यों या सिद्धान्तों पर पहुँचने के लिए तर्क रीति का चिन्तन अनिवार्य होता है। अतः अनुसन्धान और तार्किक चिन्तन में अटूट सम्बन्ध है। सिद्धान्तों के प्रमाणीकरण के लिए दो तरह की तर्क पद्धतियों का प्रयोग किया जाता है।

१. आगमनात्मक शोध (Inductive Research)

२. निगमनात्मक शोध (Deductive Research)

इन तर्क-पद्धतियों की विस्तृत चर्चा अन्यत्र की गयी है (६.१ और ६.२)। अतः यहाँ शोध में इन तर्क पद्धतियों के बारे में संक्षेप में कहा जाता है।

६.४.१. **आगमनात्मक शोध पद्धति** में एक समूह की वस्तुओं में से कुछ का निरीक्षण करके सम्पूर्ण समूह की प्रकृति का अनुमान किया जाता है। अगर पर्याप्त संख्या में वस्तुओं का निरीक्षण किया जाय तो पूर्ण से सम्बन्धित निर्णय में अधिक त्रुटि नहीं होती। इस तरह पूर्णतः प्रमाणित न होने पर भी अनुमान के आधार पर निष्कर्ष पर पहुँचा जाता है। इस अटकलबाज़ी को अपनाने का कारण यह है कि सम्पूर्ण सामग्री इतनी विशाल और कभी-कभी अप्राप्य होती है कि किसी मानव के लिए उस सम्पूर्णता का अध्ययन संभव नहीं होता। ऐसी दशा में चुने हुए नमूनों के अध्ययन से संपूर्ण की प्रकृति का अनुमान किया जाता है।

९.४.२. **निगमनात्मक शोध पद्धति** में पूर्व स्वीकृत सामान्य सत्य (सार्वलौकिक सत्य) के आधार पर विशेष वस्तु की प्रकृति का अनुमान किया जाता है। प्रायः सार्वलौकिक सत्य सम्बन्धी किसी प्रमाण-वाक्य (Proposition) को आधार मानकर उससे सम्बन्धित विशिष्ट वस्तुओं की प्रकृतियों का निश्चय किया जाता है। समष्टि ज्ञान से व्यष्टिज्ञान की ओर गमन किया जाता है।

प्रायः विशाल सामग्री संचयन और गहन चिन्तन की अपेक्षा रखने वाले अनुसन्धानों में दोनों पद्धतियों का थोड़ा बहुत उपयोग आवश्यक है।

———

: १० :

शोध-विषय का चुनाव

१०.० जहाँ गंभीर अध्ययन करनेवाले ज्ञान-पिपासुओं के लिए अनुसन्धेय विषयों की कमी नहीं रहती, और एक विषय चुन लेने में विशेष कठिनाई नहीं होती, वहाँ तत्कालीन परिस्थितियों में शोध करनेवाले छात्रों तथा निर्देशन करनेवाले अध्यापकों के लिए यह एक बड़ी समस्या बन गयी है। इसका मुख्य कारण यही है कि छात्र को किसी भी विषय का व्यापक या गंभीर ज्ञान नहीं होता। पूरी गंभीरता और जागरूकता के साथ किसी विषय का अध्ययन करनेवाला जिज्ञासु महसूस करेगा कि विषय से सम्बन्धित कई पहलू स्पष्ट नहीं है, कई पहलुओं का अध्ययन नहीं किया गया है, और जिन पहलुओं का अध्ययन किया गया है, उनका दूसरी दृष्टि से भी अध्ययन किया जा सकता है। उसके लिए शोध-विषय का चुनाव कोई समस्या नहीं है।

१०.१. प्रारंभिक तैयारी

अनुसन्धानेच्छु छात्र को प्रारंभ में अपनी रुचि और सुविधा के अनुसार किसी विषय को लेकर उसका सामान्य अध्ययन करना चाहिए। विषय छात्र स्वयं चुन सकता है, या अन्य विद्वानों के साथ परामर्श करके तय कर सकता है। व्यापक अध्ययन करनेवाला छात्र स्वयं पूर्वाध्ययनों की कमी महसूस करके इस दिशा में प्रवृत्त होगा, तो वह उसकी मौलिक दृष्टि और योग्यता का परिचायक होगा। अन्य विद्वानों से परामर्श करने के कई प्रयोजन हैं। इससे ज्ञान होगा कि पहले उस विषय पर कितना कार्य हुआ है, विषय का महत्त्व कितना है और उसकी संभावनाएँ कितनी हैं। इस तरह चार-पाँच महीनों की तैयारी के बाद विषय चुनें तो प्रायोगिक दृष्टि से अधिक सुविधा होगी। इसके बिना या तो विषय दुर्बल रहता है, या विषय को लेने के बाद छात्र उसे पूरा करने में अपने आपको असमर्थ पाता है।

१०.२. छात्रों की दुर्बलताएँ

अक्सर यह देखा जाता है अभी-अभी एम० ए० डिग्री प्राप्त नया छात्र किसी विषय में रुचि या गण्य ज्ञान के बिना प्रतिश्रुत निर्देशक या अन्य विद्वानों

के पास जाकर विषय की माँग करता है। छात्र की दक्षता, रुचि, अध्ययन की पृष्ठभूमि आदि से अनभिज्ञ अध्यापक उचित विषय सुझाने में असमर्थ होता है। अगर कोई विषय सुझावे तो इस पर काम करना छात्र के लिए कठिन हो जाता है। दूसरे प्रकार के छात्र ऐसे होते हैं, जिनके पास विषय तो होते हैं, पर इतने हल्के होते हैं कि उन पर सामग्री जुटाना और किसी महत्त्वपूर्ण निर्णय पर पहुँचना कठिन होता है। थोड़ा बहुत काम करने के बाद मालूम होता है कि उस पर या तो पर्याप्त सामग्री नहीं मिलती या प्राप्त सामग्री के आधार पर महत्त्वपूर्ण निष्कर्ष नहीं बना सकते। तीसरा खतरा यह है कि शोधार्थी पूरी गंभीरता के साथ ऐसा विषय लेता है जिससे वह ज्ञान-क्षेत्र में क्रान्ति मचाना चाहता है। पर बाद में मालूम होता है कि विषय उतना महत्वपूर्ण नहीं है, जितना उसने समझ रखा था, या उस पर पहले ही काफी काम हुआ है, या फिर प्रमाण सामग्री के अभाव में या सैद्धान्तिक दुर्बलता के कारण मूल्यवान् निर्णय पर पहुँचना असंभव होता है। इन सब कठिनाइयों से बचकर उचित विषय चुनना हो तो छात्र-निर्देशक दोनों को कुछ समय तक विषय से संबंध रखकर उससे 'लगाव' उत्पन्न करना चाहिए, और ऐसे विषयों को ही चुनना चाहिए जिनमें पर्याप्त शोध-संभावना हो।

१०.३. विषय कैसे चुनें ?

यह समस्या उठती है कि अपने शोध-विषय का निर्णय छात्र स्वयं कर ले, या निर्देशक अपने विशेष अध्ययन से सम्बन्धित कोई विषय दे या दोनों आपसी परामर्श से विषय का निर्णय करें।

व्यापक अध्ययन करनेवाला प्रतिभाशाली छात्र स्वयं अपने विषय का निर्णय कर सकेगा, और वह एक स्वाभाविक मानसिक प्रक्रिया का परिणाम होने से विशेष महत्त्वपूर्ण भी होगा। जब वह किसी अध्ययन को अपूर्ण या अस्पष्ट देखकर असन्तुष्ट होता है तब सत्यान्वेषण की उसकी चाह जाग उठती है, जो अनुसन्धान की सशक्त प्रेरणा बन सकती है। कोई छात्र किसी शोध-लेख या ग्रन्थ को पढ़कर उसमें व्यक्त मतों से पूर्णतः असहमत हो, तो उसकी विसम्मति उत्कृष्ट अनुसन्धान की प्रेरणा बन सकती है। आर्ष या रूढ़ मतों के खण्डन का विरोध शोध-क्षेत्र में अत्यन्त हानिकारक होता है। अतः मौलिक विचार रखनेवाले छात्रों को उनकी दक्षता का परीक्षण करके विषय-चयन की स्वतंत्रता देनी चाहिए।

लेकिन इसमें एक समस्या आ सकती है। जब छात्र स्वयं अपनी रुचि या अनुभूत आवश्यकता के आधार पर विषय चुनता है तब निर्देशक उस विषय का विशेषज्ञ नहीं हो तो कठिनाई हो सकती है। सम्बद्ध विषय के विशेषज्ञ के निर्देशन

में ही छात्र शोध करे तो उत्तम होगा। लेकिन इसे एक अनिवार्य शर्त के रूप में नहीं ले सकते। निर्देशक शोध सिद्धान्तों से परिचित गंभीर विद्वान् हो तो वह मोटे तौर पर परामर्श देकर और शोध प्रणालियों तथा शोध-अनुशासन का पूर्णतः पालन कराकर अच्छा शोध करा सकता है। निर्देशक का काम यहाँ नया विषय देना या दिशा निर्देशन करना न होकर, संभावनाओं के प्रति संकेत करना, छात्र के कार्य-कारण स्थापनाओं एवं प्रमाणों का तर्क पूर्ण परीक्षण करना और अनियंत्रित कुदान भरे तो उसे रोकना मात्र रह जाता है। इस लेखक के शोध प्रबन्ध (१९६२) 'हिन्दी उपन्यास साहित्य के अध्ययन' के निर्देशक आचार्य हजारी प्रसाद द्विवेदी न उपन्यास साहित्य के विशेषज्ञ थे, न उन्होंने विषय सम्बन्धी सुझाव दिये। पर कुछ अध्यायों को लेकर उनके साथ जो सैद्धान्तिक चर्चाएँ हुईं वे शोधकार के मौलिक विचारों को सुरक्षित रखते हुए भी, विश्लेषण और चिन्तन के स्खलनों को दूर कर शोध प्रबन्ध को प्रौढ़ता एवं प्रामाणिकता प्रदान करने में अत्यन्त सहायक हुईं।

दूसरी ओर अनेक छात्र निर्देशक द्वारा दिये गये विषयों पर अनुसन्धान करते हैं। इसमें सुविधा यह है कि निर्देशक विषय के अपने विशाल ज्ञान के कारण शोध की संभावनाओं का पूरा ज्ञान रखता है, अध्ययन, सामग्री संकलन आदि में विशेष सुझाव दे सकता है, जिससे सामान्य छात्र विशेष लाभान्वित हो सकते हैं। यह कहने की आवश्यकता नहीं है कि निर्देशक छात्र पर अपनी इच्छानुसार कोई विषय थोपता नहीं, पर उससे चर्चा करके उसकी दक्षताओं और सीमाओं को जानकर ही विषय देता है, और अनुसन्धान के प्रत्येक चरण में सहायक रहता है।

इसमें एक ख़तरा यही है कि निर्देशक विशेष सतर्क न रहे, और छात्र निर्देशक के विचारों, विश्लेषण-प्रणालियों और चिन्तन-पद्धति को पूर्णतः स्वीकार ले तो उसकी मौलिकता कुंठित हो जाती है। पर दोनों की सतर्कता के दोष का निवारण किया जा सकता है।

अनुसन्धान के विषय चुनने के लिए पूर्व-शोध-प्रबन्ध, ग्रन्थ-सूचियों, शोध-लेखों और पत्र-पत्रिकाओं में निकलनेवाली समीक्षाओं से सहायता मिल सकती है। इनके निरीक्षण से संभाव्य क्षेत्रों तथा अनुत्तरित तथा अविश्लेषित समस्याओं के प्रति दृष्टि जा सकती है।

१०.४. अनुसन्धान के विषय कैसे हों?

अनुसन्धान की परिभाषा से ही स्पष्ट है कि विषय ऐसा होना चाहिए जिसमें नये सत्यों के उद्घाटन के लिए या पूर्वज्ञात सत्यों के विस्तार-सुधार के लिए गुंजाइश हो। अधिक स्पष्टता के लिए यहाँ कुछ विस्तृत चर्चा की जाती है। टाइरस

हिल्वे (१९५६ : १०१) ने विषय के चुनाव के बारे में पाँच प्रश्न प्रस्तुत किये हैं : (१) क्या, विषय दिलचस्प है ? (२) क्या, वह नया है ? (३) क्या, उससे ज्ञान क्षेत्र का विस्तार हो सकता है ? (४) क्या, वह प्रायोगिक रूप में सफल हो सकता है ? (५) क्या, उस पर पहले और किसी ने शोध किया तो नहीं है ?

विषय के दिलचस्प होने का तात्पर्य यही है कि उसमें कुछ अज्ञान तत्वों का होना आवश्यक है, जिनका उद्घाटन ही शोध है। वस्तु के वैचित्र्य से संजात सतही दिलचस्पी नहीं, गहन तथ्यों और सत्यों को जानने की इच्छा ही यहाँ 'दिलचस्पी' से संकेतित है। विषय का नया होना भी शोध की मौलिकता के लिए अपेक्षित है। अक्सर यह देखा जाता है कि कई शोध छात्रों से पूर्व-शोधों से प्राप्त सामग्रियों या विचारों को ही नये क्रम में—और नयी भाषा शैली में—संकलित करके शोध-प्रबंध तैयार किये जाते हैं। इसी कारण से विविध विषयों में भारतीय शोधार्थियों के शोधग्रन्थ अधिक महत्त्व के नहीं होते। ज्ञान क्षेत्र के विकास में कोई अनुसन्धान कितना उपयोगी होगा, पहले ही इसका अनुमान करना कठिन है। कभी-कभी उपयोगी दीखनेवाले विषय का अध्ययन भी न कोई प्रायोगिक फल देता है, न आगे के अध्ययन के लिए रास्ता खोलता है। नये विषय के अध्ययन से जो नयी बातें सामने आती हैं, उनका महत्त्व ही शोध-ग्रन्थ के महत्त्व का निर्णय करता है। इस मूल्य का निश्चय करनेवाले कई तत्व हैं।

१०.४.१. मूल विषय की गंभीरता या महत्ता

कालिदास या तुलसीदास या सूरदास जैसे कवियों के किसी एक पक्ष पर ही शोध करें, तो भी उसका महत्व, उस शोध से अधिक होगा, जो ऐसे एक अज्ञातनामा कवि पर किया जाय, जिसने बीस-पचीस ऐसी कविताएँ लिखी हैं, जो अपनी दुर्बलता के कारण ही अज्ञात हो गयी हैं। इस शोध में अब तक अज्ञात बातों का उद्घाटन होने पर भी मूल विषय की दुर्बलता के कारण शोध का महत्व कम होता है। किसी छोटे गाँव के बीस-पचीस जुलाहों की आर्थिक दशा के अध्ययन से बढ़कर पूरे जिले या प्रदेश के जुलाहों की जीवन-स्थिति एवं आर्थिक दशा का अध्ययन अधिक महत्वपूर्ण और उपयोगी होगा। इसी तरह हर विषय में कुछ महत्वपूर्ण और उपयोगी तत्त्व भी होते हैं, और कम महत्त्व के तत्त्व भी। लेकिन निश्चित रूप से सदा यह नहीं कहा जा सकता कि किस विषय का शोध महत्त्वपूर्ण है। किसी साधारण पौधे के शोध से एक विशिष्ट औषधि का निर्माण हो सकता है, नष्टप्राय: एक वंश के बचे हुए दो व्यक्तियों की बोली का अध्ययन एक भाषा या भाषा वर्ग के इतिहास की कुछ टूटी हुई कड़ियों को मिलाने में उपयोगी हो सकता है।

१०.४.२. प्रायोगिक उपयोगिता

वैज्ञानिक विषयों में अनुसन्धान द्वारा जिन वस्तुओं या कार्य-प्रणालियों का आविष्कार किया जाता है, उनकी प्रायोगिक उपयोगिता शोध का मूल्य निश्चित करती है। अनुत्पादक शोधों का महत्व उतना नहीं होता। गणित, विशुद्ध विज्ञान (Pure Science) आदि के सैद्धान्तिक शोध प्रयत्क्ष रूप में उपयोगी न होने पर भी प्रायोगिक विज्ञान (Applied Science) की नींव तैयार करके अत्यन्त उपयोगी सिद्ध होते हैं। समाजविज्ञान, अर्थशास्त्र, मनोविज्ञान आदि के अनुसन्धान गौण और निरूपयोगी विषयों से सम्बन्धित होकर महत्वहीन भी हो सकते हैं, वास्तविक जीवन में प्रयोग के लिए, सिद्धान्त या प्रणालियाँ प्रदान करके महत्वपूर्ण भी हो सकते हैं। साहित्य के शोध सीमित और तुच्छ विषयों से सम्बन्धित होकर डिग्री प्राप्ति के बाद अपना महत्व खोकर भूले भी जा सकते हैं, आगे एक अध्ययन परम्परा का विकास करके मानव को समझने और मानवीय सम्बन्धों को उदात्त बनाने में सहायक भी हो सकते हैं।

१०.४.३. सफलता की संभावना

शोध-विषय चुनते समय उसके सफल होने की संभावना पर भी खूब सोच लेना चाहिए। काफ़ी समय, श्रम एवं धन का व्यय करने के बाद शोध-कार्य सफल नहीं हो तो बड़े खेद की बात होगी। इसके लिए, (१) पहले कुछ समय तक के अनौपचारिक अध्ययन के द्वारा विषय की विशालता, सीमा और संभावनाओं को जान लेना चाहिए, (२) विषय में अपने पूर्वज्ञान, पैठ तथा तत्सम्बन्धी कार्य करने की अपनी क्षमता का विचार करना चाहिए, (३) विषय से सम्बन्धित अध्ययन-सामग्री (क्षेत्रीय सामग्री, पुस्तकें आदि) की प्राप्ति निश्चित कर लेनी चाहिए, और (४) इस बात पर विशेष ध्यान देना चाहिए कि अपने संसाधनों तथा दक्षता से निश्चित समय के अन्दर कार्य पूर्ण किया जा सकता है या नहीं। बड़ी महत्वाकांक्षा से चुने गए अनेक विषयों के शोध अधूरे रह जाते हैं, क्योंकि उसके लिए पर्याप्त अध्ययन सामग्री छात्र को नहीं मिलती या छात्र उस स्थान पर नहीं जा सकता, जहाँ सामग्री मिलती है।

जिन विषयों पर अन्य विद्वानों ने पर्याप्त अनुसन्धान किया है, उनको शोध के लिए फिर ले लेना एक तरह से खतरे का काम है, तो दूसरी तरह से हिम्मत का। पूर्वकृत शोधों के परिणामों की अच्छी जानकारी प्राप्त करने के बाद, स्वयं मौलिक कार्य करने की आशा हो, तभी ऐसे विषयों को अनुसन्धान के लिए चुनना चाहिए। नहीं तो मौलिक आविष्कार या सिद्धान्त-निरूपण के अभाव में शोध ग्रन्थ महत्त्वहीन हो जायेगा।

प्रत्येक शोध ग्रन्थ की प्रस्तावना में यह बताना चाहिए कि प्रस्तुत विषय पर क्या-क्या काम हुआ हैं, उसमें खामियाँ क्या रह गयी हैं और प्रस्तुत अध्ययन कैसे पूर्वाध्ययनों से आगे बढ़ा हुआ है। आजकल कुछ विदेशी विश्वविद्यालयों में यह विधि है कि शोध प्रबन्ध के आरंभ या अन्त में एक 'समीक्षा-अध्याय' (Review Chapter) जोड़ा जाय जिसमें प्रस्तुत विषय पर पहले किये हुए सभी कार्यों की समीक्षा हो। इससे स्पष्ट होता है कि नया शोध प्रबन्ध किन दिशाओं में और किस मात्रा में आगे बढ़ता है।

१०.४.४. विषय कितना विशाल हो ?

अनुसन्धान का विषय कितना विशाल हो या सीमित हो, यह मतभेद की बात हो सकती है। वैसे शोध के बाह्य उद्देश्यों पर भी यह आश्रित रह सकता है। किसी पत्रिका में प्रकाशन के लिए अथवा शोध-अधिवेशन में प्रस्तुति के लिए किसी विषय के एक पहलू मात्र को लेकर शोध करना उचित होगा। एम० ए० और एम० फील० के लघु प्रबन्धों के लिए कुछ बड़े विषयों को लिया जा सकता है। डाक्टरेट की उपाधि के लिए प्राप्य सामग्री और उपलभ्य समय को ध्यान में रखकर ऐसे अधिक गंभीर और विशाल विषय को लेना चाहिए जिसमें काफ़ी मौलिक अनुसन्धान करने की संभावना हो।

दूसरी ओर विषय की विशालता और अध्ययन की गहराई के बीच में भी सम्बन्ध माना जाता है। प्रायः यह कहा जाता है कि विषय विस्तृत हो तो गहराई कम होगी, सीमित विषय या विषय के एक पहलू को लिया जाय तो अधिक गहराई हो सकती है। उदाहरण के लिए हिन्दी के संपूर्ण उपन्यास साहित्य के अध्ययन से बढ़कर एक विधा या वाद के ही, या एक लेखक के ही उपन्यासों के अध्ययन में अधिक गहराई होगी। आधुनिक काल के महाकाव्यों के अध्ययन से बढ़कर केवल छायावादी काल के महाकाव्यों का अध्ययन अधिक गहन होगा, केवल प्रसाद की 'कामायनी' का अध्ययन और भी गहन होगा। ऐसी जो सामान्य धारणा व्याप्त है, उसे आंशिक रूप में ही मान सकते हैं। विशाल और सीमित विषयों का अलग-अलग दृष्टियों से महत्त्व होता है। 'विशालता की गहराई' और 'सीमित क्षेत्र की गहराई' भिन्न प्रकार की होती है ? एक सुदीर्घ काल में विकसित होने वाली अथवा एक व्यापक क्षेत्र में फैली हुई प्रवृत्तियों का गंभीर अध्ययन विशाल विषयों के शोध में ही संभव है। हिन्दी महाकाव्य के रूप-विकास या काव्य में चिन्तन और संवेदन के स्वरूप-विकास का अध्ययन करना हो तो विशाल क्षेत्रों की सामग्री का अध्ययन करना होगा। प्रस्तुत ग्रंथ के लेखक का शोध प्रबन्ध 'हिन्दी उपन्यास साहित्य का अध्ययन : पाश्चात्य उपन्यास से तुलना सहित' वास्तव में सम्पूर्ण हिन्दी उपन्यास

साहित्य की विविध प्रवृत्तियों के अध्ययन और परिनिष्ठित मानदण्डों के आधार पर उनके मूल्यांकन का प्रयास है। सीमित विषयों को लेने पर ऐसा प्रवृत्ति-विकास परक अध्ययन नहीं हो सकता। दूसरी बात यह है कि संपूर्ण काव्य अथवा उपन्यास के अध्ययन में प्रायः सभी मुख्य कृतिकारों के मूल्यांकन (evaluation) और स्थानांकन (placement) की भी गुंजाइश रहती है। एक लेखक के कृतित्व का अध्ययन किया जाय तो सीमित रूप में ही उसकी पृष्ठभूमि या पटभूमि के स्पष्टीकरण की गुंजाइश रहती है, जिसमें स्थानांकन असंभव नहीं हो तो भी कठिन अवश्य होता है और विशेष सावधानी न बरती जाय तो स्खलन की भी संभावना रहती है।

लेकिन अत्यन्त विशाल अनुसन्धानों में सभी लेखकों के सभी पहलुओं का विश्लेषण संभव नहीं होता। सीमित विषयों के शोधों में विविध अंशों या पहलुओं के विशद अध्ययन की संभावना रहती है, लेकिन ऐसे अध्ययन का महत्त्व तभी है जब इन अंशों का अपना महत्त्व हो।

साहित्येतर विषयों में भी इसे माना जा सकता है। उत्तर प्रदेश के एक छोटे गाँव के पांच परिवारों की आर्थिक दशा और जीवन रीतियों का अध्ययन, व्यापक परिवेश में ही सार्थक हो सकता है। पर सौ ग्रामों के लगभग दो हजार परिवारों का (जिनका चुनाव किसी वैज्ञानिक नमूनीकरण-प्रणाली से हो सकता है। देखिये अध्याय १२) अध्ययन अनेक आर्थिक और सामाजिक बातों पर प्रकाश डाल सकता है और विकास-योजनाएँ कार्यान्वित करने में उपयोगी हो सकता है। 'प्राथमिक विद्यालय के विद्यार्थियों की आर्थिक दशा, खाद्य-साधन और बौद्धिक विकास' का अध्ययन पर्याप्त विशाल सामग्री के संचयन और विश्लेषण से ही सफल हो सकता है। किसी गाँव में अथवा कुछ गाँवों में फैलनेवाली किसी बीमारी के निदानों का अध्ययन करना हो तो भी, एक दो परिवारों का सीमित दृष्टि से अध्ययन पर्याप्त नहीं होगा, व्यापक क्षेत्र के जनों के जीवन के विविध पहलुओं का विविध दृष्टियों से अध्ययन आवश्यक होगा।

संक्षेप में कहा जा सकता है कि अध्येय विषय की विशालता विषय के ही स्वरूप, शोध के उद्देश्य और शोधकार की दृष्टि पर आधारित होनी चाहिए। विशेषज्ञों की हँसी उड़ाते हुए अक्सर जो कहा जाता है कि "विशेषज्ञ वह है जो कम से कम के बारे में अधिक से अधिक अध्ययन करता है और आखिर 'कुछ नहीं' के बारे में 'सब कुछ' जानता है—वह एक अतिरंजित कथन है। दूसरी ओर शोध के बारे में यह कहना भी अतिरंजन होगा कि शोधकार वह है, जो अधिक से अधिक के बारे में कम से कम अध्ययन करता है और आखिर बस कुछ के बारे में 'कुछ नहीं' जानता।

वस्तुतः कम के बारे में अधिक जनना और अधिक के बारे में कम जानना दोनों अपनी दृष्टि से महत्त्वपूर्ण हैं। छात्रों को प्राप्य सामग्री, अपनी दृष्टि, शोध के उद्देश्य, उपलभ्य कालावधि और साधन-सामग्री आदि बातों का विचार करके समुचित सीमा या विशालता का विषय चुन लेना चाहिए।

१०.५. छात्र का बौद्धिक स्तर और विषय का स्वरूप

और एक मुख्य बात, जिसकी शोध-विषय के चुनाव में उपेक्षा की जाती है, शोधार्थी के बौद्धिक स्तर और विषय के बीच का सन्तुलन है। यहाँ बौद्धिक स्तर से तात्पर्य उच्च और निम्न स्तर से नहीं बौद्धिक प्रक्रियाओं के स्वरूपों से है। सभी व्यक्तियों की सभी मानसिक प्रक्रियायें समान नहीं होती। कुछ में विश्लेषण अधिक होती है, तो कुछ में कल्पनात्मक और सृजनात्मक शक्ति। कुछ छात्र बड़ी सावधानी व बारीकी से सामग्री-संचय करने की सब्र और धैर्य रखते हैं। इन सब बातों को दृष्टि में रखकर ही विषय का चुनाव करना चाहिए। इस दृष्टि से शोधार्थियों को मुख्यतः तीन श्रेणियों में रख सकते हैं।

१०.५.१. **जिन छात्रों में अधिक विश्लेषण-शक्ति कल्पना और सृजनात्मक प्रतिभा न हो,** उनको ऐसे सर्वेक्षणात्मक या वस्तुनिष्ठ विषय लेने चाहिए जिसमें निश्चित पद्धति के अनुसार सामग्री संचयन और विश्लेषण हो सके। क्षेत्रीय सामग्री का संकलन, शब्द भण्डार संग्रह, जीवन व्यापारों का सर्वेक्षण इत्यादि कार्य इनके लिए सरल होंगे। सामग्री संकलन तथा विश्लेषण की परिनिष्ठित प्रणालियों का शिक्षण देने पर शोधार्थी सरलता से ऐसे काम कर सकते हैं। इसके लिए केवल अध्यवसाय, परिश्रम और लगन की ज़रूरत है।

१०.५.२. **जिन छात्रों में तर्क-बुद्धि और विश्लेषण-शक्ति हो** उन्हें ऐसे विषय चुनने चाहिए जिनके विश्लेषण और कार्य-कारण सम्बन्ध निर्णय के द्वारा सीधे निष्कर्षों पर पहुँचा जा सकता है। रचनाओं तथा लेखकों का काल निर्णय, स्रोत निर्णय, प्रभाव निर्णय आदि से सम्बन्धित विषय ऐसे ही होते हैं। 'भारतेन्दु हरिशचन्द्र पर सामयिक परिस्थितियों का प्रभाव', 'गुप्त जी की सामाजिक चेतना' आदि विषयों में इस तरह शोध सामग्री का विश्लेषण करके तर्क बुद्धि से सीधे निर्णय पर पहुँच सकते हैं। 'हिन्दी लोक काव्यों में अभिव्यक्ति धार्मिक चेतना'—के अध्ययन के लिए प्रर्याप्त मात्रा में लोक काव्यों का संचयन करके और उनमें धर्म के विविध पहलुओं से सम्बन्धित तत्त्वों का विश्लेषण कर निष्कर्षों पर पहुँच सकते हैं। अर्थशास्त्र, समाज विज्ञान, मनोविज्ञान आदि में अनेक विषयों का अध्ययन इस तरह किया जा सकता है।

१०.५.३. **जिन शोधार्थियों में अधिक कल्पना, आलोचना और सिद्धान्त-निर्णय की दक्षता हो** उनके लिए आलोचना और मूल्यांकन-परक अथवा सिद्धान्त-निर्णायक विषय अधिक उचित होंगे। जहाँ उपर्युक्त दोनों प्रकार में वैयत्तिक दृष्टि का अधिक महत्त्व नहीं होता, और अध्ययन प्रायः वस्तुनिष्ठ होता है, वहाँ इस तीसरे प्रकार के शोध में व्यक्तिगत दृष्टि का भी महत्त्व होता है। शोधार्थी केवल संचित सामग्री के विश्लेषण और अध्ययन से निर्वैयक्तिक निर्णयों पर नहीं पहुँचता, पर अध्ययन को बौद्धिक चिन्तन का आधार देकर उसे अधिक सैद्धान्तिक बनाता है। 'छायावाद का सौन्दर्य बोध', 'नयी कविता की दार्शनिक पृष्ठ भूमि, 'तुलसी साहित्य में जीवन मूल्य', 'प्रेमचन्द का मानवतावाद' आदि ऐसे विषय हैं, जिनमें मात्र विश्लेषण और वस्तुनिष्ठ अध्ययन से निर्णय नहीं हो सकता, पर अधिक चिन्तन के द्वारा विषय के एक सैद्धान्तिक आधार भी देना पड़ता है। अधिक गंभीर अध्ययनों में सृजन-सम्बन्धी मौलिक तत्त्वों की गंभीर सैद्धान्तिक चर्चा भी की जा सकती है। आधुनिक साहित्य की विविध विधाओं के आधार पर काव्य के नये सिद्धान्त बनाना, साहित्य में जीवन-चेतना तथा कलामूल्यों का निर्णय करना, प्राचीन और आधुनिक सृजन-प्रेरणा और आस्वादन प्रक्रियाओं का तारतम्य विवेचन करना आदि कितने ही क्षेत्र हैं, जिनके शोधों से नये और मौलिक सिद्धान्तों की स्थापना हो सकती है। किन्तु खेद की बात है कि भारत में आज ऐसे सार्वलौकिक प्रासंगिकता रखनेवाले मौलिक सैद्धान्तिक अनुसन्धान बहुत कम हो रहे हैं।

छात्र की बौद्धिकता और विषय के स्वरूप के सम्बन्ध में कहा जा सकता है कि हर छात्र के लिए उसके अनुकूल एक विषय होता है, और हर विषय के लिए उसके अनुकूल एक छात्र होता है। इस मेल को पहचान कर विषय का चुनाव कर लें तो समझना चाहिए कि शोध की ज़िम्मेदारी की एक तिहाई पूरी हो गयी। अतः इसमें काफी पूर्व परिचय के आधार पर बड़ी सावधानी से काम लेने की ज़रूरत है। अनुसन्धान ऐसा एक गंभीर विषय है जिसमें विषय का चुनाव 'झट मँगनी, पट व्याह' की तरह जल्दीबाजी में नहीं होना चाहिए।

: ११ :

प्रारंभिक रूपरेखा और प्रबन्ध-संक्षेप

११.० अनुसन्धान के विषय का निश्चय करने के बाद अध्ययन के आरम्भ करने का एक मुख्य कार्य है प्रारंभिक रूपरेखा बनाना, जो अधिकांश नये शोधकारों के लिए कुछ कठिन होता है। डिग्री के लिए शोध-प्रबन्ध लिखने में ही नहीं, किसी भी तरह के शोध-प्रबन्ध या शोध-लेख लिखने के पूर्व उचित रूपरेखा तैयार करने से कार्य भी सुगम होता है, और अन्त में शोधग्रन्थ में प्रस्तुति भी तर्कपूर्णता एवं क्रमबद्धता से प्रभावशाली बनती है। इसके बिना सामग्री-संचय करके किसी भी नियंत्रण के बिना लिखने से प्रबन्ध में प्रमेय तत्त्वों का पूर्ण और क्रमिक निरूपण नहीं हो पाता। अध्ययन को सुगम और प्रबन्ध को सौष्ठवपूर्ण बनाने के लिए निर्मित यह प्रारंभिक या कामचलाऊ रूपरेखा (working synopsis) उस रूपरेखा या संक्षेप से भिन्न होती है, जो छात्र को डिग्री के लिये प्रबन्ध प्रस्तुत करने के पहले देना पड़ता है।

११.१. प्रारंभिक या कामचलाऊ रूपरेखा का स्वरूप

विषय का कुछ सामान्य ज्ञान प्राप्त करने के बाद ही रूपरेखा तैयार की जा सकती है। यह मात्र शोधकार को अपने कार्य में नियमित रूप से अग्रसर करने और अध्ययन और लेखन को नियंत्रित रखने के लिए होती है, और अस्थायी रहती है। विषय का थोड़ा बहुत अध्ययन करके अपने उद्देश्यों को कुछ-कुछ जान लेने के बाद यह रूपरेखा तैयार की जा सकती है। इसमें तात्कालिक रूप में अध्यायों, विभागों और उपविभागों का उल्लेख होना चाहिए। विषय की जो जानकारी है, और उसके विविध पहलुओं का जो अनुमान किया जा सकता है, उसके आधार पर ही रूपरेखा तैयार करना संभव है। इसके पूर्ण या बिलकुल ठीक होने की आशा नहीं की जा सकती।

कुछ पहलुओं से सम्बन्धित शीर्षकों के बारे में सन्देह हो सकते हैं। उनको समाविष्ट करें या न करें, करें तो कहाँ किस रूप में करें, यह सन्देह हो सकता है। रूपरेखा में उनको रखना ही उचित है। बाद में अनावश्यक हो, या तत्सम्बन्धी सामग्री न मिले तो उनको छोड़ा जा सकता है। जिन-जिन बातों के बाद में काम आने की आशा है, उन सबको प्रश्नचिह्न सहित रख लेना चाहिए। वे बाद में उपयोगी सिद्ध हो सकते हैं। यही अधिक सुरक्षित मार्ग है। पहले ही ऐसे शीर्षकों को छोड़ दें तो, बाद में अधिक अध्ययन के बाद उनकी आवश्यकता या अनिवार्यता हो सकती है और सम्बन्धित सामग्री के लिए भाग दौड़ करना मुश्किल होगा।

११.२. रूपरेखा और सामग्री-संचयन

इस कामचलाऊ रूपरेखा का मुख्य उपयोग सामग्री-संकलन में है। इसी में दर्ज शीर्षकों के आधार पर कार्ड या स्लिप पर नोटकर लेना चाहिए। पर्याप्त अध्ययन के बाद रूपरेखा कुछ स्थिर हो जाय तो शीर्षकों के लिए नम्बर दिये जा सकते हैं।

ज्यों-ज्यों अध्ययन होता रहेगा, त्यों-त्यों ज्ञात होगा कि कुछ नये शीर्षक जोड़े जा सकते हैं, और अप्रासंगिक होने से अथवा सामग्री के न मिलने से कुछ शीर्षक छोड़ने पड़ते हैं। सम्पूर्ण शोध-काल में—लगभग प्रबन्ध की अन्तिम रूप देने तक—ऐसे परिवर्तन होते रहेंगे।

रूपरेखा के आधार पर शोध-सामग्री का निरीक्षण करते हैं, और शोध-सामग्री के आधार पर रूपरेखा को सुधारते रहें—यही सामग्री-संचयन और विश्लेषण के काल का मूल आदर्श होना चाहिए। इस तरह अध्ययन करते-करते रूपरेखा में अधिक स्पष्टता और क्रमबद्धता आएगी, अध्ययन सामग्री लगभग पूर्ण होगी और विश्लेषण अधिकाधिक वैज्ञानिक होगा। एक उत्तम रूपरेखा व्यापक अध्ययन एवं गहन-विश्लेषण-प्रवृत्ति का परिचालक है और गंभीर शोध प्रबन्ध की नींव।

प्रबन्ध की विषय सूची और शोध-संक्षेप तैयार करने के लिए भी इसका उपयोग हो सकता है।

११.३. रूपरेखा और विषय सूची

प्रारंभिक रूपरेखा का सुधरा हुआ अन्तिम रूप ही प्रबन्ध की विषय सूची के रूप में काम आ सकता है। पहले से ही भाग-विभागों के लिए नम्बर दिये जाएँ—जिनमें भी परिवर्तन संभव है—तब थोड़े सुधार के साथ इसी रूप रेखा को विषय सूची के रूप में प्रस्तुत किया जा सकता है।

११.४. रूपरेखा और प्रबन्ध संक्षेप

शोध छात्र को कभी-कभी दूसरी तरह की रूपरेखा या प्रबन्ध संक्षेप भी तैयार करने की जरूरत होती है। अनेक विश्वविद्यालयों में शोध-प्रबन्ध प्रस्तुत

करने के पहले उसकी रूपरेखा या संक्षेप प्रस्तुत करने का विधान है। अगर रूपरेखा सामान्यतः पूर्ण और सन्तोषजनक हो तो, उसी को प्रस्तुत किया जा सकता है। अन्यथा उसके आधार पर एक प्रबन्ध-संक्षेप तैयार करना होगा, जिसमें रूपरेखा में प्रस्तुत शीर्षकों के आधार पर प्रबन्ध का सारांश दिया जाएगा। संक्षेप अपेक्षित हो, तो प्रत्येक अध्याय के सारांश के साथ, उसमें उठायी गयी समस्याओं की विशेष चर्चा भी की जाय, जिससे परीक्षक को शोध-प्रबन्ध के स्वरूप और निष्कर्षों का सामान्य परिचय प्राप्त हो सके। कभी-कभी सम्पूर्ण रूपरेखा के साथ प्रबन्ध संक्षेप भी प्रस्तुत किया जाता है, पर ये सब विश्वविद्यालयीन प्रबन्ध-प्रस्तुति के औपचारिक अंश हैं, शोध कार्य के अनिवार्य अंग नहीं।

: १२ :

नमूनों का चयन (नमूनीकरण)

(SAMPLING)

१२.० किसी भी विषय पर शोध करते समय यह समस्या सामने आती है कि समग्र विषय का आकलन और अध्ययन आवश्यक है या विषय से सम्बन्धित सामग्री के कुछ अंशों का अथवा नमूनों का चयन करके अध्ययन किया जा सकता है। यह विदित है कि भारतीय जनता की आर्थिक दशा का अध्ययन करना हो तो उसके लगभग सत्तर करोड़ जनों में से हर एक की आर्थिक दशा का परिचय प्राप्त करना संभव नहीं है और न वह आवश्यक ही है। हिन्द महासागर के जल में लीन लवणों का अध्ययन करने के लिए पूरे सागर के जल का विश्लेषण नहीं किया जा सकता। इसी तरह देश की मिट्टी की उर्वरता का सर्वेक्षण करने के लिए हर कदम की मिट्टी का विश्लेषण असंभव है। ऐसे ही अवसरों पर नमूनों का चयन (sampling) करके अध्ययन किया जाता है।

इसी तरह साहित्य की किसी विशेष विधा या प्रवृत्ति पर शोध करते समय प्रायः विषय के विस्तार को दृष्टि में रखकर नमूनों का चयन करना पड़ता है। 'मध्यकालीन साहित्य में सामाजिक चेतना', 'हिन्दी उपन्यास में नारी का स्वरूप', 'हिन्दी महाकाव्य के शिल्प का विकास'—ऐसे विषयों पर शोध करते समय समग्र मध्यकालीन साहित्य, संपूर्ण उपन्यास साहित्य अथवा प्रकाशित सभी महाकाव्यों का आकलन करना प्रायोगिक दृष्टि से असंभव है।

इस दशा में मध्यकाल की मुख्य साहित्यिक प्रवृत्तियों से सम्बन्धित ग्रंथों, विविध कालों के कुछ उपन्यासों या विविध कालों तथा विषयों के कुछ महाकाव्यों को चुनकर ही अध्ययन करना पड़ता है। इस तरह आवश्यकतानुसार चयित सामग्री को 'नमूने' (samples) कहा जाता है।

उपर्युक्त महाकाव्य सम्बन्धी शोध के लिए प्रत्येक काल के सभी (प्राप्य) महाकाव्यों का विश्लेषण करके निर्णय पर पहुँचा जा सकता है, अथवा विकास की परम्परा में स्पष्ट स्थान रखनेवाले आठ-दस महाकाव्यों के ही आधार पर सृजनात्मक

या शिल्पात्मक दृष्टि में आये अन्तर का दिखाया जा सकता है। संभव है कि सृजन-चेतना के विकास से सम्बन्धित मूल तत्त्वों का उद्घाटन करने में दूसरे प्रकार का अध्ययन अधिक उपयोगी हो। पहली तरह का अध्ययन अधिक विवरणात्मक हो सकता है, विश्लेषणपरक और निर्णयात्मक नहीं। इस लेखक का शोध-ग्रन्थ 'हिन्दी उपन्यास साहित्य का अध्ययन' न सभी उपन्यासकारों का मूल्यांकन करता है, न सभी उपन्यासों का विश्लेषण करता है, पर कुछ चुने हुए नमूनों के आधार पर विकास की दृष्टि से गत्यात्मक तथा संरचना की दृष्टि से सैद्धान्तिक अध्ययन प्रस्तुत करता है। सैद्धान्तिक नींव के निर्माण के लिए तथा मूल विषय के विश्लेषण के लिए नमूनों को ही लिया गया है। प्रायः विशाल विषयों पर अनुसन्धान करने वाले छात्र को इस तरह नमूनों पर आधारित अध्ययन ही प्रायोगिक और उपयोगी है।

तात्पर्य यह है कि (१) अध्ययन के उद्देश्य तथा (२) प्राप्य समय और सुविधाओं के अनुसार चुने हुए 'नमूनों' के आधार पर ही प्रायः शोध किया जा सकता है। इससे अध्ययन-सामग्री का स्वरूप और सीमा निश्चित हो जाती है।

१२.१. नमूनीकरण के प्रकार

नमूनों का चयन करते समय यह समस्या आती है कि किस आधार पर और किस मात्रा में नमूने चुनें। शोध-विषय के स्वरूप और शोध के उद्देश्य पर ही ये बातें निर्भर रहती हैं। सामान्यतः स्वीकृत नमूनों तथा उनकी चयन-पद्धतियों की चर्चा यहाँ की जाती है।

१२.१.१. सांयोगिक अथवा यादृच्छिक नमूनीकरण (Random Sampling)

सम्पूर्ण शोध-सामग्री (जैसे वस्तुएँ, जन, लिखित सामग्री आदि) से बिना किसी पूर्व निर्धारित नियम के, आकस्मिक रूप से कुछ मदों (Items) का चयन किया जाय तो उनको 'सांयोगिक नमूने' या यादृच्छिक (Random Samples) कहा जाएगा।

इसमें ध्यान देने की बात है कि पहले यह निर्णय नहीं किया जाता कि कुल सामग्री के किसी विशेष प्रकार के ही नमूने चुनेंगे। प्रायः पूर्ण सामग्री के स्वरूप का पूर्वज्ञान नहीं होता। यह आशा की जाती है कि जो आकस्मिक नमूने चुने जाते हैं, उनसे पूर्ण सामग्री के स्वरूप का सामान्य प्रातिनिधिक रूप प्राप्त होगा। शहर के निवासियों के खाद्यों का अध्ययन करना हो तो विविध मुहल्लों व स्तरों के लोगों में से यादृच्छिक रूप में कुछ व्यक्तियों को चुनकर उनके खाद्यों

का अध्ययन किया जाता है। इससे सम्पूर्ण जन समूह के खाद्यों की जानकारी होने की आशा की जाती है। वर्तमान युग की कविताओं के कथ्य या अभिव्यक्तिशैली का अध्ययन करने के लिए सम्पूर्ण कविताओं में से, पहले उनकी प्रकृति का निर्णय और वर्गीकरण किये बिना, यादृच्छिक चुनाव से कुछ कविताओं को लिया जाता है, और अपेक्षित दृष्टि से अध्ययन किया जाता है। किसी प्रदेश की भाषा के स्वरूपों का अध्ययन करना हो तो, इसी तरह सम्पूर्ण जनता से विभिन्न मुहल्लों तथा विभिन्न सामाजिक स्तरों के कुछ व्यक्तियों को बिना किसी पूर्व निश्चय के, आकस्मिक रूप में चुनकर, उनसे भाषा-सामग्री प्राप्त की जाती है।

यद्यपि हम यह नहीं कह सकते कि यादृच्छिक नमूनों के अध्ययन से सम्पूर्ण सामग्री का स्वरूप पूर्णतः और बिलकुल सही रूप में व्यक्त होगा, तो भी यह मानना पड़ेगा कि जिस विस्तृत सामग्री के स्वरूप या स्वभाव का पूर्वज्ञान बिलकुल नहीं होता, उसके अध्ययन के लिए सबसे उपयोगी और प्रायोगिक पद्धति यही है। यादृच्छिक नमूनों की मात्रा जितनी अधिक होगी उनका प्रतिनिधित्व भी उतना अधिक होगा, और उनसे प्राप्त निष्कर्ष सम्पूर्ण सामग्री के लिए अधिक लागू होंगे।

सम्पूर्ण सामग्री के सामान्य पूर्वज्ञान से अथवा एक प्रारंभिक पूर्व सर्वेक्षण से अगर यह अनुमान हो कि विविध स्थानों अथवा समूहों की सामग्रियों में एक रूपता नहीं है, पर अत्यधिक भिन्नता है, तब सम्पूर्ण सामग्री से यादृच्छिक नमूने चुन कर अध्ययन करने से प्राप्त निष्कर्ष प्रतिनिधि स्वभाव के नहीं होंगे। तब इस तरह यादृच्छिक नमूनों का अध्ययन सफल नहीं होगा। ऐसी दशा में पूर्ण सामग्री का पूर्व ज्ञान के आधार पर अनुमानित तात्कालिक वर्गीकरण करके अन्य किसी पद्धति से उनका अध्ययन करना होगा।

१२.१.२. प्रसंगानुकूल अथवा आयोजित नमूनीकरण[1] (Systematic Sampling)

अपने अध्ययन की दृष्टि से सम्पूर्ण सामग्री में से अप्रासंगिक अंशों को तजकर, मात्र प्रासंगिक अंशों का अध्ययन करें तो उनको प्रासंगिक नमूने या प्रसंगानुकूल नमूने कह सकते हैं। पूर्व निर्णयानुसार आयोजित करने के कारण इनको आयोजित नमूने भी कहा जा सकता है।

इस पद्धति से अध्ययन करने के लिए यह आवश्यक है कि पहले ही विषय के स्वरूप और सीमा तथा अध्येय सामग्री के सामान्य रूप की थोड़ी-बहुत जानकारी हो,

---

१. अंग्रेजी में इसे 'Systematic Sampling' कहा जाता है। शब्दानुवाद न करके प्रक्रिया के आधार पर यहाँ 'प्रसंगानुकूल' या 'आयोजित' नमूनीकरण कहा जाता है।

जिससे अध्ययन के लिए प्रासंगिक और अप्रासंगिक अंशों का निर्णय किया जा सके। चूंकि अनेक शोध-छात्रों को पहले ऐसी जानकारी नहीं होती इसलिए यह निर्णय करना कठिन हो जाता है। यह भी संभव है कि जिन नमूनों को पहले अनावश्यक या अप्रासंगिक समझें, वे कुछ अध्ययन के बाद उपयोगी सिद्ध हों। अत: अध्ययन के लिए चुनते समय कुछ व्यापक दृष्टि से काम लेना चाहिए और जिन नमूनों के किसी समय उपयोगी होने की संभावना दिखती है, उनको आरक्षित कर रखना चाहिए, और यथा समय उनका उपयोग करना चाहिए। जो भी हो यह एक जटिल समस्या ही है जिसे अनुभव से ही सुलझाया जा सकता है।

१२.१.३. स्तरीकृत अथवा विभाजित नमूनीकरण

(Stratified or Quota Sampling)

जब अध्येय विषय अत्यधिक व्यापक होता है, तब सम्पूर्ण सामग्री-समुच्चय (corpus) का अध्ययन तो सम्भव नहीं होता, कभी-कभी पर्याप्त मात्रा में याद्दच्छिक नमूने चुनकर अध्ययन करना भी कठिन होता है। उत्तर प्रदेश के स्कूली विद्यार्थियों के स्वास्थ्य एवं अध्ययन-सुविधाओं का अध्ययन करना हो तो यादृच्छिक नामूनों की पद्धति के अनुसार प्रत्येक स्कूल से सात-आठ विद्यार्थियों को चुनकर उनका निरीक्षण करना होगा। पर जब स्कूलों की संख्या हजारों तक पहुँचती है, तब यह संभव नहीं होता। ऐसी दशा में किसी पूर्व निश्चित आधार पर (जैसे प्राथमिक, माध्यमिक और उच्च माध्यमिक; शहरी और ग्रामीण; सरकारी और गैर सरकारी आदि) स्कूलों के कुछ याद्दच्छिक नमूने चुनकर, उन स्कूलों से विद्यार्थियों के कुछ नमूने चुने जाते हैं। इस द्विस्तरीय नमूनीकरण से काम बहुत कम हो जाता है। इसे और आगे बढ़ाकर पहले कुछ ग्रामों को, फिर उन ग्रामों से कुछ स्कूलों को, और फिर उन स्कूलों से कुछ विद्यार्थियों को चुनकर त्रिस्तरीय नमूनीकरण द्वारा अध्ययन किया जा सकता है। यद्यपि ऐसे बहुस्तरीय अध्ययनों से पूर्णत: सही (accurate) परिणामों पर पहुँचना संभव नहीं है, तो भी प्रायोगिकता को दृष्टि में रखकर कभी-कभी इस चयन-पद्धति का उपयोग करना पड़ता है।

हिन्दी उपन्यास की शिल्प-विधान पद्धतियाँ, चरित्र-विकास के स्वरूप जैसे विषयों पर शोध करनेवाले छात्र के लिए सबसे अधिक प्रायोगिक रीति यही है। उपन्यासों को सामाजिक, राजनैतिक, ऐतिहासिक, मनोवैज्ञानिक आदि मुख्य वर्गों में विभक्त कर प्रत्येक वर्ग से कुछ प्रतिनिधि नमूने अध्ययन के लिए चुने जाते हैं। यह अवश्य एक समस्या है कि किनको प्रतिनिधि वर्ग मानेंगे, वर्गों में से किनको प्रतिनिधि नमूने मानेंगे और कितने नमूनों का चयन करेंगे। एक प्रारंभिक विहंगम

दृष्टि के अध्ययन से सामग्री की बहुरूपता का सामान्य ज्ञान होने पर ही उचित नमूनों का चयन संभव होगा।

१२.२. नमूनों की पर्याप्तता

नमूनों के रूप में कितनी 'अध्ययन-सामग्री' संचित की जाय—यह एक जटिल प्रश्न है। जितनी अधिक सामग्री के आधार पर अध्ययन किया जाएगा, निष्कर्ष उतने ही प्रामाणिक और विश्वसनीय होंगे।

पर यह भी संभव है कि एक निश्चित सीमा तक की सामग्री के आधार पर जिन निर्णयों पर पहुँचा जाता है, अधिक सामग्री का उपयोग करने से उन निर्णयों में विशेष परिवर्तन नहीं आता। सूरदास के यादृच्छिक नमूनीकरण द्वारा चुने गये लगभग साठ सत्तर पदों के आधार पर बाल-लीला वर्णन की मौलिक विशेषताओं का अध्ययन करके, फिर पचास पद और जोड़कर अध्ययन करें तो पूर्वनिर्णयों में थोड़े परिवर्तन की गुंजाइश होगी। दुबारा पचास पद और जोड़ें तो निष्कर्षों में इतना भी अन्तर नहीं आएगा। अन्त में ऐसी एक दशा आ जाएगी जब अधिक सामग्री जोड़ने से निष्कर्षों में बिलकुल अन्तर नहीं आएगा या नगण्य अन्तर ही आएगा। इस दशा में यह समझना चाहिए नमूनों का चयन (सामग्री संकलन) 'पर्याप्ति-सीमा' तक आ गया है।

भाषावैज्ञानिक अध्ययनों में प्रायः इस सिद्धान्त का प्रयोग करना पड़ता है। क्षेत्रीय सर्वेक्षणात्मक अथवा ग्रन्थाध्ययनपरक अध्ययनों में जहाँ असीम मात्रा की सामग्री मिलती है, पर अध्ययन सामग्री को सीमित रखना पड़ता है, वहाँ इस तरह तब तक सामग्री संकलित करनी चाहिए, जब तक 'पर्याप्ति-सीमा' तक न पहुँचें। पर्याप्ति-सीमा के आने पर सामग्री संकलन को बंद किया जा सकता है। अर्थशास्त्र, मनोविज्ञान, समाजविज्ञान, नरतत्त्वविज्ञान, शिक्षा-विज्ञान आदि के अनेक अनुसन्धानों में इस पद्धति का विशेष उपयोग होगा।

यह अनिवार्य नहीं है कि नमूनों के आधार पर प्राप्त निर्णय सदा ठीक रहे। १९३६ में अमेरिका के प्रेसिडेंट के चुनाव के कुछ सप्ताहों के पहले 'लिटररी डाइजेस्ट' पत्रिका यादृच्छिक नमूनीकरण से जनमत का सर्वेक्षण करके इस निर्णय पर पहुँची कि एल्फ्रेड एम० लैण्डन को फ्रैंकलिन डी० रूसवेल्ट से बहुत अधिक वोट मिलेंगे। लेकिन वास्तविक चुनाव में रूसवेल्ट जीते। इस पूर्वमत-गणना में त्रुटि २२% थी। उसी समय 'फॉर्चुन' पत्रिका ने अन्य प्रकारों के नमूनी-करण द्वारा जो मत गणना की उसमें त्रुटि १% थी (हिल्वे, टाइरस : १९५६ : १८४)। इससे यादृच्छिक नमूनीकरण की सीमा स्पष्ट है। किन्तु इस अध्ययन में एक बात विचारणीय है। मत गणना ली गयी भविष्यवाणी करने के लिए

और वह भी जनमत की, जिसके अप्रत्याशित रूप में बदलने की संभावना रहती है। पर अन्य क्षेत्रों के अधिकांश अध्ययन तत्कालीन दशा की जानकारी के लिए होती है और अध्ययन सामग्री में ऐसे परिवर्तन नहीं होते। अतः प्रतिनिधि नमूनों के आधार पर प्राप्त निष्कर्ष पर्याप्त विश्वसनीय और ठीक होते हैं। अतः जहाँ सम्पूर्ण सामग्री का अध्ययन संभव नहीं है, वहाँ सर्वाधिक प्रायोगिक प्रणाली यही है।

———

: १३ :

सामग्री-संकलन

१३.०. अनुसन्धान के प्रकारों के अनुसार उनके लिए संग्रहणीय सामग्री और संग्रहण-पद्धतियाँ भी भिन्न-भिन्न होती हैं। जहाँ प्रायोगिक अनुसन्धानों में नियन्त्रित परिस्थितियों में वस्तुओं तथा उनकी क्रिया-प्रक्रियाओं का निरीक्षण करके सामान्य नियम बनाये जाते हैं, वहाँ अन्य प्रकार के शोधों में लिखित सामग्री अथवा जीवन के विविध क्षेत्रों से प्रासंगिक सामग्री का संचयन करके, उनके अध्ययन-विश्लेषण द्वारा सत्यों या तथ्यों का निरूपण किया जाता है। मानविकी और साहित्य के विषयों में इस तरह विशाल सामग्री-संचयन की ज़रूरत होती है। सामग्री-संकलन की मुख्य पद्धतियाँ निम्नलिखित हैं—

१. अध्ययन पद्धति,

२. साक्षात्कार पद्धति,

३. प्रश्नावली पद्धति,

४. सर्वेक्षण पद्धति।

किसी विशेष शोध में इनमें किसी एक का या अनेकों का उपयोग हो सकता है।

१३.१. अध्ययन पद्धति

अनेक प्रकार के शोधों में कई तरह की दस्तावेज़ों, ग्रन्थों और अन्य लिखित सामग्रियों का उपयोग किया जा सकता है। इनमें कुछ पूर्णतः तथ्यों पर आधारित लेखन होते हैं, और कुछ सृजनात्मक या अन्य प्रकारों के। ये निम्न प्रकार के हो सकते हैं।

१३.१.१. अध्ययन-सामग्री

(अ) दस्तावेजी सामग्री

(क) सरकारी, गैर-सरकारी (संस्थाओं की) दस्तावेजें।

(ख) विविध संस्थाओं व्यक्तियों के पत्र।

(ग) संस्थाओं के प्रतिवेदन।

इनमें वास्तविक घटनाओं और अन्य तथ्यों से सम्बन्धिक सामग्री मिलती है, जो ऐतिहासिक दृष्टि के शोधों के लिए उपयोगी होती है। प्रामाणिकता की दृष्टि से इनका विशेष महत्त्व है।

(आ) ग्रन्थ सामग्री

(क) विषय सम्बन्धी मूल ग्रंथ।
(ख) आधारभूत सैद्धान्तिक ग्रंथ।
(ग) टीकायें, आलोचनाएं और शोध प्रबन्ध।
(घ) कोश (परिभाषाओं के लिए) : (अ) सामान्य कोश
(आ) विशेष विषयों के कोश।
(ङ) विश्व कोश : (अ) सामान्य विश्व कोश।
(आ) विशेष विषयों के विश्व कोश।

साहित्य और मानविकी के अनुसन्धान के लिए अधिकांश सामग्री ऐसे विविध प्रकार के ग्रंथों से ही मिलती है। विविध प्रकारों के ग्रन्थों में विभिन्न प्रकारों की सामग्री मिलती है। सतर्कता से उसका उपयोग करना चाहिए।

(इ) आनुकालिक प्रकाशन

(क) शोध पत्रिकाएँ और अन्य पत्रिकाएं।
(ख) वार्षिक रिपोर्ट, बुलेटिन आदि।
(ग) आनुकालिक संग्रह ग्रंथ या निर्देशन ग्रंथ (डाइरेक्टरी)।
(घ) संगोष्ठियों, विचार गोष्ठियों, अधिवेशनों में प्रस्तुत निबन्ध या उनके संग्रह।

इनमें मिलनेवाली सामग्री अल्पाल्प या बिखरी होती है, पर उनका विशेष महत्व इसलिए है कि उनमें विषय से सम्बन्धित नवीनतम खोजों के परिणामों का ज्ञान होता है, और नयी संभाव्य दिशाओं के संकेत मिलते हैं।

(ई) सूचियाँ

(क) विशेष विषयों की ग्रंथ सूचियाँ।
(ख) शोध ग्रंथों में दी गयी सहायक-ग्रन्थ सूचियाँ।
(ग) प्रकाशकों की प्रकाशन-सूचियाँ।

इनमें विशेष विषयों की ग्रन्थ सूचियाँ बहुत कम ही मिलती हैं। गिरिराज शरण अग्रवाल द्वारा सम्पादित 'शोध सन्दर्भ' शोधार्थियों के लिए अत्यन्त उपयोगी सूचना-ग्रन्थ है। तुलसी, सूर आदि पर कुछ ग्रन्थ सूचियाँ मिल सकती हैं। प्रत्येक

विषय पर निकलनेवाले नये ग्रन्थों और मुख्य लेखों की सूची प्रतिवर्ष प्रकाशित करने की जो परिपाटी विदेशों में है, वह भारत में प्रायः नहीं है। भारत के शोध-छात्रों के लिए यह एक बड़ी समस्या है, जिसके कारण उन्हें नवीनतम शोधों का ज्ञान नहीं होता है, और अनेक अध्ययनों की पुनरावृत्ति होती है।

प्रकाशकों की सूचियों में यद्यपि पूर्ण ग्रन्थ-विवरण नहीं मिलते, तो भी समय-समय पर निकलनेवाली पुस्तकों की सूचना मिल जाने से उनसे काफ़ी लाभ होता है।

(३) अन्य

माइक्रो फिल्म, टेप, कैसेट आदि।

हाल में कई पुस्तकालयों और संस्थाओं में इन आधुनिक सामग्रियों का प्रबन्ध किया गया है, जिससे शोध-छात्र लाभ उठाकर अपने श्रम और समय की बचत कर सकते हैं। पर ऐसी सुविधाएँ भी अत्यन्त सीमित मात्रा में ही मिलती हैं।

१३.१.२. सामग्री का उपयोग

अध्ययन पद्धति से अनुसन्धान करने के लिए इन सभी प्रकार की सामग्रियों से नोट तैयार करके, उनका विश्लेषण, व्याख्या और निरूपण करना पड़ता है। इन प्रक्रियाओं की चर्चा अन्यत्र विशद रूप में की जाती है।

१३.२. साक्षात्कार पद्धति

१३.२.०. कई विषयों में प्रत्यक्ष रूप में प्राथमिक शोध-सामग्री संचित करने के लिए उपयोगी मार्ग है—साक्षात्कार या भेंट। जब अनुसन्धान-कार्य निर्जीव वस्तुओं तथा लिखित सामग्री से सम्बन्धित न होकर जनों के विचार, मनोवृत्ति, व्यवहार-क्रम, क्षमता आदि से सम्बन्धित होते हैं, तब सामग्री-संकलन का प्राथमिक और प्रत्यक्ष उपाय सम्बन्धित जनों से मिलकर प्रश्नों द्वारा उनसे अपेक्षित जानकारी प्राप्त करना ही है। समाजशास्त्र, अर्थशास्त्र, मनोविज्ञान, शिक्षा-विज्ञान, सामाजिक-स्वास्थ्य आदि से सम्बन्धित अनेक विषयों में शोध के लिए साक्षात्कार द्वारा सामग्री-संकलन किया जाता है। जहाँ पूर्वकृत शोधों से संचित प्राथमिक सामग्री नहीं है, अथवा हो तो भी अपर्याप्त है, वहाँ साक्षात्कार से ही जीवन सम्बन्धी प्रामाणिक सामग्री प्राप्त की जा सकती है।

साक्षात्कार पद्धति प्रश्नावली पद्धति से कुछ मिलती-जुलती है, पर कई बातों में काफी भिन्न होती है। प्रश्नावली पद्धति में पूर्व-निश्चित तथा प्रायः मुद्रित प्रश्नों के उत्तरों के रूप में सामग्री संकलित की जाती है। यह शोधकार या अन्यों द्वारा संभव है। साक्षात्कार में शोध करनेवाला स्वयं व्यक्तियों से मिलकर सामग्री जमा

करता है—प्रश्नों तथा उपप्रश्नों के द्वारा। प्रश्नावली पद्धति की तुलना में साक्षात्कार पद्धति में कुछ सुविधाएँ हैं।

१३.२.१. साक्षात्कार-पद्धति की सुविधाएँ

(१) अनुसन्धान के लिए अपेक्षित अध्येय सामग्री को ध्यान में रखकर कुछ कामचलाऊ प्रश्न पहले बनाये जाते हैं और उनके प्राप्त उत्तरों के आधार पर अधिक गहन और सूक्ष्म प्रश्न पूछे जा सकते हैं। किसी व्यक्ति या समूह के सन्दर्भ में कौन-कौन प्रश्न प्रासंगिक हैं, यह जानकर प्रश्नों के स्वरूप निश्चित किये जा सकते हैं।

(२) प्रश्नों का औचित्य जानकर उनपर नियंत्रण रखा जा सकता है। अपनी प्रणाली ठीक है या नहीं, प्रश्नों का अर्थ और उद्देश्य उत्तरदाता समझता है या नहीं, इन सबके बारे में सचेत रहकर अधिक सोद्देश्य कार्य करने की सुविधा साक्षात्कार पद्धति में होती है।

(३) प्रश्नों के लिए प्राप्त उत्तर अस्पष्ट या अपूर्ण हों तो तुरन्त स्पष्टीकरण प्राप्त किया जा सकता है। प्रश्नावली पद्धति में प्रश्नों के उत्तरों का विश्लेषण अध्ययन तुरन्त और उत्तरदाता के सामने नहीं किया जाता। अतः उसमें इस तरह स्पष्टीकरण प्राप्त करना असंभव है।

(४) एक प्रयोजन यह है कि शोधकर्ता पूर्व-संचित अन्य सामग्री से साक्षात्कार में प्राप्त जानकारी का सम्बन्ध जोड़कर पूर्व-सामग्री की पर्याप्तता-अपर्याप्तता का निर्णय कर सकता है और आवश्यक हो तो अधिक सामग्री-संकलन कर सकता है।

१३.२.२. साक्षात्कार पद्धति के दोष

इन सुविधाओं के होने पर भी साक्षात्कार पद्धति के कुछ दोष भी होते हैं।

(१) व्यक्तिगत रूप में जितने लोगों से भेंट की जा सकती है, उनकी संख्या सीमित होती है। अतः अत्यन्त व्यापक क्षेत्र से विस्तृत सामग्री संचित करने के लिए यह पद्धति पर्याप्त नहीं है। (प्रश्नावली पद्धति में दूर-दूर तक प्रश्नावली भेजकर प्रत्युत्तर पाये जा सकते हैं।)

(२) व्यक्तिगत भेंट करने पर कुछ लोग उत्तर देने में संकोच या शंका करते हैं, और सही उत्तर नहीं देते। विशेषकर व्यक्तिगत बातों में, राजनैतिक और धार्मिक विषयों में और कुछ गोपनीय विषयों में इसकी संभावना रहती है। ऐसी दशा में साक्षात्कार का मूल्य संदिग्ध होगा।

१३.२.३. साक्षात्कार के प्रकार

(१) **साक्षात्कार का स्थान**—शोधकर्ता सामग्री-दाताओं को अपने यहाँ अथवा किसी केन्द्र-स्थान पर निमंत्रित कर साक्षात्कार कर सकता है, अथवा उनके यहाँ

स्वयं जाकर। अगर यंत्रोपकरणों से परीक्षण करते हुए या रिकार्ड करते हुए सामग्री प्राप्त करनी है तो सामग्री-दाताओं को अपने कार्य-स्थान पर ही बुलाना पड़ेगा। स्कूली विद्यार्थियों से शिक्षा, स्वास्थ्य, आदि के बारे में या कुछ कारखानों के मज़दूरों से उनके जीवन-स्तर, आर्थिक दशा आदि के बारे में अध्ययन-सामग्री प्राप्त करने के लिए उनको एक स्थान पर जमा करके प्रश्नों द्वारा जानकारी प्राप्त की जा सकती है। भाषा-सामग्री का संग्रह, स्वास्थ्य, व्यापारिक प्रसार, विक्रय-संभावना, समूह की आर्थिक दशा आदि के बारे में विशाल सामग्री प्राप्त करने के लिए कई स्थानों पर स्वयं जाना होगा।

(२) **व्यक्तिगत और सामूहिक साक्षात्कार**—साक्षात्कार एक-एक व्यक्ति से अलग-अलग किया जा सकता है, अथवा अनेक व्यक्तियों से एक साथ। जहाँ अधिक वैयक्तिकता और गोपनीयता की गुंजाइश हो, अथवा नाजुक मनोव्यापारों की क्रिया-प्रक्रियाओं की संभावना हो, वहाँ वैयक्तिक भेंट अधिक उपयोगी होगी। कभी-कभी स्वास्थ्य, राजनैतिक लगाव, आर्थिक दशा, वैयक्तिक बोली आदि का अध्ययन करने के लिए भी व्यक्तिगत मुलाकात अधिक उपयोगी होती है।

इसके विरुद्ध जहाँ सामान्य प्रवृत्तियों का (जैसे साक्षरता, मुहल्ले की सामान्य आवश्यकताएँ, जनरुचि आदि का) सर्वेक्षणात्मक अध्ययन पर्याप्त है, वहाँ सामूहिक भेंट के द्वारा सामग्री—विशेष कर आंकड़ों में—प्राप्त करने से काफ़ी समय बचता है।

अतः अध्ययन के क्षेत्र और उद्देश्य के अनुसार व्यक्तिगत या सामूहिक रूप में साक्षात्कार करना चाहिए।

१३.२.४. साक्षात्कार की मानक प्रणाली

साक्षात्कार द्वारा शोध सामग्री का संचय करना हो तो उसके लिए पहले ही पूरी तैयारी कर लेनी चाहिए। अन्यथा साक्षात्कार निरुद्देश्य और निष्फल रहेगा, या उससे जितनी उपयोगी सामग्री की आशा की जाती है, उतनी नहीं मिलेगी। अनुसन्धान-सम्बन्धी साक्षात्कार का उद्देश्य कुछ व्यक्तिनिष्ठ मत बनाना या निर्णय पर पहुँचना नहीं है, अनेक व्यक्तियों से प्राप्त सामग्री का समन्वयन करके वस्तुनिष्ठ तथ्यों या सिद्धान्तों पर पहुँचना है। इसके लिए भेंट की योजना और पूछने के प्रश्नों में एक सीमा तक एकरूपता होनी चाहिए। सभी व्यक्तियों से समान उद्देश्य से लगभग एक ही प्रकार के प्रश्न पूछने पर ही ऐसी सामग्री मिल सकती है, जिसके विश्लेषण के द्वारा निश्चित निर्णयों पर पहुँचा जा सकता है। अनियंत्रित या अनियोजित प्रश्नावली से प्राप्त वैविध्यपूर्ण और कभी-कभी ऊँट-पटाँग उत्तरों से प्रायोगिक निर्णयों पर पहुँचना असंभव है। निश्चित उद्देश्यों के साथ, निश्चित योजनानुसार प्रश्न तथा भेंट-प्रणाली का निर्णय करके जो साक्षात्कार किया जाता

है, उसे मानकीकृत (standardised) साक्षात्कार कहा जा सकता है। अर्थशास्त्र, शिक्षा, स्वास्थ्य-सर्वेक्षण, खाद्य-सर्वेक्षण, वाणिज्य, भाषा-सर्वेक्षण, भाषा-नीति आदि के सिलसिले में इस प्रणाली का उपयोग हो सकता है।

याद करने की बात है कि साक्षात्कार के स्वरूप और प्रश्नों को आवश्यकता से अधिक मानकीकृत करके यांत्रिक न बनाया जाय। ऐसे यांत्रिक प्रश्नों से टकसाली उत्तर ही मिलेंगे और साक्षात्कार से न कोई विशिष्ट निर्णय हो सकेगा, न उसके वास्तविक उद्देश्य की पूर्ति हो सकेगी।

१३.२.५. पूर्व परीक्षण (Pilot run)

भेंट और प्रश्नों की सार्थकता का निर्णय करने के लिए प्रायोगिक उपाय यह है कि, पहले नमूनों के रूप में कुछ प्रश्न बनाये जायें और चुने हुए कुछ व्यक्तियों से मिलकर उनके उत्तर प्राप्त किये जायें। प्राप्त उत्तरों के आधार पर आवश्यकतानुसार अधिक प्रश्न जोड़े जाएँ, अनावश्यक प्रश्न छोड़ दिये जावें, अथवा प्रश्नों के रूप, क्रम आदि में परिवर्तन किया जाय। भेंट करने की रीति में भी यथावश्यक परिवर्तन किया जा सकता है। इस पूर्व-परीक्षण में जिन प्रश्नों के उत्तर अपूर्ण या अस्पष्ट मिलते हैं उनका संशोधन ज़रूरी है। पूर्व-परीक्षण में काफ़ी व्यक्तियों से प्राप्त अधिकांश उत्तर प्रायः पूर्ण और स्पष्ट होने चाहिए अन्यथा परिणाम के अपूर्ण या विकृत रह जाने की संभावना है।

१३.२.६. साक्षात्कार करने की रीति

साक्षात्कार करने की रीति में भी सावधानी की आवश्यकता है। जिन व्यक्तियों से शोध-सामग्री प्राप्त करनी है, उनसे स्वाभाविक और स्नेहपूर्ण सम्पर्क स्थापित करना चाहिए, ताकि उन्हें भय, सन्देह, आशंका आदि न हो। अधिकांश भेंटों में, विशेष कर अपढ़ ग्रामीण लोगों से भेंटों में सबसे बड़ी समस्या उचित संपर्क स्थापित करने और उनका विश्वास अर्जित करने की है।

प्रश्नों का क्रम और उनके रूप ऐसे होने चाहिए कि सहज उत्तर दिये जा सकें। जटिल और नाजुक प्रश्नों का जहाँ तक हो सके निवारण करना चाहिए। कुछ प्रश्नों के उत्तर देने में सामग्री-दाता असमर्थ या विमुख हो, तो उस पर दबाव डालना नहीं चाहिए।

सन्दर्भ और सुविधा के अनुसार प्रश्नोत्तरों को अंकित करने के लिए टेप रिकार्डर का उपयोग किया जा सकता है, जिससे समय का बचाव भी होगा, काम भी सुगमता से होगा।

उत्तम भेंट से अनुसन्धान के लिए अमूल्य सामग्री मिल सकती है, पर पूर्ण सफलता के लिए भेंट की रीति तथा प्रश्नों को योजनाबद्ध बनाना चाहिए। विशाल अनुभव से ही इसमें पूरी दक्षता आ सकती है।

यहाँ नमूने के रूप में एक लेखक के सृजन की भूमिका तथा सृजन सम्बन्धी मान्यताओं के अध्ययन के लिए उपयुक्त साक्षात्कार-प्रश्नावली प्रस्तुत की जाती है। इस पर ध्यान दें कि जहाँ 'प्रश्नावली पद्धति' के प्रश्न संक्षिप्त (प्रायः हाँ/नहीं) उत्तर की अपेक्षा रखते हैं, साक्षात्कार के प्रश्न सामग्री-दाता की अधिक विस्तृत उत्तर की स्वतंत्रता देते हैं। दूसरी बात यह है कि यहाँ व्यक्तिगत मतों को भी विशेष महत्त्व दिया जाता है, जबकि 'प्रश्नावली पद्धति' के अध्ययन में अन्तिम तथ्यात्मक (प्रायः सांख्यक) निर्णयों को महत्त्व दिया जाता है। इस पर भी ध्यान रखें कि साक्षात्कार प्रश्नावली प्रारंभिक और अपूर्ण होती है और प्राप्त उत्तरों के आधार पर उप-प्रश्नों की भी गुंजाइश रहती है।

१३.२.७. साक्षात्कार प्रश्नावली

विषय—लेखक के सृजन की भूमिका का अध्ययन

१. **व्यक्तिगत विवरण**

लेखक का नाम	अवस्था
शिक्षा	साक्षात्कार की तिथि
पेशा/सामाजिक दशा	
मातृ भाषा	
अन्य ज्ञात भाषायें	
लेखन की भाषा	

२. **आप कब लिखने लगे** ?

(१) अवस्था।
(२) स्कूली/कालेज की शिक्षा के समय।
(३) शिक्षा समाप्त करने के बाद।

३. **आपको लिखने की प्रेरणा कैसे मिली** ?

(१) माता/पिता से ?
(२) गुरुओं से ?
(३) मित्रों से ?/किसी लेखक से ?
(४) स्वाध्याय से ?
(५) अन्य ?

४. (१) **क्या आपके परिवार के कोई/पूर्वज साहित्यकार थे।**
पिता/माता/भाई/दादा/नाना/ अन्य ?
(२) उनसे आपका संपर्क कैसा था ?

५. **आपकी प्रारंभिक रुचियाँ कौन-सी थी ?**

	साहित्यिक	साहित्येतर
विधाएँ	(१) कविता	(१) प्रकृति दर्शन
	(२) कहानी/उपन्यास	(२) खेल तमाशे
	(३) निबन्ध	(३) समाज सेवा
	(४) जीवनी	(४) गपशप
	(५) अन्य	(५) घूमना
प्रकार	(१) रोमान्टिक	(६) अन्य
	(२) यथार्थवादी	
	(३) आदर्शवादी	
	(४) प्रगति/क्रान्तिवादी	
	(५) अन्य।	

६. (१) **आपके प्रिय लेखक (कोई था तो) कौन थे ?**
(२) उनकी कौन-सी रचनायें आपको प्रिय थीं ?
(३) क्यों ?

७. (क) **सर्वप्रथम लेखन किन परिस्थितियों में हुआ ?**
(१) मात्र शौक से ?
(२) किसी स्पर्द्धा के लिए ?
(३) किसी सामाजिक उद्देश्य से ?
(४) अन्य कारणों से ? (कारण बताइए)
(ख) **सर्वप्रथम प्रकाशित कृति का विवरण दीजिए ?**
(१) वह कब कहाँ प्रकाशित हुई ?
(कालेज पत्रिका में/पत्रिका में/पुस्तक रूप में)
(२) उस पर पाठक-प्रतिक्रिया/आलोचक प्रतिक्रिया कैसी थी ?
(सामान्य/प्रशंसित/विशेष प्रशंसित/खण्डित/मिश्रित/ ज्ञात नहीं)

८. **किन विधाओं में लिखना आप पसन्द करते हैं ? क्यों ?**[1]

९. **आपके लेखन का उद्देश्य क्या है ? (एक से अधिक उत्तर हो सकते हैं ?)**

---

१. किन विधाओं में लिखा है ?—यह प्रश्न वस्तुनिष्ठ है, साक्षात्कार से उत्तर प्राप्त करने का नहीं।

(१) स्वानुभूति की अभिव्यक्ति/स्वान्तः सुखाय।
(२) राजनैतिक/सामाजिक व्यवस्था की आलोचना।
(३) समाज सुधार।
(४) अन्य।

१०. क्या आप किसी वाद या विचारधारा से प्रतिबद्ध हैं ?

साहित्यिकवाद	**साहित्येतर वाद/विषय**
(१) आदर्शवाद	(१) साम्यवाद/समाजवाद
(२) प्रगतिवाद	(२) गान्धीवाद
(३) नवलेखन	(३) दर्शन
(४)	(४) मनोविज्ञान

११. अपनी रचनाओं में किसको आप सर्वश्रेष्ठ मानते हैं ? क्यों ?
१२. अपनी रचनाओं के प्रति अन्यों की प्रतिक्रिया के बारे में आपके विचार क्या हैं ?
१३. भविष्य की आपकी लेखन-सम्बन्धी योजनाएँ क्या हैं ?
१४. महान् सृजन के लिए आप किन गुणों को आवश्यक मानते हैं ?

१३.३. प्रश्नावली पद्धति (Questionnaire Method)

अनुसन्धान के लिए मौलिक सामग्री प्राप्त करने के सन्दर्भ में प्रश्नावली-पद्धति साक्षात्कार पद्धति से बहुत भिन्न नहीं है। दोनों में अन्तर यही है कि जहाँ साक्षात्कार में मौखिक रूप से प्रश्न करके उत्तर लिख लिये या रिकार्ड किये जाते हैं, वहाँ प्रश्नावली में लिखित या मुद्रित प्रश्नावली को ही सामग्री-दाता के हाथ में देकर उससे लिखित रूप में उत्तर प्राप्त किये जाते हैं। साक्षात्कार पद्धति से इसकी कुछ सुविधाएँ हैं।

१३.३.१. प्रश्नावली की सुविधाएँ

(१) जब विशाल संख्या में व्यक्तियों से शोध-सामग्री प्राप्त करनी हो, जैसे कि किसी प्रदेश के लोगों की आर्थिक दशा और जीवन स्तर के अध्ययन में, अथवा गाँव छोड़कर किसी नगर में आकर बसनेवाले जनों के प्रवास-कारणों और जीवन-स्थितियों के अध्ययन में, तब अनुसन्धाता स्वयं हज़ारों लोगों के पास जाकर प्रासंगिक सामग्री प्राप्त नहीं कर सकता। ऐसी दशा में माध्यमिक व्यक्तियों द्वारा प्रश्नावली पद्धति से सामग्री संचयन ही सरल मार्ग है। पहले तैयार करके मुद्रित की हुई प्रश्नावली व्यक्तियों के पास स्वयं या अन्यों द्वारा पहुँचाकर प्रश्नों के उत्तर लिखित रूप में प्राप्त किये जाते हैं।

(२) सब व्यक्तियों से स्वयं मिलने की ज़रूरत न होने से क्षेत्रीय कार्य अधिक व्यापक रूप में किया जा सकता है। विविध स्थानों पर एक ही समय में प्रतिनिधियों को भेजकर और विदूर-निवासी व्यक्तियों को डाक द्वारा प्रश्नावली भेजकर प्रत्युत्तर पाये जा सकते हैं। इससे कम समय में अधिक व्यापक कार्य होता है।

(३) इस कारण प्रश्नावली पद्धति से सामग्री संकलन करने में प्रायः साक्षात्कार पद्धति से कम धन, समय और यत्न का व्यय होता है।

(४) प्रश्न वैज्ञानिक रूप में तैयार किये गये हों, और सरल तथा स्पष्ट हों तो, स्पष्ट और निश्चित उत्तर लिखित रूप में मिल जाते हैं, जिनके विश्लेषण-वर्गीकरण में अधिक सुविधा होती है।

(५) चूंकि प्रश्नकर्ता (अनुसन्धाता) और सामग्री-दाता के बीच में व्यक्तिगत सम्पर्क या साक्षात्कार नहीं होता इसलिए उत्तर देनेवाले में अक्सर संकोच, शंका या दुविधा कम होती है। कुछ नाजुक प्रश्नों के उत्तर सीधे मौखिक रूप में देने से लिखित रूप में देने में सुविधा होती है। ऐसी बातों में (व्यक्तिगत गोप्य बातें, राजनैतिक या धार्मिक विचार, आय-व्यय आदि में) सामाग्री-दाता को अपना नाम न देने की स्वतंत्रता भी अक्सर दी जाती है।

(६) साक्षात्कार में उत्तर तुरन्त देना पड़ता है पर प्रश्नावली में कुछ समय लेकर सुविधानुसार उत्तर दिये जा सकते हैं। अतः अधिक सुचिन्तित और स्पष्ट उत्तरों की संभावना रहती है।

१३.३.२ प्रश्नावली के उपयोग में कठिनाइयाँ और असुविधाएँ

यद्यपि प्रश्नावली द्वारा सामग्री-संकलन में ऐसी सुविधाएँ होती हैं, तो भी यह पद्धति पूर्ण या दोष-रहित नहीं होती। अत्यधिक सावधानी से प्रश्नावली तैयार न की जाय तो अनेक असुविधाएँ होती हैं।

(१) प्रश्नावली द्वारा सामग्री-संचयन में सबसे बड़ी कठिनाई यह होती है कि अपढ़ लोगों से प्रत्यक्ष रूप में लिखित उत्तर प्राप्त करना असंभव होता है। जो प्रश्नावली को पढ़ नहीं सकते, उनके उत्तर अन्य विश्वस्त व्यक्तियों द्वारा दर्ज करना पड़ता है, जिससे कभी-कभी कठिनाई होती है।

(२) दूसरी कठिनाई यह है कि उत्तर दाताओं को वितरित प्रश्नावलियाँ उत्तर सहित लौटायी नहीं जातीं। यह कठिनाई तब अधिक होती है, जब माध्यमिक व्यक्तियों द्वारा अथवा डाक द्वारा प्रश्नावली सामग्री-दाता के पास पहुँचायी जाती है। पुनः स्मरण दिलाकर इस कठिनाई से एक सीमा तक मुक्त हो सकते हैं।

(३) यदि मुद्रित रूप में दिये गये प्रश्नों के उत्तर पूर्ण या स्पष्ट न मिले तो अधिक उपप्रश्न जोड़ने की या स्पष्टीकरण माँगने की गुंजाइश नहीं रहती।

(४) प्रश्नों की प्रासंगिता या उपयोगिता की तत्काल ही जाँच कर लेने की सुविधा नहीं होती।

(५) प्रश्नावलियों से सामग्री-दाता को ऊब उत्पन्न होने की संभावना रहती है। विशेषकर जटिल प्रश्नों से युक्त कई पृष्ठों की सुदीर्घ प्रश्नावली हो तो उत्तर-दाता को ऊब होती है, या वह लापरवाही दिखाता है।

१३.३.३. उत्तम प्रश्नावली के लक्षण

प्रश्नों के जो उत्तर मिलते हैं, उनके स्वरूप (पूर्णता, स्पष्टता, दीर्घता, प्रासंगिकता आदि) प्रश्नों पर आधारित रहते हैं। अतः अनुसन्धान के लिए उपयोगी सामग्री प्राप्त करने के लिए अत्यधिक सावधानी से प्रश्नावली तैयार करनी पड़ती है। निम्नलिखित बातों पर ध्यान देना उपयोगी होगा।

(१) शोध-विषय के स्वरूप और उद्देश्य को ध्यान में रखते हुए भी, जिन व्यक्तियों से सामग्री-संचय करना है, उनके बौद्धिक, मानसिक और शैक्षिक स्तर को तथा ज्ञानक्षेत्र के संभाव्य विस्तार को दृष्टि में रखकर प्रश्न तैयार करने चाहिए। किसी शिक्षित शहरी समूह से प्रत्यक्ष रूप में और अपढ़ ग्रामीण समूह से अन्य माध्यमिक व्यक्तियों द्वारा सामग्री-संकलन के लिए किसी विषय पर किये जाने वाले प्रश्न भिन्न प्रकारों के होने चाहिए। अगर यह पूर्णतः संभव नहीं हो तो प्रश्नावली में यथासंभव लचीलापन होना चाहिए जिससे विभिन्न समूहों के व्यक्ति भिन्न-भिन्न प्रश्न-वर्गों के उत्तर दे सके, पर सब शोधकार की दृष्टि से उपयोगी हों।

(२) प्रश्नावली में प्रश्नों का क्रम व्यवस्थित होना चाहिए। पहले सरल और आधारभूत या प्राथमिक प्रश्न होने चाहिए और बाद में अधिक जटिल और आधारित प्रश्न, जिससे उत्तर देनेवाले सहज रूप में एक प्रश्न से दूसरे को जा सके। प्रश्नावली ऐसी बोझिल न होनी चाहिए कि उत्तर देने वाले को खीझ या ऊब हो।

(३) प्रश्नों में संकुलता, अस्पष्टता या दुहरा अर्थ नहीं होना चाहिए। सरल और सीधे प्रश्नों के उत्तर अधिक स्पष्ट, और उपयोगी होंगे। इसी तरह प्रत्याशित उत्तर भी सीधे और सरल हों, इसके अनुकूल प्रश्नावली बनानी चाहिए। प्रश्नों के उत्तर 'हाँ' या 'नहीं' हो, अथवा एक-दो शब्दों में दिये जा सकें तो उनके विश्लेषण में अधिक सुविधा होती है। लेकिन संभव है, कि ऐसे उत्तरों से उत्तरदाता के विचारों का यह सर्वेक्ष्य वस्तु का पूरा विवरण न मिले। ऐसी दशा में लंबे उत्तर-वाले प्रश्न अनिवार्य होते हैं और उत्तरदाता को अपना उत्तर पूर्ण रूप में देने की सुविधा होनी चाहिए।

(४) प्रश्नों को वर्गों में बाँटकर रखना अधिक उपयोगी होगा। एक मुख्य प्रश्न के संभाव्य उत्तरों के प्रति संकेत करते हुए उपप्रश्न हों (जिनके उत्तर प्रायः 'हाँ' या 'नहीं से दिये जा सकते हैं) और अन्त में एक मुक्त प्रश्न (Open question)

हो (जिसके लिए उत्तरदाता कोई भी उत्तर दे सकता है) तो प्रश्नावली अधिक प्रायोगिक होगी। (अन्यत्र दी गयी प्रश्नावली का नमूना देखें १३.३.५)।

(५) उन्हीं विषयों के बारे में सामग्री जमा करने के लिए प्रश्नावली का उपयोग करना चाहिए, जिनके बारे में अन्य स्रोतों से (प्रकाशित ग्रंथ, पत्रिकाएँ, रिपोर्ट, बुलेटिन आदि से) प्रामाणिक सामग्री पर्याप्त मात्रा में या सन्तोषजनक रूप में नहीं मिल सके। अन्यथा एक तो उत्तरदाता को व्यर्थ में कष्ट देना पड़ेगा और उत्तर मिले तो भी वे पूर्वज्ञात तथ्य ही होंगे।

(६) यह ज़रूरी नहीं है कि प्रश्नावली में केवल प्रश्न ही हों। निर्देशों या सुझावों के द्वारा भी सामग्री प्राप्त की जा सकती है, जैसे "हिन्दी नाटकों की निम्नलिखित प्रवृत्तियों में से अपने मतानुसार सबसे प्रमुख तीन प्रवृत्तियों को क्रम से सूचित कीजिए", "भारत की शिक्षा व्यवस्था के निम्नलिखित दोषों को अपने मतानुसार मुख्यता के क्रम से अंकित कीजिए" इत्यादि। जो उत्तरदाता विषय का अधिक गहरा ज्ञान नहीं रखते और उसके विविध पहलुओं पर नहीं सोचते, उनसे उत्तर प्राप्त करने के लिए ऐसे निर्देशात्मक प्रविष्टियाँ उपयोगी होती हैं।

३.७. प्रश्नावली के आरम्भ में अथवा अलग एक प्रपत्रक में उसके उद्देश्य, प्रयोजन आदि से सम्बन्धित विवरण दिया जा सकता है, जिससे सामग्री-दाता उसे पूर्णतः समझकर अभीष्ट उत्तर दे सके। पर इस सन्देह की तनिक भी गुंजाइश नहीं होनी चाहिए कि अमुक उत्तर की प्रत्याशा की जाती है, या अमुक उत्तर को वरीयता दी जायगी। ऐसा भी आभास नहीं होना चाहिए कि कुछ उत्तरों से उत्तर-दाता को लाभ या हानि हो सकती है। कुछ विषयों में इस तरह पूर्णतः अवैयक्तिक और तटस्थ (Neutral) प्रश्न बनाना कठिन है। फिर भी विशेष सावधानी और पूर्व-परीक्षण से प्रश्नावली को यथा-संभव तटस्थ बनाना चाहिए।

१३.३.४. कार्य-प्रणाली

शोधकर्ता को पहले अपने उद्देश्यों को दृष्टि में रखते हुए अपने विषय से सम्बन्धित अभीष्ट उत्तर प्राप्त करने के लिए प्रश्नावली तैयार करनी चाहिए। इसके बाद सीमित संख्या के कुछ व्यक्तियों से उत्तर प्राप्त करके प्रश्नावली की पर्याप्तता-अपर्याप्तता का निर्णय करना चाहिए और आवश्यक हो तो उसमें संशोधन करना चाहिए।

प्रश्नावली की मुद्रित प्रतियाँ स्वयं या माध्यमिक व्यक्तियों द्वारा अथवा डाक से उचित व्यक्तियों तक पहुँचाकर उत्तर प्राप्त करना चाहिए। इस बात पर ध्यान रखकर सामग्री-दाताओं को चुनना चाहिए कि अध्ययन सार्वजनिक है या विशेष समूहों से सम्बन्धित है। अन्यत्र दी हुई (अध्याय १२) नमूनीकरण की विविध पद्धतियों के आधार पर प्रश्नावली का वितरण हो सकता है। उत्तरदाताओं

से उत्तर मिलना या न मिलना उनसे शोधकर्ताओं के सम्पर्क-स्थापन पर भी निर्भर रहता है। यथोचित सौहार्द के साथ, पर कार्य की गंभीरता का त्याग किये बिना, और प्रश्नावली की वापसी की तिथि सूचित करते हुए एक पत्र भी संलग्न करना उपयोगी होगा। जिनसे उत्तर नहीं मिलते उनको विनीत स्मरण पत्र लिखकर और आवश्यक हो तो प्रश्नावली की दूसरी प्रति पहुँचाकर उत्तर प्राप्त करने का प्रयत्न करना चाहिए।

साधारणतः किसी समूह में प्रश्नावली द्वारा सामग्री-संचय करने पर कम से कम ७० प्रतिशत उत्तर मिले, तभी कार्य को सफल माना जाएगा। इससे कम उत्तर देनेवाले उदासीन समूहों से अन्य उपायों से सामग्री-संचय करना होगा।

१३.३.५. प्रश्नावलियों के नमूने

१३.३.५.१. **नमूना १. दिल्ली नगर के प्रान्तः भागों में प्रवास** (migration) **करनेवाले जनों का सर्वेक्षण।**

१. व्यक्तिगत विवरण

नाम	अवस्था
पेशा	आमदनी (वार्षिक)
शिक्षा	

१. प्रान्तः प्रदेश के किस भाग में (मुहल्ले में) आप रहते हैं?

२. यहाँ निवास के लिए किस वर्ष में आये?

३. यहाँ आने के पहले कहाँ रहते थे?

(१) दिल्ली के अन्तः भाग में ☐
(२) नगर के बाहर ☐
(३) किसी दूर की बस्ती / गाँव में ☐
(४) किसी अन्य नगर में ☐

४. यहाँ निवास के लिए आने के कारण क्या हैं?

(१) किराया कम होने से ☐
(२) अपना मकान बनने से / खरीदने से ☐
(३) कार्य स्थान के नजदीक होने से ☐
(४) नगर की भीड़ से दूर होने के लिए ☐
(५) अन्य कारणों से (कारण बताइए) ☐

(५) वर्तमान निवास से नौकरी का स्थान कितनी दूर है ?

(१) ५. कि०मी० से कम ☐
(२) ५—१० कि०मी ☐
(३) १०.१५ कि०मी० ☐
(४) १५—२० कि०मी० ☐
(५) २० कि०मी० से अधिक ☐

(६) निवास से कार्य-स्थान को कैसे जाते हैं ?

(i) पैदल ☐
(ii) साइकिल से ☐
(iii) स्कूटर / मोटर साइकिल से ☐
(iv) कार से ☐
(v) बस से / रेल से ☐

(७) घर कैसा है ?

(i) पूरा स्वतंत्र घर ☐
(ii) बड़े घर का एक भाग ☐
(iii) स्वतंत्र फ्लैट ☐

(८) भवन किस प्रकार का है ?

(i) पक्का/कान्क्रीट का ☐
(ii) कच्चा/खपरैल का ☐
(iii) कुटिया ☐

(९) सड़क कैसी है ?

पक्की/कांक्रीट की/एस्फाल्ट की/कच्ची ।

(१०) कौन-सी सुविधाएँ प्राप्य है ?

(i) सुरक्षित जल ☐
(ii) ड्रेनेज ☐
(iii) दूध का डिपो ☐
(iv) डाक घर ☐
(v) स्कूल (प्राथमिक/माध्यमिक/उच्च)/कालेज ☐
(vi) अस्पताल ☐
(vii) बाजार ☐

(११) मुहल्ले के निवासी किस तरह के हैं ?

निम्नवर्ग	मज़दूर
निम्न मध्य वर्ग	सरकारी कर्मचारी
मध्य वर्ग	व्यापारी
उच्च मध्यवर्ग	अन्य (विवरण दीजिए)
उच्च वर्ग	मिश्रित
मिश्रित	

अनुसन्धान के उद्देश्य के अनुसार इस प्रश्नावली में अन्य प्रश्न भी जोड़े जा सकते हैं।

१३.३.५.२. नमूना—२

हिन्दी के प्रति दक्षिण भारतीयों की मनोवृत्ति का अध्ययन

व्यक्तिगत विवरण

नाम	(गुप्त रखना हो तो सूचित करें)—'गोप्य'
पता	
वय	
शिक्षा	निरक्षर
	साक्षर
मातृ भाषा	किस कक्षा तक पढ़ा है ?
स्थायी निवास स्थान	
पेशा	

१. हिन्दी की जानकारी—

(१) बिलकुल अज्ञात
(२) काम चलाऊ ज्ञान है
(३) बोलना आता है, लिखना नहीं आता
(४) बोलने व लिखने की सामान्य दक्षता है
(५) बोलने व लिखने में पूरी दक्षता है।

२. आप हिन्दी कब सीखने लगे ?

(१) १ और ५ साल की उम्र के बीच	(१) पहली श्रेणी से
(२) ६ और १० साल की उम्र के बीच	(२) २-५ श्रेणियों से बीच में
(३) १० और २० साल की उम्र के बीच	(३) ५-१० श्रेणियों के बीच मे
(४) २० से ऊपर होने पर	(४) १०वीं श्रेणी के बाद

३. आपने हिन्दी कैसे सीखी ?

(१) स्कूली पाठ्यक्रम में

(२) अन्य संस्था (सभा आदि) की परीक्षा देने के लिए

(३) पत्राचार पाठ्यक्रम द्वारा

(४) स्वप्रयत्न से/शौक के कारण

४. आपने कौन-सी परीक्षा (हिन्दी की) पास की है ?

परीक्षा : संस्था का नाम : वर्ष :

५. क्या आपका कार्य/नौकरी/पेशा

हिन्दी से सम्बन्धित है ?

(१) हिन्दी से सम्बन्धित (अ) अध्यापक

(आ) अनुवादक

(इ) अन्य (विवरण दीजिए)

(२) बिलकुल सम्बन्धित नहीं ।

(३) कभी-कभी सम्बन्ध है (विवरण दीजिए) ।

६. क्या आप किसी राजनैतिक दल के सदस्य हैं ? किस दल से सम्बन्ध रखते हैं ? (विवरण दीजिए ।)

७. ६ का उत्तर 'हाँ' हो तो आपके राजनैतिक दल की हिन्दी सम्बन्धी नीति क्या है ?

(१) सख्त विरोध

(२) विरोध

(३) स्वीकृति

(४) पूर्ण अनुमोदन

(५) उदासीन

८. विभिन्न कार्यों के लिए हिन्दी की सक्षमता के बारे में आपका विचार क्या है ?

(अ) सामान्य शिक्षा के लिए : पूर्णतः सक्षम

सामान्यतः सक्षम

सक्षम नहीं

बिलकुल सक्षम नहीं

नहीं मालूम

(आ) उच्च शिक्षा के लिए : पूर्णतः सक्षम
कामचलाऊ है
सक्षम नहीं है
बिलकुल सक्षम नहीं है
नहीं मालूम

(इ) राष्ट्रभाषा के रूप में सक्षम
काफ़ी सक्षम
सक्षम नहीं
बिलकुल सक्षम नहीं
नहीं मालूम

(ई) राजभाषा के रूप में सक्षम
काम चलाऊ
सक्षम नहीं
बिलकुल सक्षम नहीं
नहीं मालूम

(उ) सम्पर्क भाषा के रूप में सक्षम
पर्याप्त सक्षम
सक्षम नहीं
बिलकुल सक्षम नहीं
नहीं मालूम

९. उपर्युक्त बातों में आप हिन्दी को सक्षम नहीं मानते तो उसका कारण क्या मानते हैं ?

शब्द भण्डार की कमी
भाषा स्वरूप की दुर्बलता / कठिनाई
प्रसार की कमी
अध्ययन की कठिनाई
अन्य कारण (स्पष्ट कीजिए)

१० आपको अन्य किन भाषाओं की जानकारी है ? किस श्रेणी या स्तर तक उनका अध्ययन किया है ?

१.
२.
३.
४.

११. निम्नलिखित रूपों में अंग्रेजी के बारे में आप क्या विचार रखते हैं ? क्यों ?

१. सामान्य शिक्षा के माध्यम के रूप में
२. उच्च शिक्षा के माध्यम के रूप में
३. राष्ट्रभाषा के रूप में
४. राज भाषा के रूप में
५. सम्पर्क भाषा के रूप में

१२. आप निम्नलिखित गुणों के आधार पर हिन्दी और अंग्रेजी में किसको अधिक महत्त्व देते हैं ?

(१) भावात्मक एकता	हिन्दी / अंग्रेजी
(२) समान सुविधाएँ प्रदान करना	हिन्दी / अंग्रेजी
(३) सीखने में सरलता	हिन्दी / अंग्रेजी
(४) सामान्य उपयोग	हिन्दी / अंग्रेजी
(५) गंभीर विषयों के प्रतिपादन की क्षमता	हिन्दी / अंग्रेजी

इस प्रश्नावली में भी अन्य कोई बात अध्ययन के लिए अपेक्षित दीखे तो तत्सम्बन्धी प्रश्न जोड़े जा सकते हैं।

ये कुछ नमूने मात्र हैं। इनके समान अन्य किसी विषय पर प्रश्नावली बनाकर विविध विषयों का अध्ययन किया जा सकता है।

१३.४. सर्वेक्षण पद्धति

१३.४.० 'सर्वेक्षण' (Survey) शब्द का प्रयोग सामग्री-संचयन की उस पद्धति के लिए होता है, जिसमें किसी विशेष अध्ययन-दृष्टि से किसी क्षेत्र के वस्तु-सत्यों का निरीक्षण किया जाता है, और अध्ययन के लिए अपेक्षित तथ्यों का संग्रह किया जाता है। किसी एक व्यक्ति या वस्तु का अध्ययन न करके विशिष्ट सामान्य तत्त्वों के आधार पर :व्यक्तियों या वस्तुओं के समूहों का अध्ययन ही सर्वेक्षण का उद्देश्य है। इसमें निम्नलिखित बातों पर ध्यान रहता है :—

१. किसी विशेष उद्देश्य से, याने किसी विशेषता की व्याप्ति की जानकारी के लिए सर्वेक्षण किया जाता है।

२. स्थान और काल-सीमा के अन्दर किसी क्षेत्र का सर्वेक्षण किया जाता है।

३. विवरणात्मक अध्ययन के लिए अथवा विश्लेषणात्मक अध्ययन के लिए सर्वेक्षण किया जा सकता है।

सामाजिक महत्व रखने वाले अनेक विषयों के अध्ययन के लिए सर्वेक्षण-पद्धति ही उपयोगी होती है। किसी प्रदेश के विविध वर्गों के लोगों की आर्थिक दशा, किसी कालावधि में प्रदेश में विकास-योजनाओं के परिणाम, नशीली चीजों के उपयोग की व्यापकता एवं परिणाम, किसी प्रदेश में वनस्पतियों में व्याप्त बीमारियाँ, किसी भाषा की बोलियों का प्रचलन, विविध वर्गों के लोगों की साहित्यिक अभिरुचियाँ आदि अनेक विषयों पर सर्वेक्षणात्मक अध्ययन उपयोगी हैं। शिक्षा, अर्थशास्त्र, समाजशास्त्र, मनोविज्ञान आदि में व्यापक रूप में इस पद्धति का उपयोग होता है, और विविध समाज कल्याणकारी योजनाओं के कार्यान्वियन के लिए ऐसे सर्वेक्षण अनिवार्य होते हैं।

सर्वेक्षण का कार्य केवल निरीक्षण और तथ्य-संकलन नहीं है। उसमें प्रायः प्राप्य सामग्री का परीक्षण, अध्येय तत्त्वों का उचित पद्धतियों और उपकरणों द्वारा विश्लेषण, उनकी मात्राओं का मापन, आनुपातिक रूप में विविध तत्त्वों के अस्तित्व का निर्णय आदि कार्य भी सर्वेक्षणात्मक शोध के अन्तर्गत आ जाते हैं।

१३.४.१. वस्तुनिष्ठ और मनोवृत्तिपरक सर्वेक्षण

संग्रहणीय और अध्येय सामग्री के आधार पर सर्वेक्षण दो प्रकार के हो सकते हैं (१) वस्तुनिष्ठ सर्वेक्षण में उन तत्त्वों के प्रचलन या वितरण की गणना की जाती है, जिन पर जनमनोवृत्ति का प्रभाव नहीं पड़ता, जैसे किसी प्रदेश की जनता की साक्षरता का अथवा उनके द्वारा काम में लाये जाने वाले औद्योगिक उत्पादनों का सर्वेक्षण। जन जीवन से सम्बन्ध न रखने वाले तत्वों का, जैसे प्रदेश में प्राप्त खनिज, वन विभव, पशु पक्षी, इत्यादि का सर्वेक्षण भी इस तरह का होता है। इनमें सामग्री-संकलन करने के लिए वास्तविक बातों की गुणात्मक और मात्रात्मक जानकारी प्राप्त करना पर्याप्त है। (२) दूसरी ओर मनोवृत्ति-परक सर्वेक्षण में विविध वस्तुओं या कार्यों में जनमनोवृत्ति से सम्बन्धित बातें इकट्ठी की जाती हैं। राजनैतिक दलों या विचारों के प्रति जन दृष्टि, परिवार-आयोजन के सम्बन्ध में जन-मत, विकास-योजनाओं में जनता का सहयोग, साक्षरता प्रसार में जन-मनोवृत्ति और उसका प्रभाव आदि विषयों के अध्ययन के लिए जो सर्वेक्षण किया जाएगा, उसमें सामग्री संचयन के लिए लोगों पर आश्रित रहना पड़ता है, और उनसे सामग्री प्राप्त करने में विशेष सावधानी से काम लेना पड़ता है। किसी समूह में मद्यपान का प्रसार, व्यक्तिगत आय, परिवार के सदस्यों की संख्या आदि का सर्वेक्षण करते समय सही विवरण प्राप्त करना कठिन होता है। संकोच, भय, दुराग्रह आदि के कारण सामान्य जनों में गलत विवरण देने की प्रवृत्ति होती है। राशनकार्ड वितरण के लिए सर्वेक्षण किया जाय तो परिवार के अंगों की संख्या बढ़ाकर कहने वाले

लोग अनिवार्य सैनिक सेवा के लिए किये जाने वाले सर्वेक्षण में अंगों की संख्या कम बताएँगे। विविध उद्देश्यों से किये जाने वाले आय-सर्वेक्षण में लोग अक्सर अपनी आय को अधिक या कम बता सकते हैं। मद्यपान, गुप्त रोगों का प्रसार, व्यक्तिगत आय, राजनैतिक विचार आदि अनेक विषयों के बारे में सही बातों को छिपाकर गलत विवरण देने की मनोवृत्ति साधारण है। अतः ऐसे अध्ययनों के लिए सामग्री-संचय करते समय विशेष सावधानी की ज़रूरत है। कठिनाई यह है कि सर्वेक्षण के उद्देश्य को लोगों से न बताया जाय तो उन्हें सन्देह और आशंका होती है, जिससे उनसे प्राप्त सामग्री सन्दिग्ध रहती है; और उद्देश्य उनको बताया जाय तो लोग अपनी सुविधा के अनुसार विवरण दे सकते हैं। अतः इस तरह प्राप्त सामग्री का अन्य रीतियों से परीक्षण कर लेना उचित होगा।

१३.४.२. सर्वेक्षण पद्धति और साहित्य

साहित्य-सम्बन्धी अनुसन्धान में सीमित क्षेत्रों में सर्वेक्षण-पद्धति से सामग्री संचय किया जा सकता है। विविध प्रदेशों में प्राप्य एक ग्रंथ की पाण्डुलिपियों के सर्वेक्षण से, और उनकी भाषाओं के परीक्षण से उसके रचना-स्थान पर प्रकाश पड़ सकता है। समकालीन साहित्य के सन्दर्भ में पाठक-रुचि का सर्वेक्षण करके यह निरूपित किया जा सकता है कि वह सृजन की प्रवृत्तियों को कैसे प्रभावित करती है। जनता की साहित्यिक रुचियों के सर्वेक्षण से उनके राजनैतिक रुखों का अनुमान किया जा सकता है।

यद्यपि साहित्य के ऐसे कुछ परिपार्श्विक पक्षों के अध्ययन के लिए सर्वेक्षण पद्धति का उपयोग हो सकता है तो भी साहित्यिक शोध मुख्यतः कृतियों के अध्ययन, और विश्लेषण पर ही आधारित होता है।

: १४ :

नोट लेने की प्रणालियाँ

१४.०. अनुसन्धान पूरा करने के लिए लिये जानेवाले समय तथा शोध-प्रबन्ध के गुण को प्रभावित करनेवाला अत्यन्त महत्त्वपूर्ण कार्य है—नोट लेने की प्रणाली। किसी भी शोध विषय की सामग्री बनी-बनायी और क्रमबद्ध रूप में कहीं नहीं मिलती। सैकड़ों बातें विविध स्रोतों स भिन्न-भिन्न कालों में प्राप्त होती हैं। अक्सर उनकी मात्रा भी अत्यधिक होती है। इस तरह विविध स्रोतों से मिलने वाली सूचनाओं को वैज्ञानिक प्रणाली से संचित कर क्रमबद्ध रूप नहीं दिया जाय तो सामग्री संचित करने में समय का दुर्व्यय होगा और प्रबन्ध लिखते समय अधिक मानसिक तनाव का अनुभव करना होगा। सबका सामना करके लिखने के बाद भी शोध ग्रन्थ में शैथिल्य रह जाता है। प्रासंगिक तत्त्वों का अभाव, अप्रासंगिक तत्त्वों का विस्तार, तर्कपूर्ण विश्लेषण और प्रमाणन की कमी, प्रस्तुति में क्रमबद्धता का अभाव—इत्यादि दोषों से बचना हो तो प्रारम्भ से ही सतर्क होकर नोट लेने चाहिए और विधि के अनुसार उनका नस्तीकरण (फाइलिंग) करना चाहिए।

शोध लेख अथवा प्रबन्ध के आकार और स्वरूप के अनुसार नोट लेने के तरीक़े भी भिन्न-भिन्न हो सकते हैं। यद्यपि इसके कोई अकाट्य नियम नहीं हैं, तो भी प्रायोगिक दृष्टि से कुछ पद्धतियाँ उपयोगी होती हैं। विविध प्रकारों के शोध लेखों या प्रबन्धों के लिए निम्नलिखित प्रणालियों का उपयोग किया जा सकता है—

१. परचा प्रणाली (Sheet System)
२. बही प्रणाली (Ledger System)
३. मिसिल प्रणाली (File System)
४. संकेत-पुरजा प्रणाली (Tip Card System)
५. पंच कार्ड प्रणाली (Punch Card System)
६. कम्प्यूटर संकेत प्रणाली (Computer input code System)

इनमें से किस प्रणाली को स्वीकृत करना चाहिए, यह शोध-सामग्री के विस्तार, स्वरूप और उद्देश्य तथा उपलब्ध सुविधाओं पर आश्रित रहता है। एक छोटा-सा

शोध लेख लिखने के लिए जो प्रणाली उपयोगी होगी, वह एक विशाल विषय पर शोध-प्रबन्ध लिखने के लिए पर्याप्त नहीं होगी।

१४.१. परचा प्रणाली (Sheet System)

अगर एक छोटा-सा शोध लेख (रिसर्च पेपर) तैयार करना हो तो परचा-प्रणाली में अधिक सुविधा है। इसमें काफ़ी बड़े परचे पर विषय के मुख्य विभागों के शीर्षक बीच-बीच में खाली जगह छोड़कर अंकित किये जाते हैं, जिससे एक सामान्य तात्कालिक रूपरेखा बनती है। प्रत्येक शीर्षक के नीचे उपशीर्षक भी दर्ज किये जाते हैं। सामग्री संकलन के समय जो नयी सामग्री मिलती है उसके अनुरूप उपशीर्षक बनाये जाते हैं। बीच में छोड़ी हुई जगहों में प्रस्तुत शीर्षक से सम्बन्धित सूचनाएँ, उद्धरण, अपनी व्याख्याएँ, तर्क आदि संक्षिप्त रूप में लिखे जाते हैं। इस तरह जब लगभग संपूर्ण रूपरेखा बन जाती है, तब उसके आधार पर लेख तैयार किया जाता है।

इस प्रणाली की सुविधा यह है कि इसमें अनावश्यक विस्तार नहीं होता। पूरी रूपरेखा आँखों के सामने होने के कारण उसके सुव्यवस्थित और क्रमबद्ध होने पर ध्यान रखा जा सकता है। निबन्ध में भी संक्षिप्तता और सुव्यवस्था होती है।

पर इसका दोष यह है कि एक सीमा से अधिक शीर्षक या उपशीर्षक जोड़ना, और अधिक मात्रा में अपेक्षित नोट, उद्धरण आदि जोड़ना सम्भव नहीं होता। ज़रूरी हो तो दूसरी या तीसरी बार रूपरेखा तैयार कर कुछ विस्तार दिया जा सकता है। पर इसकी भी एक सीमा होती है। इस दोष के बावजूद शोध लेख तैयार करने के लिए यह सबसे अधिक प्रायोगिक प्रणाली है।

१४.२. बही प्रणाली (Ledger Method)

परचा प्रणाली का अधिक विस्तृत रूप है बही-प्रणाली, जो कुछ अधिक दीर्घ शोध-निबन्ध या लघु-प्रबन्ध तैयार करने के लिए उपयोगी है।

इस प्रणाली में एक नोट बुक (बही या लेजर) के एक-एक पृष्ठ पर शोध विषय के अध्यायों या मुख्य विभागों के शीर्षक, जो पूर्व निश्चित रूपरेखा के अनुसार होते हैं, अंकित किये जाते हैं। प्रत्येक शीर्षक के नीचे उसी पृष्ठ पर यथोचित उप-शीर्षक भी बीच-बीच में जगह छोड़कर दर्ज किये जाते हैं। क्षेत्रीय संग्रहण अथवा अध्ययन द्वारा जब विषय-सम्बन्धी सामग्री मिलती है, तब उसे इन खाली जगहों में यथास्थान दर्ज किया जाता है। अपने मत, तर्क, उद्धरण आदि भी पूर्ण रूप से या संकेतों से सुविधानुसार दर्ज किये जा सकते हैं। इस तरह विस्तृत और पूरी रूपरेखा तैयार हो जाय तो उसके आधार पर निबन्ध या लघुप्रबन्ध लिखा जाता है।

उदाहरण के लिए, 'रामचरित मानस में सामाजिक जीवन के आदर्श' पर प्रबन्ध लिखना हो, तो निम्नलिखित शीर्षक अलग-अलग पृष्ठों के शीर्ष पर लिखे जाएँगे। पन्ने के एक ही तरफ़ लिखने में सुविधा होगी।

धार्मिक आदर्श
राजनैतिक आदर्श
सामाजिक आदर्श
पारिवारिक आदर्श
वैयक्तिक आदर्श

प्रत्येक के अन्तर्गत विभागों के शीर्षक उसी पृष्ठ पर बीच-बीच में जगह छोड़कर या अलग-अलग खाने बनाकर अंकित करने चाहिए। जैसे धार्मिक आदर्श के अन्तर्गत (१) सगुण भक्ति (२) राम पर अटल श्रद्धा (३) भक्ति के उपादान (४) धार्मिक सहिष्णुता और समन्वय भाव (५) गुरु पर श्रद्धा (६) सज्जनों का आदर और दुर्जनों की निन्दा इत्यादि उपशीर्षक दर्ज़ करने के बाद प्रत्येक के अन्तर्गत जो-जो सामग्री आ सकती है उसे उपशीर्षक के नीचे या खाने में लिख लेना चाहिए। आवश्यक हो तो इन उपशीर्षकों के भी उपशीर्षक बनाये जा सकते हैं, और तब उनके अनुसार सामग्री जुटानी होगी। पर्याप्त सामग्री जमा हो जाय तो प्रबन्ध लिखा जा सकता है।

इसमें भी पूरे विषय के बारे में अथवा कुछ शीर्षकों के अन्तर्गत अधिक सामग्री मिल जाय तो दर्ज करने में कठिनाई होती है। प्रत्यक्ष अनुभव यह है कि कुछ शीर्षकों के लिए बहुत अधिक सामग्री मिल जाती है, कुछ के लिए बहुत कम। अधिक सामग्री दर्ज़ करना कठिन हो जाय तो पूरी बही दुबारा लिखनी पड़ती है, या अलग कागज़ के टुकड़ों पर नोट लिखकर यथास्थान जोड़ना पड़ता है।

इसमें और परचा प्रणाली में दूसरी कठिनाई यह है कि शीर्षकों का क्रम बदलना हो तो दुबारा लिखना पड़ता है। अधिक परिवर्तन या परिवर्द्धन की भी गुंजाइश नहीं रहती।

१४.३. मिसिल प्रणाली

बही-पद्धति का सुधरा हुआ रूप है मिसिल (फाइल) प्रणाली (File system)। इसमें विषय के प्रत्येक अध्याय या प्रकरण के लिए एक अलग फाइल रखी जाती है। सुविधानुसार किसी भी आकार की टैग फाइल (Tag file) का उपयोग किया जा सकता है। प्रत्येक फाइल में अध्यायों के विभागों और उपविभागों के लिए अलग-अलग विभाग बनाये जाएँगे। इन विभागों में शीर्षक के महत्त्व के अनुसार एक या अधिक पन्ने हो सकते हैं, पर प्रत्येक पन्ने पर शीर्षक सूचित करना होगा।

बही-प्रणाली के समान ही प्रत्येक शीर्षक के नीचे प्राप्त सामग्री जमा की जाती है और पर्याप्त सामग्री मिलने पर प्रबन्ध लिखा जाता है।

इस प्रणाली में सुविधा यह होगी कि विभागों के बीच में कोई नया उपशीर्षक जोड़ना हो तो दो विभागों के बीच में अलग कुछ पन्ने जोड़े जा सकते हैं। प्रत्येक उपविभाग अलग-अलग होने से उनका क्रम बदला जा सकता है। जरूरत हो तो किसी विभाग में पृष्ठसंख्या बढ़ायी जा सकती है। सभी उपशीर्षकों के लिए सामग्री जमा हो जाय तो प्रबन्ध की लगभग पूर्ण और व्यवस्थित रूपरेखा बन जाती है, जिससे लेखन-कार्य में काफी सुविधा होती है।

इस प्रणाली में भी पहले की प्रणालियों के कुछ दोष मिलते हैं, पर बहुत कम। सीमित मात्रा में ही बीच-बीच में सामग्री जोड़ी जा सकती है। एक ही पन्ने पर लिखित सामग्री के बीच में कुछ जोड़ना हो तो कुछ कठिनाई होती है। ऐसे नोट कम हों तो अलग कागज़ के टुकड़ों पर लिखकर यथास्थान नत्थी कर सकते हैं। इसी तरह एक ही पन्ने पर लिखित सामग्री के विभिन्न अंशों का स्थानान्तरण करना हो तो भी कठिनाई होती है। फिर सीमित सामग्री के आधार पर लघु प्रबन्ध लिखने के लिए यह प्रणाली विशेष उपयोगी है, क्योंकि विस्तार और आकार नियंत्रण में रहते हैं।

१४.४. संकेत पुरजा या सूचना पुरजा प्रणाली (Tip card System)

विविध स्रोतों से प्राप्य विशाल सामग्री के आधार पर बृहत् शोध-प्रबन्ध तैयार करने के लिए नोट लिखने की सर्वोत्तम रीति संकेत पुरजा (सूचना पुरजा) प्रणाली (Tip-card System) है।

सामग्री-संचय करते **समय (१) न किसी अध्याय या प्रकरण के लिए** अपेक्षित सामग्री एक साथ मिलती है, (२) न मिलनेवाली सामग्री में कोई एकरूपता होती है। विविध स्रोतों से विविध कालों में मिलनेवाली बिखरी हुई सामग्री को व्यवस्थित रूप देने के लिए सर्वाधिक उपयोगी प्रणाली यही है। इसे बही प्रणाली और फाइल प्रणाली का विकसित रूप माना जा सकता है।

१४.४.१ **संकेत पुरजा या टीप कार्ड** मानक आकार का कार्ड होता है, जिनका विविध स्रोतों से नोट संचित करने के लिए उपयोग किया जा सकता है। उचित आकार में कहे हुए कार्ड बाज़ार में मिलते हैं। ग्रन्थालय पुस्तक सूची कार्ड भी प्रयुक्त किये जा सकते हैं, पर उनका आकार कुछ छोटा होता है। छात्र बड़ी साइज़ के सफ़ेद कार्ड मँगाकर उचित आकार में काटकर उनका उपयोग कर सकते हैं। इससे कार्ड अपेक्षित आकार के भी होते हैं, सस्ते भी। इस लेखक का सुझाव है कि या तो ५″ × ३″ (१२.५ सें०मी० × ७.५ सें०मी०) के पुस्तकालय कार्ड अथवा ५½″ × ३½″ (१४ सें० मी० × ९ से० मी०) के पोस्ट कार्ड के आकार के कार्डों

का उपयोग करें।[1] कार्डों पर यथाविधि (दे० १४.४.३) नोट लिखने के बाद खानेदार दराजों में नस्तीकरण पद्धति के अनुसार उनका बंटन करना चाहिए।

१४.४.२. टीप स्लिप

टीप कार्ड के बदले में टीप स्लिप (Tip slip) का भी उपयोग किया जा सकता है। कार्ड के बदले में मानक आकार के काग़ज के टुकड़ों (पुरजों) का उपयोग किया जाता है। जब शब्द कोश, भाषा-विश्लेषण आदि के ऐसे कार्य किये जाते हैं जिनमें सामग्री को स्थायी रूप में या दीर्घकाल तक सुरक्षित रखने की ज़रूरत हो, तब कार्ड अधिक उपयोगी होते हैं। पर जहाँ शोध-प्रबन्ध लिखने के बाद नोटों को सुरक्षित रखने की आवश्यकता नहीं होती, वहाँ महँगे कार्डों की जगह साधारण काग़ज के टुकड़ों (स्लिपों) से काम चलाया जा सकता है। फाइलिंग और उलटकर देखने में भी सुविधा होती है। परस्पर सम्बन्ध रखनेवाले कुछ पुरजों को नत्थी कर रखने में और बायें हाथ में पूरे गुत्थे को पकड़कर दाहिने हाथ से उलटकर देखने में अधिक सुविधा होती है। कार्डों को दराज में ही रखकर कार्य-चालन किया जा सकता है। स्लिपों को हाथ में लेकर उलट-पलट सकते हैं। फिर भी पूरे हो जावें तो उनको भी खानेदार दराजों में आबंटित कर देना चाहिए।

१४.४.३. टीप कार्ड (स्लिप) लिखने के मानक तरीके

कार्ड या स्लिप पर नोट लिखने के लिये मानक तरीके होते हैं, जिनका अनुसरण करने से लेखन में सूक्ष्मता आती है, और समय की बचत होती है। कार्ड पर लिखने के लिए सामान्यतः निम्नलिखित रूप का सुझाव दिया जाता है।

मानवतावाद	
	'उन्होंने (प्रेमचन्द ने) संसार की पटभूमि पर असत् शक्तियों के आतंक से लथपथ मानव-कंकाल को देखा और वे एक माता की तरह दौड़कर उसे अपनी ममतामयी गोद में बैठाकर उससे लिपट गये और लगे उसे दुलारने-पुचकारने और करने उसके श्रणों पर मरहम पट्टी।' —शचीरानी गुर्टू, **प्रेमचन्द और गोर्की,** १२४

'प्रेमचन्द के मानवतावाद' पर एक टीप-कार्ड

---

१. कभी-कभी ५″ × ४″ के कार्डों का भी उपयोग किया जाता है। इनमें अधिक नोट समा सकते हैं। पर इनको ले जाने और फाइल करने में कुछ असुविधा होती है।

कार्ड के बाएँ ओर ऊपर के किनारे से कुछ नीचे और तनिक उपान्त छोड़कर पूर्व निश्चित रूप-रेखा के अनुसार विषय का शीर्षक अथवा उपशीर्षक (अथवा लेखक का नाम या अन्य सूचनाएँ) लिखा जाता है, जिससे कार्ड पर लिखित सामग्री की सीधी सूचना मिल जाती है। मुख्य शीर्षक बिलकुल बाईं ओर और उपशीर्षक उसके नीचे कुछ दायीं ओर करके लिखें तो सुविधा होगी। इसके बाद आवश्यक नोट लिखा जाता है। अन्त में नीचे दाहिनी ओर स्रोत की सूचना पृष्ठ-संख्या सहित दी जाती है। स्रोत-सूचना संक्षिप्त रूप में देना ही प्रायोगिक दृष्टि से संभव है, क्योंकि हजारों कार्डों पर लेखक नाम, पुस्तक-नाम, संस्करण संख्या या वर्ष और पृष्ठ संख्या की सूचना देने में समय का दुर्व्यय होगा। आधुनिक वैज्ञानिक रीति में (आधुनिक भाषा विज्ञान समिति पद्धति या मार्डन लैंग्वेज एसोशिएशन पद्धति, संक्षेप में एम० एल० ए० पद्धति) लेखक नाम, पुस्तक के संस्करण का प्रकाशन वर्ष और पृष्ठ संख्या मात्र देना पर्याप्त है। (दे० सन्दर्भ सूचना में प्रस्तुत पद्धति का विस्तृत विवरण १६.४.१.२) जैसे श्रीकृष्णलाल के 'आधुनिक हिन्दी साहित्य का विकास' पृ० १२० के लिए श्रीकृष्णलाल : : १२०.। जहाँ संभव है नाम को संक्षित बनाकर 'कृ० लाल', ह० प्र० द्विवेदी, शुक्ल आदि मात्र भी लिखा जा सकता है। पुस्तक का पूरा विवरण अलग एक कार्ड (ग्रन्थ सूची कार्ड) पर लिखकर सुरक्षित रखा जाएगा। जब कभी आवश्यक हो, ऐसे कार्डों से स्रोत-ग्रंथ सम्बन्धी पूर्ण विवरण प्राप्त किये जा सकते हैं।

यह सामान्यतः टीप कार्ड पर नोट लिखने का तरीका है। टीप स्लिप पर नोट लिखने के लिए यह लेखक कुछ परिवर्तित रूप का सुझाव देता है, जो प्रायोगिक दृष्टि से अधिक उपयोगी और कार्यचालन में अधिक सुविधाजनक है। जैसे ऊपर बताया गया, स्लिपों को बायें कोने पर क्लिप या पिन करके रखना पड़ता है, और कार्य करते समय कई बार उलटकर देखना पड़ता है। बायें हाथ से पकड़कर दाहिने हाथ से पन्नों को उलटने में सुविधा होती है। अतः यह सुझाव दिया जाता है कि शीर्षक और उपशीर्षक बायें कोने पर ऊपर, और दाहिनी ओर आवश्यक उपान्त छोड़कर लिखे जाएँ। शीर्षक और उपशीर्षक के साथ पूर्व निश्चित काम चलाऊ रूपरेखा के अनुसार अध्याय, विभाग और उपविभाग की संख्याएँ लिखी जाएँ। ये संख्याएँ पेन्सिल से लिखी जाएँ तो, रूपरेखा में परिवर्तन करते समय यहाँ भी बदलने में सुविधा होगी।

	छायावाद आध्यात्मिकता प्राचीन आध्यात्मिकता से भिन्न
	"नई छायावादी काव्य-धारा का भी एक आध्यात्मिक पक्ष है; परन्तु उसकी मुख्य प्रेरणा धार्मिक न होकर मानवीय और सांस्कृतिक है।.........आधुनिक परिवर्तनशील समाज व्यवस्था और विचार जगत् में छायावाद भारतीय आध्यात्मिकता की नवीन परिस्थिति के अनुरूप स्थापना करता है।" —नन्ददुलारे वाजपेयी, सं० २०१ ३, ३७१.

छायावाद की आध्यात्मिकता पर एक टीप कार्ड

(सं० २०१३ 'आधुनिक साहित्य' का प्रकाशन वर्ष है)।

अधिक वैज्ञानिक रूप में दशमलव पद्धति से अध्याय और विभाग-उपविभाग आदि की संख्याएँ दी जाएँ तो स्लिप पर भी उसी पद्धति का उपयोग किया जा सकता है, जैसे नीचे के नमूने में दिखाया गया है।

इसके बाद कार्ड की तरह स्लिप पर भी सन्दर्भ सूचना के साथ नोट पूर्ण या संक्षिप्त रूप में लिखा जाता है। अन्त में नीचे दाहिनी ओर यथा विधि स्रोत-सूचना दी जाती है।

२. शृंगार २.२. विरह २.२.३. दुर्बलता
नगेन्द्र के अनुसार रीतिकाव्य में गंभीर जीवन दृष्टि का अभाव है। शृङ्गार वर्णन में प्रेम की एकनिष्ठता नहीं है। विलास व रसिकता मुख्य। अतः विरह में भी गांभीर्य नहीं। विरह पीड़ा से लेकर कामोत्तेजन की तीव्रता है। —नगेन्द्र : १९४९ : १०३.

अपने शब्दों में संक्षिप्तीकृत एक नोट का नमूना

(शीर्षक दशमलव प्रणाली में)

१४.४.४. टीप नोट में क्या लिखा जाय ?

विशेष सावधानी से टीप नोट तैयार करने पर बाद में शोध-प्रबन्ध की पाण्डुलिपि तैयार करते समय बड़ी सुविधा होती है। इसके लिए (१) टीप कार्ड में सभी प्रासंगिक सामग्रियाँ आ जानी चाहिए और (२) उनमें व्यवस्थित क्रम होना चाहिए।

प्रायः देखा जाता है कि टीप कार्ड पर विविध स्रोतों से मिलनेवाली सामग्री की संक्षिप्त सूचनाएँ और उद्धरण मात्र लिख लिये जाते हैं। पर इस लेखक का सुझाव है कि स्लिप का उपयोग करने के साथ उन पर निम्नलिखित बातें लिखी जायें।

(१) **मूल ग्रंथ से प्राप्त प्रासंगिक सामग्री, किसी परिवर्तन के बिना**—विश्लेषणात्मक या व्याख्यात्मक शोधों में कुछ भागों पर विवेचन करना हो तो उनके अविकल रूपों को—यहाँ तक कि विरामचिह्नों और उद्धरण चिह्नों सहित—सावधानी से उतारकर सुरक्षित रखना आवश्यक है।

(२) **मूल ग्रंथ की सामग्री का संक्षिप्त रूप**—जब सूक्ष्म विश्लेषण या शैली का अध्ययन अपेक्षित नहीं है, तब मूल सामग्री को अपने शब्दों में संक्षिप्त रूप में अंकित कर लेना पर्याप्त है।

किन्तु यह निर्णय करना कठिन होता है कि मूल सामग्री का उपयोग भविष्य में सामान्य अध्ययन के लिए किया जाएगा, अथवा सूक्ष्म और गंभीर अध्ययन के लिए। अतः विशेष सावधानी से संक्षेपण करना चाहिए। संदिग्ध दशा में पूर्व सामग्री को अविकल नोट कर लेना ही उचित है।

(३) **पूर्व-निष्कर्ष**—यदि विषय पर पहले ही शोध किये गये हों, तो प्रत्येक बात पर पूर्व शोधकारों के मुख्य मतों को अलग कार्डों पर लिख लेना चाहिए। बाद में इन मतों का खण्डन या समर्थन करके आगे बढ़ना चाहिए।

(४) **अपनी टीका-टिप्पणियाँ**—टीप नोट तैयार करते समय मूल सामग्री और विविध मतों का ही संग्रह करना पर्याप्त नहीं है। लगे हाथ अपनी टिप्पणियाँ भी जोड़ देनी चाहिए। इसे बाद के लिए स्थगित रखना नहीं चाहिए। मूल ग्रंथ के क्रमिक अध्ययन के समय या उसके विविध पक्षों पर अन्य विद्वानों के लेख पढ़ाते समय तुरन्त अपनी जो प्रतिक्रिया होती है, उससे जनित विचारों को लिखकर सुरक्षित रखना चाहिए। यह कार्य बाद में सुविधानुसार करने के लिए स्थगित रखा जाय तो, उनके विस्मृत हो जाने की संभावना रहती है। मूल ग्रंथ की भावधारा को ग्रहण करते हुए क्रमिक अध्ययन करते समय जो भाव सूझते हैं वे, क्रमहीन झुट-पुट

नोटों को देखते समय नहीं सूझते। अतः अपनी प्रतिक्रियात्मक टिप्पणियों को तुरन्त ही लिख देना चाहिए।

ऐसी टिप्पणियों को अलग कार्डों या स्लिपों पर लिखकर मूल के साथ नत्थी कर दें तो सुविधा होगी।

१४.४.५. नोट लिखते समय ध्यान रखने की बातें

१. नोट लिखने के पहले मूलग्रंथ या स्रोत-सामग्री को एक बार सरसरी दृष्टि से पढ़ लें। इससे यह निर्णय करना आसान होगा कि कौन-सी बातें मुख्य हैं। विवेचन की दृष्टि से महत्त्वपूर्ण और प्रासंगिक सामग्री का चयन करना एक कला है, जो अभ्यास से ही आ सकती है।

२. नोट लिखने और फाइलिंग करने की सुविधा की दृष्टि से उचित मानक आकार के कार्डों या स्लिपों का उपयोग करें। सदा एक ही आकार के कार्डों या स्लिपों का उपयोग करना चाहिए।

३. प्रत्येक कार्ड पर शीर्षक और उपशीर्षक दर्ज करके लघुतम उपशीर्षक (बिन्दु-point) से सम्बन्धित नोट ही उस कार्ड पर लिखना चाहिए। प्राप्त सामग्री के एक खण्ड में ही अनेक बातों (बिन्दुओं) से सम्बन्धित सामग्री मिले तो उसका विच्छेदन कर अलग-अलग कार्डों पर लिखना चाहिए। किसी भी हालत में एक से अधिक बिन्दुओं से सम्बन्धित नोट एक कार्ड पर लिखना नहीं चाहिए।

४. सामान्यतः कार्ड के एक ही ओर लिखा जाता है। अगर नोट लंबा हो तो पीछे भी लिखा जा सकता है। अधिक लंबा हो तो एक से अधिक कार्डों पर लिख-कर उन्हें जेम क्लिप (gem clip) या रबड़ बैंड से मिलाकर रखना चाहिए। स्लिप हों तो उन्हें आलपीन से नत्थी कर या ऊपरी बायें कोने में चिपकाकर रखा जा सकता है।

५. प्रत्येक नोट के नीचे स्रोत-सूचना किसी मानक पद्धति के अनुसार स्पष्ट रूप में देना चाहिए। एक बार प्राप्त ग्रंथ संभवतः फिर नहीं मिलेगा। अतः उसका पूरा विवरण अलग ग्रंथ सूची कार्डों पर लिख रखना चाहिए। ग्रंथालय की पुस्तक हो तो ग्रन्थ संख्या (call number) भी सूचित कर रखें ताकि दुबारा उसे लेने में सुविधा हो।

६. नोट में किसी तरह की त्रुटि या अस्पष्टता न हो, इस पर विशेष ध्यान रखा जाय। विशेषकर मूल का उद्धरण करते समय उसका पूर्णतः शुद्ध होना—विराम चिह्न तक का ठीक होना, आवश्यक है। नोट उतार लेने के बहुत दिनों के बाद ही शायद उसका उपयोग होगा। तब सन्देह की गुंजाइश नहीं होनी चाहिए।

७. मूल का ज्यों का त्यों उद्धरण, संक्षिप्तीकृत सामग्री और अपनी टीका टिप्पणी को साफ़-साफ़ दिखाना चाहिए।

८. जहाँ तक हो सके नोट को दूसरी बार लिखने या टाइप करने का इरादा न रखें। पहली बार का नोट ही स्थायी रूप का होना चाहिए। दुबारा उतारने में समय भी बरबाद होता है, त्रुटियों, अस्पष्टताओं और सन्देहों की संभावना भी अधिक होती है।

९. अनुसन्धान की कालावधि में सदा अपने पास नोट लिखने के खाली कार्ड या स्लिप रखें। समय-समय पर जो भाव मन में आवें उनको तुरन्त नोट कर लें। पुस्तकें पढ़ते समय ही नहीं, भाषण सुनते समय, वार्तालाप करते समय, घूमते समय, बस का इन्तजार करते समय—किसी भी समय भावों का उदय हो सकता है। कभी-कभी अप्रत्याशित सन्दर्भ में अमूल्य भाव सूझते हैं। उनका मूल्य समझकर नोट कर लें।

१०. नोट लिखते-लिखते उनका वर्गीकरण और नस्तीकरण किया जाय तो विशेष सुविधा होगी। इससे काम यथाविधि शीघ्र पूरा करने में सुविधा होती है। प्राप्त नोटों के आधार पर रूपरेखा के शीर्षकों में परिवर्तन-परिवर्द्धन भी संभव है।

१५. नस्तीकरण अथवा पंजीकरण (Filing)

१५.० पिछले प्रकरणों में विविध स्रोतों से विविध रीतियों में शोध-सामग्री संचित करने की चर्चा की गयी। इस तरह संगृहीत सामग्री को उचित नोटों का रूप देकर व्यवस्थित और क्रमबद्ध रूप में रखना प्रायोगिक दृष्टि से अत्यन्त महत्त्वपूर्ण है। विशाल मात्रा में बहुमूल्य सामग्री संचित की जाय तो भी उनको व्यवस्थित रूप में लिखकर नस्तित नहीं किया जाय तो अन्त में शोध-रिपोर्ट या प्रबन्ध के रूप में प्रस्तुत करने में काफ़ी कठिनाई होती है। अनेक छात्रों को इसमें काफी उलझन होती है, और समय भी बहुत लगाना पड़ता है। फिर भी प्रबन्ध में कुछ शैथिल्य आ जाता है। अतः छात्रों को पहले ही अपने विषय की अपेक्षाओं और व्याप्ति को दृष्टि में रखकर तदनुसार (१) नोट बनाने की रीति तथा (२) उन नोटों को नस्तित करने की पद्धति का निर्णय कर लेना चाहिए। पूरे नोट व्यवस्थित रूप में संचित और नस्तित हो जाय तो अन्त लेखन भी सुगम हो जाता है, समय भी बच जाता है।

१५.१. नोट-संग्रहण और नस्तीकरण में अपेक्षित गुण

किसी विषय से सम्बन्धित संपूर्ण सामग्री एक स्थान या स्रोत से नहीं मिलती। विभिन्न स्रोतों से प्राप्त सामग्रियों का आकलन करके विश्लेषण-अध्ययन करना पड़ता है। एक स्थान से (एक लेख से, या ग्रंथ से अथवा एक क्षेत्र या प्रदेश से) अपने विषय के कई पहलुओं से सम्बन्धित सामग्री मिलती है, और एक पहलू से सम्बन्धित सामग्री

विविध स्थानों से मिलती हैं। अतः उनका पुनः क्रमीकरण करके ही उपयोग किया जा सकता है। सामग्री खण्डों या टुकड़ों में प्राप्त होती है। एक लेख में अपने विषय के सम्बन्ध में विस्तृत सूचनाएँ मिलें, तो भी अपने शोध में उनका उपयोग एक ही जगह नहीं होगा। तात्पर्य यह है कि ऐसे लेखों को पूरा-पूरा उतारकर रखें तो भी बाद में उनके भिन्न-भिन्न अंशों का उपयोग भिन्न-भिन्न स्थानों पर करना होगा। इन बातों को ध्यान में रखकर ही नोट तैयार करने चाहिए। नोटों और उनके नस्तीकरण में निम्नलिखित बातों पर विशेष ध्यान रखना आवश्यक है।

(१) **सरलता**—नस्तीकरण पद्धति यथासम्भव सरल होनी चाहिए। सरल रीति के प्रयोग से समय बचता है, सुविधा होती है और त्रुटियों के होने की सम्भावना कम रहती है।

(२) **नस्तीकरण की शीघ्रता**—चूंकि हज़ारों नोटों का नस्तीकरण करना पड़ता है, इसलिए कार्यसंचालन में काफ़ी समय लगता है। अतः नोट लिखकर फाइल करने में समय का अपव्यय नहीं होना चाहिए।

(३) **पुनरीक्षण में शीघ्रता**—शोध प्रबन्ध का काम पूरा करने तक नोटों को बार-बार देखना पड़ता है। अगर किसी सन्दर्भ में अपेक्षित नोट को ढूँढ़ निकालने में अधिक समय लगे तो, समय का अपव्यय भी होगा, और इस तरह सैकड़ों नोटों को चुनकर निरीक्षण करने में ऊब भी हो सकती है। नोटों का पुनरीक्षण अन्तिम दशा में प्रबन्ध लिखते समय ही नहीं, उसके पहले नोट तैयार करते समय भी करना पड़ता है। पूर्व-संचित नोटों को देखकर ही पुनरावृत्ति से बचा जा सकता है। परस्पर सम्बन्ध रखने वाले नोटों को एक साथ लाने के लिए और प्रतिसन्दर्भ-सूचना (Cross-references) के लिए भी कई बार पूर्व संचित नोटों को देखना पड़ता है। ऐसी दशा में नोटों का नस्तीकरण इस तरह करना चाहिए कि पुनरीक्षण सुविधापूर्ण हो और उसमें अधिक समय न लगे।

(४) **संवर्द्धन और परिवर्तन की सुविधा**—किसी शीर्षक से सम्बन्धित सम्पूर्ण सामग्री एक ही जगह से एक ही मुश्त में नहीं मिलती। ज्यों-ज्यों मुश्तों में सामग्री मिलती जाती है त्यों-त्यों नोट बनाकर फाइल करना कार्य-दक्षता के लिए आवश्यक है। बाद में जो नयी सामग्री मिलती है उसे बीच में जोड़ना पड़ता है, और इस तरह काफ़ी सामग्री एक शीर्षक के सम्बन्ध में जमा हो जावे तो कभी-कभी पूरी सामग्री को नये क्रम में व्यवस्थित करना पड़ता है। नोट तैयार करने में और उनको नस्तित करने में इस बात पर ध्यान रखना चाहिए कि बीच में किसी भी स्थान में नयी सामग्री जोड़ने की और किसी भी अंश को बदलकर दूसरे स्थान पर रखने की सुविधा हो।

(५) **अल्पस्थान और मितव्ययिता**—नस्तीकरण की अच्छी प्रणाली वही मानी जाएगी जिसमें कार्य-कुशलता की कमी के बिना स्थान, श्रम और अर्थ के अपव्यय का निवारण किया जाय। सामग्री संचयन और नस्तीकरण इस तरह होना चाहिए कि कम-से-कम स्थान का उपयोग हो, कार्ड, काग़ज आदि पर व्यय कम हो और शोधकार की शक्ति का अपव्यय न हो। यद्यपि शोधग्रंथ के मूल्य से इन बातों का प्रत्यक्ष सम्बन्ध नहीं है तो भी जब डिग्री के लिए या सीमित कालावधि की योजना के अन्तर्गत शोध किया जाता है, तब ये बातें अत्यन्त महत्वपूर्ण हैं।

१५.२. नस्तीकरण पद्धतियाँ

२.०. पत्र, दस्तावेजें, रसीदें, बिल्टियाँ आदि के नस्तीकरण के लिए कई तरीक़े हैं, जिनमें कुछ अनुसन्धान के विविध कार्यों में भी उपयोगी हैं। शोध-नोटों की फाइलिंग के लिए उस पद्धति को चुन लेना चाहिए जो विषय की विशालता और स्वरूप के अनुकूल हो, और जिसको दृष्टि में रखकर नोट तैयार किये जाते हों। सामान्यतः प्रचलित नस्तियों के प्रकार हैं—(१) तार फाइल (Wire file), (२) कार्ड बोर्ड फाइल या सपाट फाइल (card board file or Flat file), (३) लीवर फाइल या शैनन फाइल (Liver file or Shanan file), (४) कबूतर खाना या डॉकेट (Pigeon hole or Docket) और (५) खड़ी फाइल या दराज़ फाइल (Vertical file or Drawer file)। इनमें प्रत्येक का कम-ज़्यादा उपयोग होता है।

१५.२.१. तार फाइल (Wire file)

नस्तीकरण का एक साधारण तरीक़ा है, जो घरों, दूकानों और छोटे कार्यालयों में पत्रों और सूचनाओं को प्राप्ति की तिथि के क्रम में रखने के लिए काम में लाया जाता है। इसमें लोहे के एक कड़े तार के एक सिरे पर गोल चपटी तख्ती लगी होती है और दूसरा सिरा मुड़ा और नुकीला होता है, जिससे पत्रों और पुरजों को पिरोया जाता है। शोध छात्रों को शोध सम्बन्धी पत्रों और गौण सूचनाओं को नस्तित करने के अतिरिक्त इसका विशेष उपयोग नहीं होता।

तार फाइल

१५.२.२. कार्डबोर्ड फाइल या सपाट फाइल

(Card-board File or Flat File)

यह बिलकुल सरल नस्तीकरण पद्धति होती है जिसका उपयोग कार्यालयों में व्यापक रूप में होता है। प्रायः फुलस्केप नाप की एक दफ़्ती होती है, जिसके दो पार्श्वों में मोटे कागज़ या कैलिको के दो टुकड़े (पंख) लगे रहते हैं, और बाँधने के लिए दोनों ओर फीते लगे होते हैं। पत्र, नोट आदि को दफ्ती पर रखकर पंखों को मोड़-कर फ़ीतों से बाँध दिया जाता है। चूंकि सम्ब-न्धित पत्रों या नोटों को ही एक साथ नत्थी किया जाता है और सबको मिलाकर पिरोया या बाँधा नहीं जाता, इसलिए बीच में से कुछ निकाल लेना और ज़रूरी हो तो बीच में कुछ जोड़ना संभव है। शोध कार्य में सीमित मात्रा में इसका उपयोग हो सकता है। अगर शोध-विषय बहुत बड़ा नहीं हो, और नोट परचा पद्धति से (१४.१) तैयार किये जायें तो एक-एक अध्याय या उसके विभाग के लिए एक-एक फाइल रखकर, उपशीर्षकों के परचों को आलपीन अथवा टैग से नथ कर इन फाइलों में सुरक्षित रखा जा सकता है। विविध स्रोतों से मिलने वाले नोट, प्रश्नावली या भेंट से प्राप्त सामग्री और विषय सम्बन्धी पत्रों के पंजीकरण के लिए यह तरीक़ा उपयोगी है। अनेक छात्र इसका उपयोग करते भी हैं। पंख पर शीर्षक, उपशीर्षक या अन्य सूचनाएँ लिखी जाती हैं।

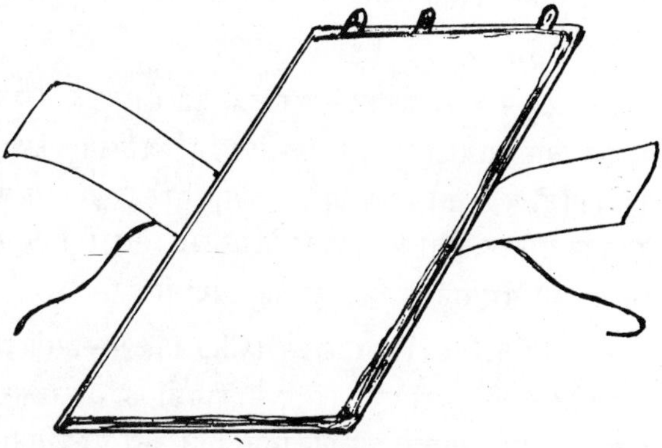

सपाट फाइल

बड़े विषयों के अनुसन्धान के लिए यह पद्धति सुविधापूर्ण नहीं है, क्योंकि संवर्द्धन परिवर्तन की सुविधा सीमित होती है।

१५.२.३. जिल्द फाइलें (Folder Files)

जिल्द फाइलें अनेक प्रकार की होती हैं।

१५.२.३.१. **कार्यालय फाइल** में एक तही हुई जिल्द के अन्दर कागज़ नत्थी करके रखे जाते हैं। कार्यालयों में अलग-अलग विषयों से सम्बन्धित काग़ज़ों को

अथवा भिन्न-भिन्न व्यक्तियों या संस्थाओं के पत्रों को रखने के लिए अलग-अलग ऐसी फाइलों का उपयोग किया जाता है। चूँकि इसमें सब कागज़ एक साथ नस्तित होते हैं, इसलिए बीच में से कुछ निकालने, जोड़ने या स्थानान्तरित करने के लिए पूर्व नस्तित सभी कागज़ों को निकाल कर पुनः नथना पड़ता है, अनुसन्धान कार्य में जहाँ सतत परिवर्तन और परिवर्तन की गुंजाइश रहती है, इसका उपयोग अत्यन्त श्रमसाध्य है।

१५.२.३.२. **फोल्डर**—एक तही हुई जिल्द के अन्दर एक विषय से सम्बन्धित कागज बिना नत्थी किये रखे जाते हैं। यह ऑफिस फाइल की तरह ही होती है, पर कागज़ों को नथे बिना विषय क्रमानुसार रखने से बीच में जोड़ना या क्रम बदलना आसान होता है। परचों में लिखित नोटों के लिए ही और सीमित मात्रा की सामग्री सँभालने के लिए ही यह उपयोगी है।

१५.२.३.३. **क्लिप फाइल** (Clip File)—इसमें दो मोटी जिल्दों के बीच में फाइल में ही लगी एक क्लिप से कागज़ों को पकड़कर रखा जाता है। चूंकि क्लिप खोलकर कागज़ों को निकालना, जोड़ना या स्थानान्तरित करना आसान है

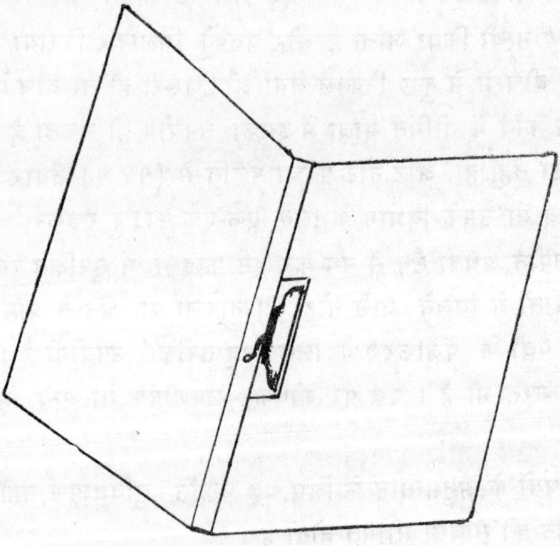

क्लिप फाइल

इसलिए अनुसन्धान-नोटों के नस्तीकरण के लिए यह उपयोगी है। पर इसमें भी अधिक सामग्री का संग्रहण संभव नहीं है। छोटे शोध-निबन्ध, लघु प्रबन्ध आदि के लिए नोट जमा करने में विशेष सुविधाजनक है।

१५.२.३.४. **लीवर फाइल या शलाक फाइल** (Lever File or Arch File)—बड़े कार्यालयों में जहाँ अधिक काम काज होता है, कागज़-परचे सँभालने के लिए इसका उपयोग किया जाता है। काग़ज़ों को नत्थ करने के लिए इसमें लीवर द्वारा चालित दो शलाक होते हैं, जो बीच में खुलते हैं। लीवर छुड़ाकर शलाकों को खोला जाता है, और पंच (punch) किये हुए कागजों को पिरोकर लीवर दबाकर बंद किया जाता है। इसकी सुविधा यह है कि नस्तित पन्नों को पुस्तक के पन्नों की तरह उलटा जा सकता है, और किसी भी स्थान में पन्ने जोड़े या निकाले जा सकते हैं।

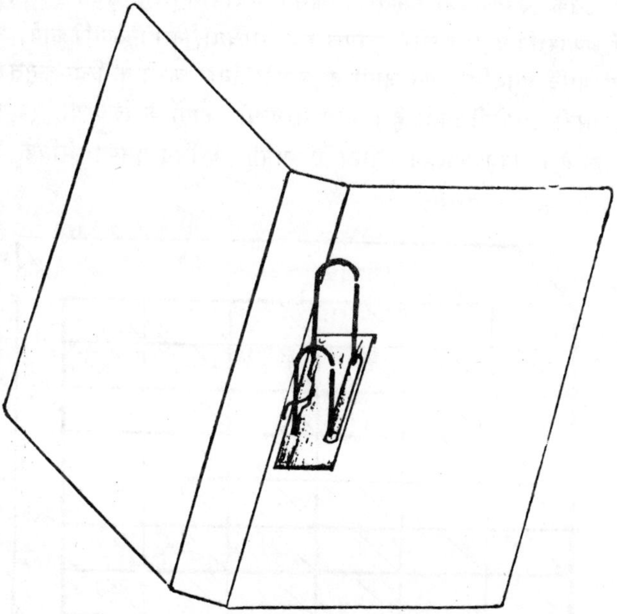

लीवर फाइल

शोध के विस्तृत नोटों के नस्तीकरण के लिए यह उपयोगी है। क्लिप फाइल की कई गुनी सामग्री इसमें समा सकती है और विविध अध्यायों के लिए अलग-अलग विभाग बनाकर (जो बीच में रंगीन काग़ज या कार्ड रखने से स्पष्ट दीख सकते हैं) नस्तीकरण किया जा सकता है।

उपर्युक्त सभी जिल्द फाइलों का आकार प्रायः फुलस्केप का होता है। कभी-कभी डिमाई चौथाई के आकार की फाइलें भी मिलती हैं। अतः बड़ी संख्या में छोटे नोटों का संग्रह करने में बड़ी असुविधा होती है, या कागज़ का दुर्व्यय होता है।

१५.२.४. कबूतर खाना या खानेदार आलमारी (Pigeon hole or Docket)

अपेक्षित संख्या में कबूतरखानों (pigeon holes) से युक्त आलमारी का उपयोग कार्यालयों में अक्षरक्रम में अथवा विषयानुसार पत्रों और विविध-विषयक कागजों के संग्रह के लिए किया जाता है। प्रत्येक अक्षर या विषय के लिए एक खाना निश्चित रहता है, जिसमें उस अक्षर में आरम्भ होनेवाले नाम से सम्बन्धित या निश्चित विषय से सम्बन्धित पत्रों या काग़ज़ों को रखा जाता है।

अनुसन्धान में अकारादि क्रम में संग्रह करने के जितने काम होते हैं, उन सबके लिए इसका उपयोग हो सकता है, जैसे शब्दावलियों का संग्रह। शोध-प्रबन्धों के अन्त में अकारादि क्रम से जो सहायक ग्रंथ सूचियाँ, नामानुक्रमणिकायें, शब्दानुक्रमणिकायें आदि अनुबन्धित की जाती है, उनको तैयार करने के लिए कबूतर खानेवाली आलमारी उपयोगी होती है। कोश सम्बन्धी कार्यों के लिए यह एक तरह से अनिवार्य ही है। विवरणात्मक नोटों के संग्रह के लिए इसका अधिक उपयोग नहीं है।

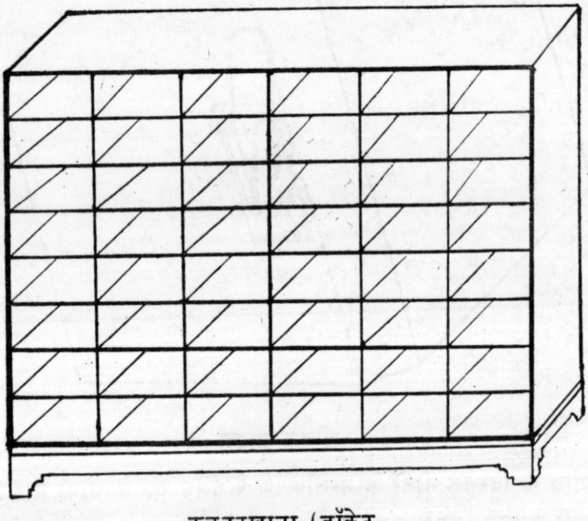

कबूतरखाना (डॉकेट

१५.२.५. दराज़ फाइलिंग या टीप कार्ड फाइलिंग (Drawer Filing or Tip Card Filing)

यही अधिकांश प्रकारों के अनुसन्धान कार्यों में नोटों के संग्रह के लिए सर्वोत्तम नस्तीकरण-प्रणाली है। कार्यक्षमता, समय लाभ, व्यय आदि की दृष्टियों से भी यह प्रणाली विशेष उपयोगी है।

अनेक ख़ानों में विभक्त या खानों से रहित, उचित आकार की (प्रायः लंबी) दराज़ों में अलग-अलग कार्डों या काग़ज के पुरजों पर लिखित नोटों को, जिनको टीप नोट कहते हैं, (दे० १४.४.) उचित क्रम में खड़ा किया जाता है, वैसे ही, जैसे बड़े पुस्तकालयों में कार्ड-ग्रंथसूचियाँ (Card Catalogues) होती हैं।

छोटे विषयों के नोट संगृहीत करने के लिए एक दराज़ पर्याप्त होगा, जिसे मेज़ पर रखकर काम किया जा सकता है। उसमें उतने खाने होने चाहिए जितने शोध-प्रबन्ध के अध्याय होते हैं। प्रत्येक अध्याय के नोटों को, जो समान आकार के कार्डों या काग़ज के पुरजों (slips) पर होते हैं, रूप रेखा में निश्चित उपशीर्षकों के क्रम में खड़ा किया जाता है। प्रत्येक शीर्षक, उपशीर्षक और लघुशीर्षक के लिए एक प्रदर्शक कार्ड (Guide card) खड़ा करके उसके पीछे तत्सम्बन्धी नोट रखे जाते हैं, जिससे एक ही नज़र से मालूम होता है कि किस शीर्षक से सम्बन्धित नोट कहाँ है। दराज़ में खाने नहीं हों तो भी प्रदर्शक कार्डों से विभिन्न भागों को पहचाना जा सकता है।

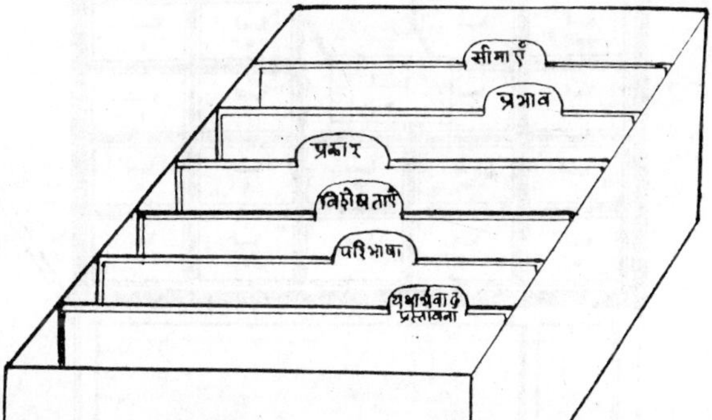

टीप कार्ड दराज़

विषय कुछ बड़ा हो, और पूरे नोट एक दराज़ में नहीं समा सकते तो प्रत्येक अध्याय के लिए एक दराज़ रखा जा सकता है। प्रत्येक दराज़ के खानों में अलग-अलग उपशीर्षकों के नोट प्रदर्शक कार्ड सहित रखे जाते हैं। दराज के सामने अध्याय की संख्या या शीर्षक लिखित सूचक लगाया जाता है।

दराज़ लकड़ी, टीन अथवा दफ़्ती की बनायी जा सकती है। बड़ी संस्थाओं में, और दीर्घ कालीन अनुसन्धान के लिए स्थायी रूप में नोट रखने हों तो लकड़ी की पक्की दराजें बनाकर सबको खास तरह से बनी खानेदार अलमारियों के खानों

में लगाया जाता है। इनको पुस्तकालय की पुस्तक सूचियों की दराजों की तरह खींचकर खोला जा सकता है और उपयोग के बाद बंद किया जा सकता है। आज कई कम्पनियों से इस तरह की दराजों सहित अलमारियाँ विविध आकारों की बनायी जाती हैं, और आवश्यकतानुसार बनी-बनायी ऐसी अलमारियाँ (Index cabinets) खरीदी जा सकती है।

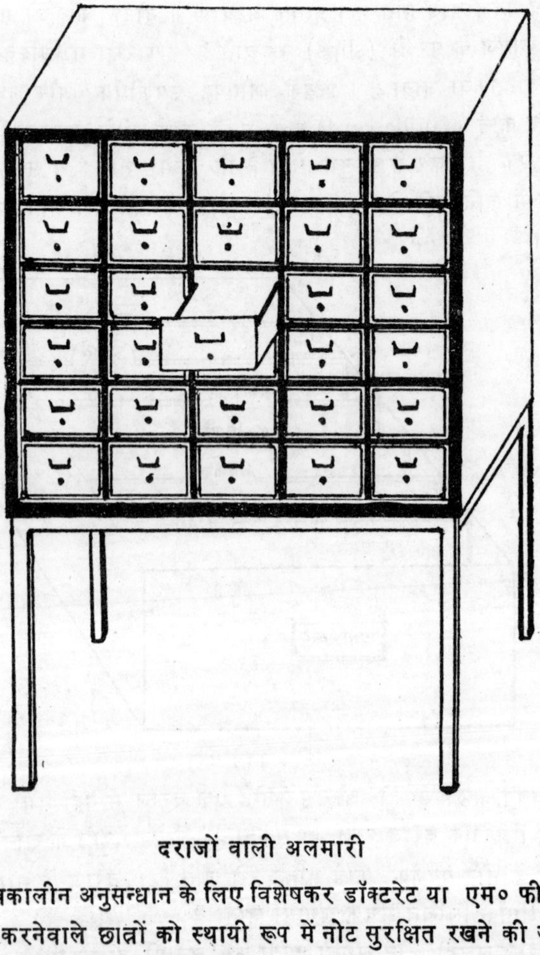

दराजों वाली अलमारी

पर ह्रस्वकालीन अनुसन्धान के लिए विशेषकर डॉक्टरेट या एम० फील० के शोध प्रबन्ध तैयार करनेवाले छात्रों को स्थायी रूप में नोट सुरक्षित रखने की जरूरत नहीं होती। तब ऐसी महँगी व्यवस्था न संभव है न आवश्यक। उनके लिए टीप कार्ड या टीप स्लीप के आकार के अनुसार उचित माप की बनी टीन या कार्डबोर्ड की दराजें

पर्याप्त होंगी। कार्डबोर्ड की खानेदार या बिना ख़ानों की दराजें (बक्से) छात्र स्वयं बना सकते हैं।[1] इससे व्यय भी कम होता है, काम भी चल जाता है।

इन दराजों को मेज़ पर क्रमानुसार रखकर उनका उपयोग किया जा सकता है। प्रदर्शक कार्डों को देखकर नोटों को रखने, निकालने और स्थानान्तरित करने में विशेष सुविधा होगी।

१५.२.५.१. प्रदर्शक कार्ड या संकेत कार्ड (Guide Card)

दराज़ में खड़े किये स्लीपों या कार्डों में प्रत्येक के शीर्ष पर उसमें लिखित नोट की सूचना या शीर्षक होता है। पर इनकी संख्या इतनी अधिक होती है कि हर बार उनको देखकर कार्य करना कठिन होता है। अतः प्रत्येक विभाग के नोटों के सामने ऐसे एक विशेष कार्ड का उपयोग किया जाता है जिस पर पहले तैयार की गयी रूपरेखा के अनुसार शीर्षक एवं उपशीर्षक अंकित हों। ऐसे कार्डों को प्रदर्शक कार्ड या संकेत कार्ड (Guide card) कह सकते हैं।

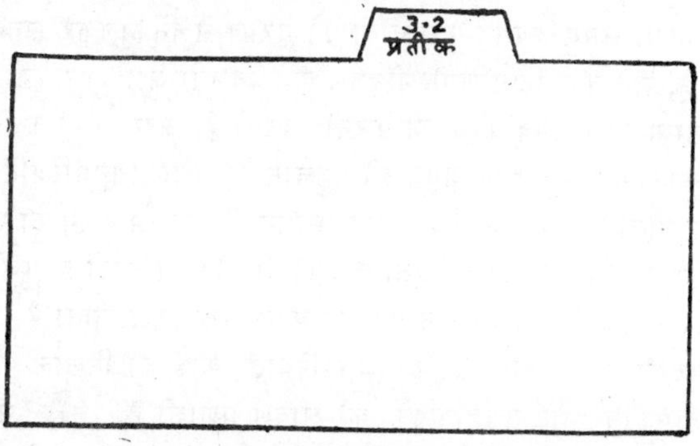

प्रदर्शक कार्ड का नमूना

ये मोटे मैनिला पेपर या रंगीन कार्ड के बनाये जाएँ तो सुविधा होगी। इनका आकार टीप कार्ड के बराबर होगा और प्रत्येक के ऊपरी किनारे पर लगभग तीन

---

१. दराज़ की लम्बाई आवश्यक ख़ानों के अनुसार कम-ज्यादा हो सकती है। चौड़ाई टीप कार्ड (टीप स्लीप) की लम्बाई से तनिक ज्यादा, और गहराई टीप कार्ड की ऊँचाई से थोड़ा कम होनी चाहिए। टीप स्लिप फुलस्केप १/८ आकार की (१७ से० मी० × १०½ से० मी०) हो तो दराज की चौड़ाई १८ से० मी०, गहराई ९ से० मी० हो सकती है। ३ से०मी० के आठ खानों सहित लम्बाई २४ से०मी० होगी।

सेन्टीमीटर का भाग उभरा होगा, जिसे पताका (Flag) कहते हैं। इस उभरे भाग पर अध्याय और विभाग या खण्ड के नम्बर या शीर्षक और उपशीर्षक लिखे जाते हैं। दराज़ में नोटों के बीच में प्रदर्शक कार्डों को रखने पर भिन्न कार्डों की पताकाएँ ठीक एक के पीछे एक नहीं होती, भिन्न-भिन्न स्थानों पर होती है। इसलिए दराज़ में वे सब ठीक देखे जा सकते हैं।

प्रत्येक प्रदर्शक कार्ड के पीछे उस पर अंकित शीर्षक या उपशीर्षक से सम्बन्धित नोट रखे जाते हैं। प्रत्येक शीर्षक के पीछे उनके उपशीर्षकों के प्रदर्शक कार्ड, और प्रत्येक उप-प्रदर्शक कार्ड के पीछे उससे सम्बन्धित नोट होते हैं। शीर्षकों और उपशीर्षकों के प्रदर्शक कार्ड अलग-अलग रंगों के हों, तो स्पष्ट ज्ञात होगा कि प्रत्येक शीर्षक के अन्दर कौन-कौन उपशीर्षक हैं, और प्रत्येक उपशीर्षक के नोट दराज में कहाँ से कहाँ तक हैं। इस तरह संगृहीत नोट अलग-अलग कार्डों पर होते हैं, इसलिए घटाने-बढ़ाने और बदलने की पूरी सुविधा होती है।

१५.२.५.२. अनुपस्थिति कार्ड

कार्य करते समय अक्सर कुछ नोटों को दराज से निकालकर उनका उपयोग करना पड़ता है, जैसे कुछ टिप्पणियाँ जोड़ना, क्रम बदलना आदि। उनको पुनः यथा-स्थान रखते समय ठीक जगह की खोज करनी पड़ती है, और कभी-कभी सन्देह भी होता है। निकाले गये नोट की जगह की पहचान के लिए 'अनुपस्थिति कार्ड' का उपयोग किया जाता है। यह प्रदर्शक कार्ड के समान ही, पर भिन्न रंग का एक कार्ड है, जिसकी पताका पर 'बाहर' लिखा रहता है। किसी नोट या नोटों के पुंजों को बाहर निकालते समय दराज़ में उनके स्थान पर यह कार्ड रख दिया जाता है, और उनको उपयोग के बाद फिर यथास्थान रखकर अनुपस्थिति कार्ड को निकाल लिया जाता है। टीप कार्ड पद्धति नोट-संग्रह करने की आदर्श प्रणाली है, और उपर्युक्त सभी विधियों का पालन किया जाय तो पूरे नोट इस तरह संचित हो जाते हैं कि लेखन का कार्य अत्यन्त सरल और तेज़ हो जाता है, और प्रबन्ध का रूप चुस्त और सौष्ठव-पूर्ण रहता है। प्रायः प्रथम पाण्डुलिपि ही टंकन के लिए अनुयोज्य रहती है। छात्र इन बातों पर जितना ध्यान दें उतना ही उनका कार्य सुगम होगा।

: १६ :

शोध प्रबन्ध

अनुसन्धान के परिणामों को लिखित रूप में प्रस्तुत किया जाता है, तो उसे शोध-प्रतिवेदन (रिसर्च रिपोर्ट) कहा जाता है। समस्यामूलक विषयों पर शोध करके उनको सुलझाने का कार्य कैसे किया गया है, यही दिखाना शोध-रिपोर्ट का उद्देश्य होता है। व्यापक विषयों पर जब विवरणात्मक प्रबन्ध के रूप में रिपोर्ट प्रस्तुत किया जाय, तो उसे शोध-प्रबन्ध (Thesis) कहा जाता है।

अक्सर एक गलत धारणा है कि शोध-प्रबन्ध एक अध्ययन मात्र है। वस्तुतः उत्तम शोध-प्रबन्ध विशाल अध्ययन के परिणामों को ही प्रस्तुत करता है। विषय के सम्बन्ध में सामने प्रस्तुत अध्ययन-सामग्री अध्ययन के लिए स्वीकृत दृष्टि या पद्धति, निष्कर्षों तक पहुँचने के लिए उपयुक्त विश्लेषण और तर्क, और इन सबके परिणामस्वरूप प्राप्त निष्कर्षों का सार-रूप शोध-ग्रंथ में प्रस्तुत किया जाता है। उसमें अनावश्यक सामग्रियों के संकलन से या अप्रासंगिक पांडित्य-प्रदर्शन से विस्तार नहीं होना चाहिए। उत्तम शोध प्रबन्ध अत्यन्त सन्तुलित रूप में वस्तु-तथ्यों, तर्क-वितर्कों, विचारों तथा सैद्धान्तिक निर्णयों को प्रस्तुत करनेवाली चुस्त रचना होती है।

१६.१. शोध-प्रबन्ध के अंग

शोध-रिपोर्ट या शोध-प्रबन्ध के कुछ मानक रूप होते हैं। उसके प्रत्येक अंग के कुछ सामान्य-स्वीकृत तत्त्व होते हैं। इस तरह मानक रूप में प्रस्तुत करने से शोधग्रंथ के प्रतिपादन में क्रमबद्धता रहती है और उसका कलेवर प्रभावशाली होता है। प्रत्येक अंग के लिए उचित रूप दिया जाय तो बाद में प्रबन्ध का अध्ययन करनेवालों को भी सुविधा होती है। सामान्यतः शोध-प्रबन्ध के अंग निम्न-लिखित हैं।

(अ) **पूर्व भाग**

१. मुख पृष्ठ

२. प्रस्तावना

३. विषय सूची
४. तालिकाओं (यदि हों तो) की सूची
५. चित्र सूची (यदि चित्र हों तो)
६. चिह्न, संक्षिप्त-सूचनाएँ आदि

(आ) मुख्य भाग

१. विषय की भूमिका या विषय-प्रवेश
२. विषय के विविध पहलुओं से सम्बन्धित अध्ययन
३. निष्कर्ष।

(इ) पश्च भाग

१. विविध अनुबन्ध।
२. सहायक ग्रंथ सूची।

१६.११. पूर्व भाग

(१) **मुख पृष्ठ** : शोधग्रन्थ का प्रथम पृष्ठ मुख पृष्ठ होता है, जिस पर निम्नलिखित विवरण दिये जाते हैं—

(क) शोधग्रंथ का शीर्षक।

(ख) शोधार्थी का नाम।

(ग) किस डिग्री के लिए किस विश्वविद्यालय में प्रस्तुत।

(घ) प्रस्तुति का वर्ष (या तिथि)

आजकल मुख-पृष्ठ मुद्रित किया जाता है, और उसी पर दिये गये विवरण आवरण पर भी मुद्रित किये जा सकते हैं। शीर्षक पहले ही निश्चित किया हुआ और जिस संस्था में शोध किया जाता है, उससे स्वीकृत किया हुआ होता है। अन्तिम दशा में उसमें किसी तरह का परिवर्तन न करके स्वीकृत रूप में ही यथोचित टाइपों में मुद्रित करना चाहिए। शीर्षक सबसे बड़े टाइपों में होता है। अन्य विवरण उचित छोटे टाइपों में छापे जाते हैं।

कुछ भारतीय विश्वविद्यालयों में पृष्ठ के नीचे शोध निर्देशक का नाम भी मुद्रित किया जाता है। यह शोध प्रबन्ध का अनिवार्य अंग तो नहीं है, पर संस्था के नियम या प्रथा के अनुसार निर्देशक का नाम देना या न देना चाहिए।

अगर शोध-प्रबन्ध शोध-उपाधि के लिए प्रस्तुत की जाय तो, प्रायः प्रबन्ध की मौलिकता के बारे में निर्देशक का प्रमाण-पत्र और शोधार्थी का प्रतिज्ञा पत्र भी देना पड़ता है। ये दोनों मुखपृष्ठ के बाद के पृष्ठों पर होते हैं।

(२) **प्रस्तावना या वक्तव्य :** इसके बाद शोधकर्ता की प्रस्तावना होती है। यह वस्तुतः पाठकों के प्रति शोधकर्ता का प्रत्यक्ष कथन होता है, जिसमें वह पाठक को आगाह करता है कि वह किस दृष्टि से शोधग्रंथ का अवलोकन करे, किन बातों की आशा करे और किन बातों की आशा न करे। पाठक की दृष्टि को उचित दिशा देने के उद्देश्य से ही वक्तव्य लिखा जाता है, अतः उसे बड़ी सावधानी से लिखना चाहिए, जिससे शोधग्रन्थ के सामान्य स्वरूप का ज्ञान हो सके।

वक्तव्य का मुख्य अंश है, शोधग्रन्थ के उद्देश्य और सीमाओं को व्यक्त करना। किस कारण से प्रस्तुत शोध किया गया है, विषय पर पूर्व प्राप्त ज्ञान से आगे बढ़कर प्रस्तुत शोध में क्या सिद्ध किया गया है, उसके मौलिक प्रमेय क्या हैं; और उपलब्ध सामग्रियों तथा विश्लेषण प्रणालियों के कारण उसकी सीमायें क्या हैं—इन बातों का उल्लेख होना चाहिए।

प्रायः यह देखा जाता है कि प्रस्तावना में शोध-ग्रंथ के अध्यायों का संक्षिप्त परिचय मात्र दिया जाता है, पर यह पर्याप्त नहीं है। वस्तुतः संक्षिप्त परिचय इस दृष्टि से देना चाहिए कि अध्याय में प्रस्तुत मौलिक बातों पर बल पड़े, और अध्ययन की सीमायें व्यक्त हों। अगर शोधकार ने किसी विशेष दृष्टि से विषय का समीपन किया है, या किसी विशेष उद्देश्य से किसी विशेष प्रणाली के अनुसार विश्लेषण किया है, तो अपनी दृष्टि को स्पष्ट करने के लिए उचित स्थान यही है। यह स्पष्ट कथन पाठक की अमित आशाओं तथा भिन्न दृष्टि की व्याख्याओं से शोधकार को बचा सकता है।

यद्यपि प्रस्तावना शोधकार का प्रत्यक्ष कथन होता है, तो भी उसमें "मैं" का प्रयोग करना श्लाघनीय नहीं है। 'इस लेखक का विचार है', 'इस लेखक के मत में' आदि अन्य पुरुष के कथन ही अधिक उचित है।

अगर शोधकार को किसी के प्रति कृतज्ञता प्रकट करनी हो तो प्रस्तावना के अन्तिम भाग में एक खण्ड इसके लिए रखा जा सकता है।

प्रस्तावना विषयसूची के पहले होती है, और वह शोध का अंग नहीं मानी जाती। उसमें पृष्ठसंख्यांकन अलग किया जाता है।

(३) **विषय-सूची** : प्रस्तावना के बाद विषय-सूची होती है। शोध-ग्रन्थ की विषय-सूची विस्तृत होनी चाहिए और उसमें केवल अध्यायों के नामों का ही नहीं सभी खण्डों और उपखण्डों के नामों का उल्लेख होना चाहिए। अध्याय, खण्ड, उपखण्ड आदि के लिए जो क्रम संख्यायें शोध-ग्रंथ में दी जाती हैं, उनको विषय सूची में भी देना चाहिए। प्रत्येक की पृष्ठ संख्या भी देना उत्तम है। प्रायः सुविधा के लिए केवल अध्यायों की पृष्ठ संख्या दी जाती है। इससे विभागों के पुनरावलोकन में कठिनाई होती है।

उपर्युक्त रूप में पूर्ण विषय सूची देने से दो प्रयोजन होते हैं। प्रथमतः पाठक को विषय सूची का अवलोकन करने से ही शोध-प्रबन्ध में विषय-विकास के स्वरूप का सामान्य ज्ञान हो जाता है। दूसरा लाभ यह है कि पाठक अथवा स्वयं लेखक यदि किसी विशेष उपशीर्षक का पुनरालोकन करना चाहे तो, तुरन्त विषय-सूची देखकर सम्बन्धित पृष्ठ निकाल सकता है। पन्नों को उलटकर अधिक ढूंढने की ज़रूरत नहीं होती।

इस बात पर ध्यान रखा जाय कि अध्यायों में जिस पद्धति से खण्डों की क्रमसंख्याओं का अंकन हो उसी का पालन विषय सूची में भी हो।

(४) सूचियाँ

तालिकाओं की सूची—समाजशास्त्र, शिक्षण शास्त्र, मनोविज्ञान, भूगोल, अर्थशास्त्र आदि मानविकी के विषयों में, और कभी-कभी भाषा-विज्ञान साहित्य में भी विषय-सम्बन्धी तालिकायें देनी पड़ती हैं। उनकी सूची पृष्ठ संख्या के साथ विषय-सूची के बाद दी जानी चाहिए।

चित्र-सूची—इसी तरह शोध-प्रबन्ध में चित्रों और नक्शों का उपयोग किया गया हो, तो उनकी सूची भी देनी चाहिए।

चिह्नों और संक्षिप्त संकेतों की सूची—कुछ विषयों में विशेष तकनीकी चिह्नों का, और तकनीकी शब्द, लेखक नाम, ग्रन्थ नाम आदि को सूचित करने के लिये संक्षिप्त संकेतों का (जैसे 'कालिदास' के लिए 'कालि', प्रेमचंद के लिए 'प्रेम', 'गोदान' के लिए 'गो०', आचार्य रामचंद्र शुक्ल के लिए 'शुक्ल', 'आधुनिक हिन्दी के विकास' के लिए 'आ० हिं० सा० वि०' आदि का) उपयोग किया जाता है। इस तरह चिह्नों और संकेतों का प्रयोग प्रबन्ध में हो तो उनकी भी सूची देना आवश्यक है।

१६.१.२. मुख्य भाग

१६.२.०. शोध-प्रबन्ध (या रिपोर्ट) का मुख्य भाग या कलेवर ही असल में शोध के परिणामों का विवरण होता है, और यही अनुसन्धान के मूल्यांकन का मुख्य आधार है। अनुसन्धान की भूमिका, विश्लेषित सामग्री, विश्लेषण प्रणाली, निष्कर्ष आदि पर पूरा ध्यान और सन्तुलित दृष्टि रखकर इसे तैयार करना अत्यन्त महत्वपूर्ण है। विपुल सामग्री का विश्लेषण कर महत्वपूर्ण मौलिक निर्णयों पर पहुँचने पर भी यदि प्रस्तुति में सन्तुलन और वैज्ञानिक संगठन नहीं हो, तो शोध-कार्य की सफलता पूर्ण रूप से प्रकट नहीं होगी। अतः क्रमबद्धता, स्पष्टता एवं

प्रभ विष्णुता के साथ उचित प्रकरणों या अध्यायों में विभाजित कर विषय-विकास करने में विशेष ध्यान रखना चाहिए। अध्यायों की संख्या और दैर्घ्य के सम्बन्ध में कोई सुनिश्चित नियम तो नहीं हैं, लेकिन इस बात पर ध्यान रखना चाहिए कि मुख्य प्रमेय-विषय पूर्णतः स्पष्ट हो, और अप्रधान अथवा प्रत्यक्ष रूप से विषय से असम्बद्ध एवं अप्रासंगिक विषयों का अनावश्यक विस्तार न हो।

(१) **विभाजन**—सम्पूर्ण विषय को अध्यायों में विभक्त किया जाता है, प्रत्येक अध्याय एक विशिष्ट प्रकरण पर होना चाहिए और उसका स्वरूप और सीमायें स्पष्ट होनी चाहिए।

(२) **विषय-प्रवेश और सैद्धान्तिक भूमिका**—प्रारंभिक दो या तीन अध्याय विषय की भूमिका प्रस्तुत करते हैं। एक अध्याय में विषय की सामान्य भूमिका प्रस्तुत की जाती है, और उस पर पहले किये गये अध्ययनों की सैद्धान्तिक आलोचना करके अपनी मौलिक दिशाओं की ओर संकेत किया जाता है। प्रस्तावना से यह भूमिका इस बात में भिन्न होती है कि जहाँ प्रस्तावना पाठक के प्रति लेखक का (शोधकार का) कथन होता है, यह भूमिका निरपेक्ष अध्ययन होता है, जिसे संपूर्ण अध्ययन का अंग मान सकते हैं। दूसरी बात यह है कि इस अध्याय का अध्ययन विश्लेषणात्मक होता है।

दूसरे अध्याय में अध्ययन की सैद्धान्तिक नींव डाली जाती है। यह अध्ययन उन सामान्य सैद्धान्तिक तत्त्वों पर होता है, जिनके आधार पर आगे के अध्यायों में विषय का अध्ययन किया जाएगा। इसमें शोध-विषय का विश्लेषण नहीं होता, पर उस विश्लेषण के लिए आधारस्वरूप तत्त्वों का अध्ययन होता है।

तीसरे अध्याय में विषय का ऐतिहासिक परिप्रेक्ष्य प्रस्तुत किया जाता है। विषय-सम्बन्धी जिन तत्त्वों का अध्ययन आगे के अध्यायों में होनेवाला है, उनके विकास की परिस्थितियों को स्पष्ट करने के लिए यह उपयोगी होगा।

उदाहरण के लिए 'हिन्दी काव्य में गान्धी जी का प्रभाव' पर अनुसन्धान करना हो तो (१) पहले अध्याय में इससे मिलते-जुलते विषयों (हिन्दी काव्य में राष्ट्रीयता, हिन्दी काव्य में सामाजिक चेतना, हिन्दी काव्य में गान्धीवाद आदि की) समीक्षा की जाएगी, अपने प्रबन्ध में उठायी गयी नयी बातों का उल्लेख करके और अपनी दिशाओं को व्यक्त करके विषय की भूमिका सजायी जाएगी। दूसरे अध्याय में गांधी जी की जीवनी और गांधीवाद के तत्त्वों का अपनी विशेष दृष्टि से अध्ययन होगा। इसमें उन प्रसंगों और तत्त्वों पर विशेष बल देना चाहिए

जिनमें काव्य-प्रेरणा की दक्षता हो। इस तरह विशेष मौलिक दृष्टि न हो, तो अध्याय के केवल एक संकलन मात्र रह जाने की और आगे के अध्यायों से दृढ़ सबन्ध न रखने की गुंजाइश होती है। तीसरे अध्याय में हिन्दी काव्य में राष्ट्रीय-सामाजिक चेतना के विकास और भारत के राष्ट्रीय-सामाजिक वातावरण में गांधी और गांधीवाद के प्रभाव का अवलोकन करते हुए विषय की ऐतिहासिक भूमिका सजायी जाएगी।

समाज शास्त्र में 'भारत में पारिवारिक जीवन पर व्यवसायीकरण के प्रभाव' पर शोध-प्रबन्ध लिखना हो, तो पहला अध्याय भारत के पारिवारिक जीवन पर पूर्वकृत अध्ययनों की समीक्षा करके अपने कार्य की दिशाओं का संकेत किया जाएगा। दूसरे में परिवार, उसकी संरचना तथा उसे प्रभावित करने वाली शक्तियों का सैद्धान्तिक अध्ययन होगा और तीसरे में भारत के पारिवारिक जीवन के विकास का ऐतिहासिक विश्लेषण होगा।

ऊपर जो उदाहरण दिये गये हैं, वे मात्र नमूने हैं। यह आवश्यक नहीं है कि विषय-प्रवेश इस तरह तीन अध्यायों में ही हो, और इस क्रम में हो। शोधकार की अपनी अध्ययन-प्रणाली, और विषय की अपेक्षाओं को दृष्टि में रखकर अध्यायों को कम-ज्यादा किया जा सकता है और विषय को यथोचित क्रम में प्रस्तुत किया जा सकता है। जो कुछ भी हो विषय की सैद्धान्तिक एवं ऐतिहासिक भूमिका स्पष्ट होनी चाहिए और अध्ययन की नयी दिशाओं का संकेत होना चाहिए।

समाजशास्त्र, अर्थशास्त्र, मनोविज्ञान, शिक्षा शास्त्र आदि विषयों में, जब किसी विशेष समस्या को अध्ययन के लिए लिया जाता है, तब विषय प्रवेश के इन अध्यायों में (१) समस्या का स्वरूप और उसे सुलझाने का महत्व (२) अध्ययन-सामग्री और उसकी सीमायें और (३) अध्ययन के लिए प्रयुक्त प्रणाली—उसके विशेष प्रयोजन तथा सीमायें—इन विषयों को स्थान दिया जा सकता है। इनको अलग-अलग अध्यायों में अथवा एक अध्याय के विविध खण्डों के रूप में रखा जा सकता है।

(३) **प्रबन्ध का मुख्य भाग**—विषय प्रवेश के बाद विषय का विश्लेषणात्मक, तर्कपूर्ण और विवेचनात्मक अध्ययन होता है, जो शोध प्रबन्ध का सबसे मुख्य अंग है, और जिसमें शोध के मौलिक तत्त्वों का समावेश होता है। अध्ययन को विषय की अपेक्षाओं के आधार पर अध्यायों में बाँटकर क्रमबद्ध रूप में रखा जाता है। अनुसन्धान की अधिकांश मूल सामग्री का विश्लेषण, तर्क-वितर्क, अपने विचार और उनकी पुष्टि के साधन आदि सभी मुख्य तत्त्व इन्हीं अध्यायों में होते हैं, अतः इनकी प्रस्तुति में

विशेष सावधानी रखनी चाहिए। इस मुख्य भाग में निम्नलिखित बातों पर ध्यान देना चाहिए—

(क) सम्पूर्ण विषय (अपनी सीमाओं के अन्दर) समग्र रूप में कुल अध्यायों में समा जाना चाहिए, और प्रत्येक अध्याय की विषय-सीमा सुनिश्चित होनी चाहिए। विविध असंबद्ध विषयों का मिश्रण एक अध्याय में नहीं होना चाहिए।

(ख) अध्यायों को आवश्यकतानुसार खण्डों और उपखण्डों में विभक्त करना चाहिए। प्रत्येक खण्ड और उपखण्ड की विषय-सीमा निश्चित होनी चाहिए और उनके बीच में तर्कबद्ध सम्बन्ध होना चाहिए।

(ग) अध्यायों का क्रम ऐसा हो कि पहले के अध्याय में स्पष्टीकृत तत्त्वों के आधार पर बाद के अध्याय हों, और विषय का क्रमिक विकास एवं स्पष्टीकरण हो।

(घ) अध्यायों, खण्डों और उपखण्डों को किसी मानक पद्धति के अनुसार क्रमांक देना चाहिए। (दे० १६.२.२)

(ङ) मुख्य विषय पर केन्द्रीकृत इन अध्यायों में मूल सामग्री, विश्लेषण, तर्क तथा निष्कर्षों का सन्तुलन होना चाहिए। मूल अध्ययन सामग्री, या क्षेत्रीय सामग्री के संकलन मात्र से, अथवा अन्य ग्रन्थों से लिये गये उद्धरणों से पृष्ठों को भर देना शोध-ग्रन्थ को दुर्बल बनाना है। विश्लेषण तथा प्रमाणन पर ही अधिक बल देना चाहिए।

(च) पर्याप्त मात्रा में सामग्री प्रस्तुत कर, उसका विश्लेषण कर, विश्वसनीय सुदृढ़ प्रमाणों द्वारा प्रमाणित करने के पहले निष्कर्षों पर पहुँचने का उतावलापन नहीं दिखाना चाहिए।

उपर्युक्त विधियों के अनुसार विषय का निरूपण करना विषय तथा रूप की दृष्टि से शोध-ग्रन्थ को सशक्त बनाने में उपयोगी होगा।

(४) **निष्कर्ष** (उपसंहार)—उपसंहार के रूप में लिखित अन्तिम अध्याय में शोध के निष्कर्ष संक्षिप्त, किन्तु स्पष्ट रूप में प्रस्तुत किये जाते हैं। अनुसन्धान के उद्देश्यों या समस्याओं का पुनः प्रतिपादन करके उपलब्ध सामग्री के विश्लेपण से प्राप्त निर्णय, और उठायी गयी समस्याओं के समाधान दिये जाते हैं।

उपसंहार का अध्याय सन्तुलित और प्रभावशाली रूप में लिखना कठिन काम होता है। पूरे शोध-ग्रंथ के अध्ययन का समाहार इसमें होना चाहिए। पर वहाँ नयी समस्यायें उठाकर विश्लेषण के लिए उद्यत होना अनुचित है। उपसंहार के निष्कर्ष प्रायः सामान्यीकृत सिद्धान्त होते हैं। पर ध्यान रखना चाहिए कि सामान्यीकरण (generalization) उतना ही हो, जितना उपलब्ध शोध-सामग्री और अपनी विश्लेषण-पद्धति की सीमाओं के अन्दर सम्भव हो।

अनुसन्धान के निष्कर्ष स्पष्ट, सीधे और निष्पक्ष होने चाहिए। जहाँ उपलब्ध सामग्री के आधार पर निश्चित निर्णय पर पहुँचना सम्भव नहीं है, वहाँ इस बात का उल्लेख कर देना चाहिए, और निराधार कल्पित निष्कर्ष देने से विरत होना चाहिए। इसी तरह अपर्याप्त सामग्री पर आधारित अधूरे निष्कर्षों पर लीपा-पोती करके शब्द-जाल द्वारा प्रभाव डालने का अथवा अपने इष्ट मतों को पुष्ट करने के लिए अपरीक्षित प्रमाणों पर आधारित निर्णय उपस्थित करने का प्रयास नहीं होना चाहिए। वस्तुनिष्ठता और सन्तुलन उत्तम उपसंहार के गुण होते हैं, और वैज्ञानिक शोध-दृष्टि के प्रमाण हैं।

अनुसन्धान का पथ अनन्त होता है, अतः अध्ययन के अनेक अंशों के अपूर्ण रह जाने की और अनेक प्रश्नों के अनुत्तरित रह जाने की सम्भावना रहती है। ऐसे सन्दर्भों में सन्दिग्ध तत्त्वों को निश्चित और प्रमाणित तत्त्वों के रूप में प्रस्तुत न करके, आगे अपेक्षित शोध की ओर इंगित कर देना श्रेयस्कर है।

शोध-निष्कर्ष शोधकार की विश्लेषण-बुद्धि, समाहार-शक्ति और सन्तुलित दृष्टि का परिचायक होना चाहिए। उच्चतम अनुसन्धान के निष्कर्ष में ऐसे सूक्ष्म सिद्धान्तों या नियमों तक पहुँचा जाता है, जो व्यापक क्षेत्रों के प्रतिभासों या घटनाओं को शासित करते हैं, और आगे के शोधों में आधार बन जाते हैं। निम्न स्तरों के शोधों में, ज्ञात सिद्धान्तों और प्रणालियों के नये संदर्भ में प्रयोग से आविष्कृत तत्त्वों का प्रतिपादन या अनेक वस्तुओं के निरीक्षण से प्राप्त तथ्यों का सामान्यीकरण मात्र होता है (ट्रावेर्स : १६५८ : ४)। शोधार्थी का लक्ष्य पहली तरह का शोध होना चाहिए।

अनुसन्धान के निष्कर्ष में, मुख्य समस्याओं का अध्ययन करते समय उठनेवाली आनुषंगिक समस्याओं और उनके समाधानों का उल्लेख करना अनुचित नहीं है, किंतु उन पर अधिक बल देकर मुख्य समस्याओं के महत्त्व को कम करना नहीं चाहिए।

१६.१.३. पश्च भाग

१६.१.३.०. शोधग्रन्थ के मुख्य भाग के बाद उन सब सहायक सामग्रियों का परिचय दिया जाता है, जो अनुसन्धान में सहायक हुई हैं। इनमें सबसे मुख्य है सहायक ग्रंथ सूची। सहायक ग्रंथ सूची में केवल ग्रंथों और लेखकों के नाम देना पर्याप्त नहीं है। व्यापक रूप में स्वीकृत किसी मानक पद्धति के अनुसार पूरा ग्रन्थ-विवरण (Bibliographical details) देना प्रामाणिकता की दृष्टि से आवश्यक है। सहायक ग्रंथ सूची के आदर्श नमूने आगे दिये जाएँगे।—(दे० १६.५.)

सहायक ग्रंथ सूची के बाद अनुबन्धों में वे सब सामग्रियाँ प्रस्तुत की जाती हैं, जो शोधकार्य में उपयोगी रही हैं। इनमें कुछ निम्नलिखित हैं—

१. मूल सामग्री के अंश जो विस्तार के कारण शोध प्रबन्ध के मुख्य भाग में नहीं दिये जा सके।

२. पाठ-सामग्री (Textual material) जिसके उल्लेख बार-बार शोध ग्रंथ में होते हैं, अथवा जिसका सूक्ष्म विश्लेषण शोध ग्रन्थ में किया जाता है।

३. किसी प्रसंग से, या तर्क से सम्बन्धित लेख, पत्र, शिलालेख, चित्र आदि।

४. ऐसी तालिकायें या सूचियाँ, जिनका प्रत्यक्ष अध्ययन शोध ग्रंथ में नहीं होता, पर जिनकी जानकारी अध्ययन में सहायक है।

५. अन्य भाषाओं से प्राप्त सामग्री के अनुवाद (और उपयोगी हो तो मूल सामग्री)।

अगर इनके अतिरिक्त अन्य किसी तरह की सामग्री का परोक्ष रूप में उपयोग हुआ है, तो उसको भी अनुबन्ध में दिया जा सकता है।

शोध-ग्रंथ का मुद्रण किया जाय तो अन्त में नामानुक्रमणिकायें देना भी ज़रूरी है। पर डिग्री के लिए प्रस्तुत करते समय टंकित प्रति में ऐसी अनुक्रमणिकायें देने की प्रथा नहीं है।

नामानुक्रमणिकाएँ कई तरह की हैं। नामानुक्रमणिका या लेखक नामानुक्रमणिका में केवल व्यक्ति नाम अकारादि क्रम से दिये जाते हैं। ग्रन्थानुक्रमणिका में शोध ग्रंथ में आये हुए ग्रंथ नाम अकारादि क्रम से दिये जाते हैं। विषयानुक्रमणिका में ग्रंथ में चर्चित सभी विषयों के नाम दिये जाते हैं। इन सबको मिलाकर सम्मिलित अनुक्रमणिका भी दी जा सकती है।

इन अनुक्रमणिकाओं का उपयोग यह जानने के लिए है कि ग्रन्थ में कहाँ-कहाँ अमुक व्यक्ति, ग्रंथ अथवा विषय की चर्चा हुई है। अतः यह आवश्यक है कि प्रत्येक शब्द के सामने उन सब पृष्ठों का उल्लेख हो, जिनमें उसका प्रयोग हुआ है। कभी-कभी मुख्य प्रविष्टियों के अन्तर्गत उप-प्रविष्टियाँ भी पृष्ठ-संख्या सहित दी जाती है। जैसे, मुख्य प्रविष्टि 'रस' हो तो उसके नीचे 'शब्दार्थ' व्याख्या, भरत का मत, रस निष्पत्ति के सिद्धान्त, रस के भेद इत्यादि ही नहीं विविध रसों के भी नाम अलग देकर उनकी पृष्ठ-संख्याएँ भी दी जाती हैं। ऐसी विस्तृत अनुक्रमणिका ग्रंथ में किसी भी विषय को शीघ्र ढूँढ़ निकालने में अत्यन्त उपयोगी होती है।

१६.२. अध्यायों का खण्ड-विभाजन और क्रमांकन

१६.२.०. विषय के क्रमबद्ध और प्रभावशाली निरूपण के लिए शोध प्रबन्ध का उचित अध्यायों में और अध्यायों का खण्डों, उपखण्डों में विभाजन और उनका

संख्याकन वैज्ञानिक आधार पर करना चाहिए। किसी भी क्रम से विषय को प्रस्तुत करने से विषय-निरूपण शिथिल हो जाता है और प्रबन्ध का प्रभाव कम हो जाता है। अनेक शोध-प्रबन्धों में यह देखा गया है कि विशाल सामग्री का संकलन होने पर भी उचित वर्गीकरण और क्रमीकरण न होने के कारण न एकाग्र प्रभाव होता है, न अनुसन्धेय समस्याओं का सुव्यवस्थित रूप में समाधान होता है। कभी-कभी शोध का मूल उद्देश्य भी स्पष्ट नहीं होता। अतः व्यवस्थित प्रस्तुति पर विशेष ध्यान देना चाहिए।

भाग-विभाजन : कुछ विषयों में शोध ग्रंथ को दो-तीन भागों में विभक्त कर उन भागों को फिर अध्यायों में विभक्त करने में सुविधा होती है। जैसे गान्धीवाद का विश्लेषण करने वाले ग्रंथ में (१) सैद्धान्तिक आधार (जिसके अन्तर्गत अहिंसा, सत्य, अपरिग्रह आदि आयेंगे) और (२) प्रायोगिक कार्यक्रम (जिसमें सत्याग्रह, ग्राम सुधार, बुनियादी शिक्षा आदि आ सकते हैं)—इस तरह दो मुख्य भाग बनाकर अध्याय विभाजन करने में सुविधा होगी।

खण्ड-विभाजन : जैसे पहले कहा गया है खण्डों का विभाजन ऐसा होना चाहिए कि एक-एक खण्ड में निश्चित विषय समाविष्ट हो, और खण्डों में क्रमबद्धता का सम्बन्ध हो।

१६.२.१. एक-स्तरीय और बहुस्तरीय विभाजन

खण्ड-विभाजन मुख्यतः दो प्रकार के हो सकते हैं—एक-स्तरीय और बहु-स्तरीय (Single tier division and Multi tier division)। अध्याय के सीधे दस-बारह खण्ड बनाकर प्रत्येक में सम्बन्धित विषय की चर्चा की जाय तो उसे एक-स्तरीय विभाजन कहेंगे। इसके बदले में अध्याय को कुछ खण्डों में विभक्त कर, फिर खण्डों को उपखण्डों में, और ज़रूरी हो तो उपखण्डों को फिर भागों-विभागों में विभक्त किया जाय तो उसे बहुस्तरीय विभाजन कहेंगे। यद्यपि प्रथम दृष्टि में एक-स्तरीय विभाजन सरल दीखेगा, और छोटे लेखों के लिए वह पर्याप्त होगा, तो भी व्यापक विषयों के वैज्ञानिक और सुव्यवस्थित अध्ययन के लिए बहुस्तरीय विभाजन ही अधिक उपयोगी होगा। सम्बद्ध-असंबद्ध अनेक शीर्षकों के अन्तर्गत आनेवाले विषयों का समाहार करके क्रमबद्ध अध्ययन करने के लिए और अनेक तत्वों के आधार पर सामान्यीकृत सिद्धान्तों का निरूपण करने के लिए यह विभाजन-पद्धति विशेष उपयोगी है। उदाहरण के लिए 'गान्धीवाद के तत्त्व' अथवा 'हिन्दी काव्य में गान्धीवादी तत्त्व'—विषय के लिए प्रयोज्य दोनों प्रकार के वर्गीकरण यहाँ दिये जा रहे हैं :—

गांधीवाद के तत्त्व

(अ) एक स्तरीय विभाजन

१. अहिंसा
२. सत्य
३. आत्म संयम
४. अपरिग्रह
५. सर्वोदय
६. बुनियादी शिक्षा
७. शिक्षा में भाषा
८. राष्ट्र भाषा
९. नैतिक शिक्षा
१०. सांप्रदायिक एकता
११. शराब-बंदी
१२. अस्पृश्यता निवारण
१३. खादी ग्रामोद्योग विकास
१४. कृषक-मजदूर सुधार
१५. नारी उद्धार
१६. सफाई
१७. स्वास्थ्य-सुधार
१८. श्रम-जीवन

(आ) बहुस्तरीय विभाजन

१. जीवन-दर्शन या सैद्धान्तिक आधार

(१) सामान्य सिद्धान्त

(क) अहिंसा

(अ) मानवीय आदर्श
(आ) सामाजिक जीवन का प्रायोगिक आदर्श
(इ) शस्त्र के रूप में

(ख) सत्य

(अ) सत्य का स्वरूप
(आ) अहिंसा और सत्य
(इ) सत्य, ईश्वर और प्रेम
(ई) जीवन का मौलिक नियम

(ग) अपरिग्रह
(घ) साधन, साध्य दोनों की शुद्धता

(२) आर्थिक सिद्धान्त

(क) सर्वोदय
(अ) मानव के समग्र उत्थान का मार्ग
(आ) सर्वोदय के तत्व

(ख) सामाजिक न्याय
(अ) मानव का सामान्य अधिकार
(आ) संघर्ष निवारण का उपाय
(इ) समग्र उन्नति (सर्वोदय) का मार्ग

(ग) न्यस्तता (ट्रस्टीशिप) का आदर्श
(घ) श्रम से रोटी (ब्रेड लेबर)—जीवन का आदर्श

२. प्रायोगिक कार्यक्रम

(१) समाज निर्माण के लिए

(क) सांप्रदायिक एकता
(ख) अस्पृश्यता निवारण
(ग) शराब-बंदी
(घ) ग्राम की सफाई
(ङ) स्वास्थ्य सुधार
(च) नारी-उद्धार

(२) आर्थिक विकास के लिए

(क) खादी का प्रचार
(अ) खादी का दर्शन
(आ) प्रायोगिक महत्त्व

(ख) यंत्रों का विरोध
(ग) अन्य ग्रामोद्योग
(घ) कृषक-मज़दूरों का उद्धार
(ङ) सर्वोदय—प्रायोगिक रूप

(३) शिक्षा एवं सांस्कृतिक पुनर्निर्माण के लिए

(क) शिक्षा का उद्देश्य
(ख) नयी तालीम और बुनियादी शिक्षा
(ग) भाषा की समस्या

(अ) शिक्षा माध्यम के रूप में
(आ) सम्पर्क भाषा के रूप में

(घ) राष्ट्रभाषा
(अ) राष्ट्रभाषा का आदर्श और स्वरूप
(आ) राष्ट्रभाषा प्रसार का प्रायोगिक कार्यक्रम

(ङ) विद्यार्थियों का जीवन-निर्माण
(अ) चरित्र-निर्माण
(आ) जीविकोपार्जन

३. **उपसंहार** : जीवन के सर्वांगीण विकास का आदर्श

उपर्युक्त दो विभाजन-प्रणालियों के अवलोकन से ज्ञात होगा, कि दूसरी प्रणाली में अधिक क्रमबद्धता और समाहारता के साथ लिखने की सुविधा है। प्रत्येक उपशीर्षक का ऊपर के मुख्य शीर्षक से सम्बन्ध होता है, और एक मुख्य शीर्षक के नीचे आनेवाले सभी उपशीर्षक परस्पर सम्बन्धित होते हैं। इस आधार पर लिखित शोध प्रबन्ध में विषय से इधर-उधर भटकने की गुंजाइश नहीं रहती, जो उचित विभाजन और वर्गीकरण के बिना लिखित शोध प्रबन्ध में प्रायः होती है।

विशेष ध्यान देने की बात है कि शोध-प्रबन्ध को अन्तिम रूप में लिखते समय नहीं, शोध कार्य की प्रारंभिक दशा में पूर्व रूपरेखा (कामचलाऊ रूपरेखा) बनाते समय ही यह दृष्टि रखनी चाहिए और सामग्री संकलन करके विश्लेषण करते समय सदा इसका ध्यान रखना चाहिए। (दे ११.०-११.३ : प्रारंभिक रूप-रेखा)

१६.२.२. खण्डों के क्रमांकन की पद्धतियाँ

विषयों को भाग-विभागों में विभक्त कर प्रस्तुत करने के साथ क्रमांक भी देने चाहिए जिससे यह स्पष्ट हो कि भागों के अन्तर्गत कौन-कौन विभाग और उपविभाग आते हैं। क्रमांकन के बिना विषय को प्रस्तुत करने पर यह स्पष्ट नहीं होगा कि कौन से शीर्षक मुख्य खण्ड के हैं, और कौन से उपखंड के। खण्डों और उनके विभागों की सीमायें स्पष्टतः निश्चित नहीं होतीं। अतः शोध प्रबन्ध के खंडों, विभागों और उपविभागों का क्रमसंख्यांकन एक अनिवार्य अंश है। क्रमांकन के लिए मुख्यतः दो प्रणालियाँ प्रचलित हैं।

१६.२.२.१. भाग-विभागांकन (खण्डोपखण्डांकन) प्रणाली

इसमें मुख्य भागों या खण्डों और विभाग-उपविभाग आदि को अलग-अलग तरह की संख्याओं या अक्षरों द्वारा संकेतित किया जाता है। ऊपर दिये गये बहुस्तरीय विभाजन में क्रमांकन इसी तरह किया गया है। अंग्रेजी में टाइप या

मुद्रण करने पर अरबी नंबर, रोमन नंबर (बड़े और छोटे), वर्णमाला के अक्षर (छोटे और बड़े) इन सबका उपयोग करने की सुविधा होती है। नागरी में टंकित करने पर संख्याओं (कोष्ठक-रहित और कोष्ठक-सहित) तथा विभिन्न वर्ण श्रेणियों का जैसे अ, आ, इ, ई आदि और क, ख, ग, घ आदि का उपयोग किया जा सकता है।

इस प्रणाली की सुविधा यह है कि प्रत्येक मुख्य खण्ड या भाग स्वतंत्र होता है, और उसके अन्तर्गत उपविभागों में समाप्त हो जाता है। अंकन पूरे प्रबन्ध में या एक अध्याय तक में पूर्णतः लगातार नहीं चलता। इसलिए अंकन करने में अधिक श्रम नहीं होता।

किन्तु यह प्रणाली कुछ अवैज्ञानिक है, और पुरानी पड़ गयी है। इसका दोष यह है किसी भाग में और किसी अध्याय के एक भाग में आनेवाले विषय की सह-सन्दर्भ-सूचना (cross reference) देनी हो तो लंबा-चौड़ा विवरण देना पड़ता है, अथवा ग्रन्थ की पृष्ठ संख्या का उल्लेख करना पड़ता है, जो हमेशा संभव नहीं होता। टंकित और मुद्रित प्रतियों में पूर्वभागों की सह-सन्दर्भ-सूचना देना तो कठिन नहीं होता, पर पश्चभागों की सह-सन्दर्भ-सूचना के लिए पृष्ठ संख्या देना कठिन होता है, क्योंकि पहले ही ज्ञान नहीं होता कि सूचना-प्रसंग किस पृष्ठ पर आयेगा। इस असुविधा से बचने के लिए पूरे शोध प्रबन्ध में खण्ड-संख्यांकन किया जा सकता है।

१६.२.२.२. पूर्ण खण्ड-संख्यांकन प्रणाली

अगर शोध प्रबन्ध में बार-बार सहसंदर्भ सूचना देनी पड़े तो प्रबन्ध के आरंभ से अन्त तक सभी लघुतम विषयों (प्रत्येक बिन्दु) को एक से क्रमिक संख्यायें देना उपयोगी होगा। इस तरह के संख्यांकन के लिए अध्याय, खण्ड, उपखण्ड आदि की गणना नहीं की जाती। सभी लघुतम उपविभागों को स्वतंत्र मानकर प्रबन्ध के आरंभ से अन्त तक क्रमसंख्या दी जाती है। एक 'बात' या एक बिन्दु (Point) के लिए एक संख्या होती है। अगर एक बिन्दु की चर्चा दो तीन खण्डों (पैराग्राफों) में हो तो उन सबको मिलाकर एक ही संख्या दी जाती है। भाग-विभागों के लिए अलग नम्बर देने पर भी इस तरह क्रम संख्या दी जा सकती है। इस अंकन प्रणाली की सुविधा यह है कि पूरी पाण्डुलिपि तैयार होने पर पूर्व-सन्दर्भ सूचना और पश्च-सन्दर्भ सूचना देना सरल हो जाता है। टंकित या मुद्रित प्रति में यही सह सन्दर्भ सूचना रहती है।

उपर्युक्त दोनों अंकन प्रणालियों के संयुक्त प्रयोग का नमूना इस ग्रंथ के लेखक की पुस्तक 'हिन्दी उपन्यास साहित्य का अध्ययन' में देखा जा सकता है।

१६.२.२.३. दशमलव क्रमांकन प्रणाली

अधिक आधुनिक और आजकल शोध ग्रंथों में व्यापक रूप में प्रयुक्त क्रमांकन प्रणाली है दशमलव प्रणाली। सम्पूर्ण शोध-ग्रंथ को सुनिश्चित भाग-विभागों में बाँटने के लिए और विभाग-उपविभागों में सुदृढ़ सम्बन्ध बनाये रखने के लिए यह प्रणाली अत्यन्त उपयोगी होती है।

इस प्रणाली में एक ही प्रकार की संख्याओं का प्रयोग किया जाता है और दशमलव बिन्दुओं के साथ एकाधिक संख्याएँ अंकित करके भाग-विभागों को सूचित किया जाता है। प्रबन्ध के अध्यायों के लिए १,२,३,४ …जैसी संख्यायें लगायी जाती हैं। पहले अध्याय के भागों के लिए १ के बाद एक बिन्दी देकर फिर १,२,३ आदि संख्यायें लगायी जाती हैं, जैसे १.१,१.२,१.३,१.४ आदि। इसमें १.३ भाग में तीन विभाग हों तो उनके लिए क्रमशः १.३.१,१.३.२,१.३.३ संख्यायें लगायी जाती हैं। इस तरह जितने स्तरों तक चाहें विभाग-उपविभागों की संख्यायें बढ़ायी जा सकती हैं। उदाहरण के लिए 'कबीरदास की साधना पद्धति' पर शोध ग्रंथ लिखता है तो उसमें निम्नलिखित अध्याय होंगे :—

१. प्रेरक परिस्थितियाँ
२. आधारभूत परम्पराएँ
३. ईश्वर परिकल्पना
४. साधना का दर्शन
५. प्रायोगिक स्वरूप
६. उपसंहार

इनमें अध्याय ४ का विस्तार लगभग इस तरह किया जा सकता है :—

४. साधना का दर्शन
४. १. ब्रह्म का स्वरूप
४. १. १. निर्गुण ब्रह्म—
४. १. २. अपरिमेय अज्ञात सत्ता
४. १. ३. ज्योति रूप
४. १. ४. ज्ञान रूपी
४. १. ५. कृपालु रक्षक
४. १. ६. विविध देवों का समन्वय
४. १. ७. सगुण-निर्गुण के परे
४. २. ब्रह्म और जीव
४. २. १. जीव ब्रह्म का अंश

४. २. २. माया का बन्धन
४. २. ३. ब्रह्म प्राप्ति की तरस
४. ३. साधना का स्वरूप
४. ३. १. बाह्याचारों का विरोध
४. ३. २. अन्तः साधना व रहस्यवाद
४. ३. २. १. ज्ञानाश्रित रहस्यवाद
४. ३. २. १. १. ज्ञान का स्वरूप
४. ३. २. १. २. मन का नियंत्रण
४. ३. २. १. ३. ज्ञानोपलब्धि के मार्ग
४. ३. २. १. ४. ज्ञान से भगवत्स्वरूप की अनुभूति
४. ३. २. २. प्रेमाश्रित रहस्यवाद
४. ३. २. २. १. प्रेरक स्रोत
४. ३. २. २. २. प्रेम और विरह
४. ३. ३. २. ३. प्रेम से ईश्वर मिलन की अनुभूति
४. ३. २. ३. योगात्मक रहस्यवाद
४. ३. २. ३. १. प्रेरक स्रोत—हठयोग
४. ३. २. ३. २. योग साधना का स्वरूप
४. ३. २. ३. ३. योग से ब्रह्मानुभूति

यह एक नमूना मात्र है। इस तरह प्रत्येक अध्याय में विभाजन करके विभागों के लिए क्रमांक दिये जाते हैं। यह पद्धति अत्यन्त वैज्ञानिक है, क्योंकि भाग-विभागों का परस्पर सम्बन्ध स्पष्ट दीखता है, और प्रत्येक उपविभाग की विषय सीमा निश्चित होती है। सह-सन्दर्भ सूचना देना भी सरल रहता है। इस ग्रन्थ में पूर्णतः इसी प्रणाली का उपयोग किया गया है।

१६.२.३. विभाजन और क्रमांकन का प्रयोजन

अगर विभाजन और विभागों की क्रमसंख्याओं के अंकन के उद्देश्य और प्रयोजन को न जानकर उसे एक फर्ज़-अदाई या पवित्र कर्तव्य मानकर, विभाजन और क्रमांकन किया जाय तो उसकी कोई सार्थकता नहीं होगी। वस्तुतः उचित भाग-विभागों में विभाजन व्यवस्थित अनुसन्धान का एक अनिवार्य अंग है, जिससे—

१. शोध चिन्तन विश्लेषणात्मक होता है।
२. अनुसन्धान योजना-बद्ध होता है।
३. अध्ययन में विविध भागों के बीच में आनुपातिक सन्तुलन रहता है और

४. पूरा लेखन व्यवस्थित और नियंत्रित रहता है।

इस तरह योजनाबद्ध रूप में लिखने से शोध-प्रबन्ध में आवश्यक बातों पर पर्याप्त आलोक पड़ता है, और अनावश्यक बातों का निवारण किया जाता है। अतः प्रारंभिक रूपरेखा बनाने से लेकर प्रबन्ध को अन्तिम रूप देने तक व्यवस्थित विभाजन और क्रमांकन पर ध्यान देना चाहिए। प्रबन्ध लिखने के बाद भाग-विभागों की क्रम-संख्या निश्चित करना निरर्थक है। अगर प्रबन्ध में यथोचित भाग-विभाजन और योजनाबद्धता नहीं हो तो क्रमांकन (विशेषकर दशमलव क्रमांकन) बेकार ही नहीं, बोझिल भी होगा।

१६.३. उद्धरण

०. प्रायः सभी प्रकारों के शोध-ग्रन्थों में विविध स्रोतों से लिये गये उद्धरण अनिवार्य अंग होते हैं। किसी विषय पर आप जो शोध करें, वह उस क्षेत्र का सर्वप्रथम कार्य नहीं होगा। उसके पहले भी उसी विषय पर भिन्न दृष्टि से, अथवा उससे अंशतः सम्बन्धित विषयों पर अन्य विद्वानों ने अनुसन्धान किया होगा। उनके मतों से अवगत रहना और यथोचित रीति में उनसे प्राप्त सामग्री का परीक्षण और उपयोग करना अपने कार्य को अधिक पूर्ण, मौलिक और प्रामाणिक बनाने के लिए अनिवार्य है। ऐसी स्थिति में प्रायः पूर्व ग्रन्थों से उद्धरण देने की आवश्यकता होती है। इसके अतिरिक्त विषय की सैद्धान्तिक भूमिका तैयार करने के लिए भी कई ग्रन्थों से उद्धरण देने पड़ते हैं। इस तरह विविध स्रोतों से और विविध उद्देश्यों से उद्धरण देते समय कई बातों पर ध्यान देना है, जिससे शोध-ग्रन्थ यथासंभव प्रामाणिक हो सके।

१६.३.१. उद्धरणों के स्रोत

शोध के लिए जिन ग्रन्थों और लेखों का उपयोग किया जाता है उन सब से उद्धरण लिये जा सकते हैं। इनमें प्राथमिक सामग्री के रूप में मूल ग्रन्थों से लिये जानेवाले उद्धरण सिद्धान्तों की स्थापना और मतों की पुष्टि के लिए सर्वाधिक प्रामाणिक होते हैं। अन्तः साक्ष्य के रूप में ऐसे उद्धरण सबसे महत्त्वपूर्ण भी हैं। सहायक सामग्री के रूप में प्रयुक्त अन्य सामग्रियों के उद्धरणों से अपने मतों की पुष्टि की जा सकती है, पर उनका विवेचनापूर्ण परीक्षण करके ही उपयोग करना चाहिए। अनुसन्धान को सैद्धान्तिक आधार देने के लिए सैद्धान्तिक ग्रन्थों का अध्ययन भी आवश्यक है। उनसे सिद्धान्त-प्रतिपादन या सिद्धान्त-विश्लेषण करनेवाले भागों को उद्धरणों के रूप में लेना पड़ता है। इन सभी स्रोतों के उद्धरणों के सन्तुलित एवं विवेकपूर्ण उपयोग से शोध ग्रन्थ की सामग्री अधिक प्रमाणिक हो सकती है।

१६.३.२. उद्धरणों के उद्देश्य

३.०. शोध-ग्रन्थ के किसी भाग में उद्धरण देते समय उनके उद्देश्य के बारे में स्पष्ट धारणा होनी चाहिए। बिना अनिवार्यता के ही नहीं, बिना आवश्यकता के भी, 'उद्धरण के लिए उद्धरण' देने की प्रथा हिंदी के अनुसन्धान-क्षेत्र में रूढ़मूल हो गयी है। पर इससे ग्रन्थ में शिथिलता और उसकी गंभीरता में कमी ही आती है। अनेक छात्र यह दिखाने के लिए कि हमने इतने ग्रन्थों का अध्ययन किया है, विविध अध्यायों को उद्धरणों से भर देते हैं। कुछ छात्र यह धारणा भी रखते हैं, कि परीक्षक मूल्यांकन करते समय उद्धरणों को अधिक महत्त्व देता है, जो एक सीमा तक सही भी है।

लेकिन इससे शोध-ग्रन्थ का महत्त्व नहीं बढ़ता। आवश्यक सन्दर्भों में औचित्यपूर्ण उद्धरण देने से ही उसमें गरिमा आती है और उसका शोध-मूल्य बढ़ जाता है। अतः उद्धरण देते समय मन में यह सोच लेना चाहिए कि उसमें अपने निरूपण के लिए प्रासंगिकता है या नहीं है। उद्धरणों के निम्नलिखित उद्देश्य हो सकते हैं—

(१) **अपने मत की पुष्टि के लिए**—किसी विषय पर शोधकार जो मत व्यक्त करता है उनकी पुष्टि के लिए (१) मूल पाठ-सामग्री से, (२) अन्य लेखकों की कृतियों से और (३) यदि आवश्यक हो तो सैद्धान्तिक ग्रन्थों से उद्धरण देना अनिवार्य है। पूर्व प्रकाशित सांख्यक सामग्री, क्षेत्रीय रिपोर्ट, अखबारी समाचार आदि से भी कुछ विषयों में सहायता ली जा सकती है। पर ध्यान रखना चाहिए कि चुने गये उद्धरण पूर्णतः प्रामाणिक हो।

(२) **अन्य मतों के खण्डन के लिए**—किसी विषय पर सामान्यतः प्रचलित मतों का, अथवा कुछ विद्वानों के मतों का खण्डन करना हो तो, उनके कथन के उद्धरणों के साथ मूल सामग्री, सैद्धान्तिक सामग्री आदि से भी उद्धरण देने पड़ते हैं। इस दशा में उद्धृत मत का उद्देश्य और सही अर्थ समझकर, उसमें निहित प्रमाद (Fallacy) का उद्घाटन करके अपने मतों को सप्रमाण प्रस्तुत करना चाहिए। अन्यों के मतों का उद्धरण देकर मात्र अपनी विसम्मति या खण्डन प्रस्तुत करना शोध-दृष्टि नहीं है। पूर्व लेखक के भ्रम का कारण उसे प्राप्त आधार-सामग्री की कमी,[1] उसकी दृष्टि की सीमा या प्रतिबद्धता,[2] उसकी विश्लेषण पद्धति की

---

१. आचार्य रामचन्द्र शुक्ल जी ने भक्ति और दर्शन परम्परा की पूरी सामग्री न मिलने से भक्तिकाल के बारे में कुछ भ्रमपूर्ण विचार प्रस्तुत किये, जिनको परवर्ती इतिहासकारों ने सुधारा है।

२. परम्परावादी आलोचक प्रगतिवादी साहित्य और नवलेखन के बारे में और प्रगतिवादी एवं नये आलोचक परम्परागत मूल्यों के साहित्य पर आक्रमण करते हैं, तो उसका कारण यही है।

भिन्नता हो सकती है। खण्डनार्थ अन्य मतों का उद्धरण करते समय सन्तुलित दृष्टि रखनी चाहिए।

(३) **अन्य मतों को स्वीकृत कर उनमें संशोधन करने के लिए**—कभी-कभी पूर्व लेखकों के मतों को आंशिक रूप में ही स्वीकृत किया जा सकता है। ऐसी दशा में उनके उद्धरण प्रस्तुत करके उनके स्वीकार्य भागों की ओर संकेत करना, और अन्य उद्धरणों (मूल सामग्री या अन्य मतों के उद्धरणों) या अपने तर्कों द्वारा अस्वीकार्य भागों को काटकर संशोधित मत प्रकट करना आवश्यक है।

(४) **दो मतों में से एक की स्वीकृति के लिए**—यह स्वाभाविक है चर्चित विषय के बारे में पहले ही भिन्न-भिन्न या परस्पर विरोधी मत व्यक्त किये गये हों। आप इनमें एक से सहमत हो सकते हैं, और दूसरे से नहीं, तो दोनों मतों का शुद्ध रूप में उद्धरण कर, उनका बारीकी से विश्लेषण करना होगा और अपने स्वतंत्र प्रमाण द्वारा एक का खण्डन और दूसरे का समर्थन करना होगा। पर इस बात का पूरा ध्यान रखना चाहिए कि पूर्व लेखकों के सभी प्रमाणों का परीक्षण किया जाय, और वस्तुनिष्ठ दृष्टि से देखा जाय, और अपनी व्यक्तिगत अभिरुचियों के आधार पर आलोचना नहीं की जाय। अन्यों के मतों का उद्धरण कर अपने विरोधी मत प्रस्तुत करते समय अपने मतों के अधिक प्रामाणिक और सशक्त होने की भी अपेक्षा है।

इस तरह किसी भी प्रकार से प्रासंगिक या उपयोगी हो, तभी उद्धरणों का उपयोग करना चाहिए। केवल प्रचलित मतों या ज्ञात और सर्वमान्य बातों पर उद्धरण देने से शोध-ग्रन्थ में विचार-शैथिल्य ही आता है।

१६.३.३. उद्धरणों में सतर्कता

(१) **प्रासंगिकता**—किसी तथ्य या सिद्धान्त का परीक्षण, निरूपण, समर्थन या खण्डन करने के लिए ही उद्धरणों का उपयोग करना चाहिए। केन्द्र-विषय या मुख्य समस्या से सम्बन्ध न रखने वाले सामान्य उद्धरण देने से विषय-निरूपण दुर्बल होता है, भले ही उद्धरण स्वयं सुन्दर और प्रभावशाली हो।

(२) **सही सन्दर्भ के साथ**—किसी विशेष प्रसंग में प्रयुक्त कुछ वाक्यों को प्रसंग से अलग कर उद्धृत करके, उन पर टीका-टिप्पणी करने की प्रवृत्ति शोध-ग्रंथ में अनुचित है। अपने मत के समर्थन के लिए या अन्यों की आलोचना के लिए इस तरह दुर्व्याख्या की जाती है। कभी-कभी सन्दर्भ को पूरी तरह न समझने के कारण असावधानी से भी उद्धरणों की भ्रमित व्याख्या और दुरुपयोग हो जाता है। जान बूझकर या अनजान में उद्धरणों का सान्दर्भिक अर्थ से भिन्न किसी अर्थ में प्रयोग तर्क-पद्धति की दुर्बलता है।

(३) **प्रामाणिकता**—इसके अलावा यह भी देखना है कि जो उद्धरण दिये जाते हैं वे प्रामाणिक हैं या नहीं। प्रायः बड़े नामी विद्वानों और आचार्यों तथा आर्ष ग्रन्थों के वाक्यों को श्रद्धा के साथ उद्धृत कर सबल प्रमाण देने का दावा करके सन्तोष किया जाता है, जीवन में भी, अनुसन्धान में भी। किसी राजनैतिक विचार-धारा या दार्शनिक सिद्धान्त से मेल खानेवाले विचारों को, उनकी प्रामाणिकता और सत्यता का परीक्षण किये बिना स्वीकृत किया जाता है। इसे अनुसन्धान-दृष्टि नहीं कहा जा सकता। बड़े से बड़े विद्वानों के विचार और आर्षमत भी अप्रमाणित हों तो उनको प्रश्नेय बनाकर तर्क करने की क्षमता और हिम्मत शोध-कार में होनी चाहिए।

इसका तात्पर्य यह नहीं है कि हर मत का खण्डन करने से प्रबन्ध प्रौढ़ हो जाएगा। जिन विद्वानों ने अपने गहन ज्ञान, दीर्घकालीन अध्ययन एवं अनुभव से कुछ तथ्यों का निरूपण किया है, उनके मतों को यथोचित महत्त्व देकर ही परीक्षित करना चाहिए। विषय के नवागन्तुकों की अपरिपक्व बुद्धि उनका परीक्षण करने में असमर्थ हो सकती है। अतः गहरे अध्ययन और गंभीर चिन्तन के बाद ही खण्डन के लिए उद्यत होना चाहिए।

(४) **अविकल रूप**—उद्धरणों में अनवधानता के कारण किसी तरह की त्रुटि या अस्पष्टता नहीं आनी चाहिए। उन्हें कोष्ठक चिह्नों में इस तरह प्रस्तुत करना चाहिए कि वे अन्यों के कथन के रूप में स्पष्टतः प्रकट हो। उद्धरणों में विराम-चिह्न तक में त्रुटि या भ्रम नहीं होना चाहिए। इस बात पर ध्यान रखते हुए ग्रंथों से नोट तैयार करते समय ही उद्धरण देने के अंशों को पूर्णतः शुद्ध रूप में विराम चिह्न सहित उतार लेना चाहिए। प्रत्येक उद्धरण के साथ पूर्ण सन्दर्भ-सूचनाएँ देना भी आवश्यक है।

(५) **उद्धरण-चिह्न**— प्रत्येक उद्धरण को उद्धरण चिह्नों के अन्दर प्रस्तुत करना चाहिए, और उसके साथ ठीक सन्दर्भ सूचना देनी चाहिए।

१६.३.४ उद्धरण में ध्यान देने की बातें

१. उद्धरण बिलकुल ठीक और ज्यों-का-त्यों होना चाहिए। विराम-चिह्न तक में त्रुटि नहीं होनी चाहिए।

२. उद्धरण सम्बन्धी संकेत सूचना (लेखक, ग्रंथ, संस्करण, पृष्ठ संख्या) आदि भी पूर्ण और ठीक होना चाहिए।

३. अगर उद्धृत मूल में कोई त्रुटि हो तो उसे कोष्ठक में या पाद टिप्पणी स्पष्ट करना चाहिए, और बता देना चाहिए कि त्रुटि अपनी नहीं, मूल की है

४. किसी लंबे उद्धरण में कोई भाग अपने विषय की दृष्टि से प्रासंगिक न हो तो उस भाग को छोड़कर, लोप को बिन्दु-रेखा से दिखाना चाहिए।

५. स्पष्टीकरण या सन्दर्भ सूचना के लिए उद्धरण में कुछ अपनी ओर से जोड़ना हो तो उस अंश को अलग कोष्ठक में देना चाहिए।

६. उद्धरण में पूरी ईमानदारी रखनी चाहिए। मूल से कुछ अंशों को लेकर, उसे सन्दर्भगत अर्थ से अलग कर, और किसी अर्थ में प्रयुक्त कर अपने मत-स्थापन का प्रयास करना ठीक नहीं है। मूल लेखक के उद्देश्य को विकृत नहीं बनाना चाहिए।

७. अत्यन्त लंबे उद्धरणों को संक्षिप्त बनाना ही उचित है, पर इसे स्पष्ट बता देना चाहिए। संक्षेपण से भाव-प्रकटन या विश्लेषण बाधा हो तो पूरा उद्धरण परिशिष्ट में देना चाहिए। लंबे उद्धरणों को अलग एक खण्ड (पैराग्राफ) में अधिक हाशिये, और पंक्तियों के बीच कम जगह छोड़कर देना अच्छा है। छोटे उद्धरण प्रबन्ध में चलते वाक्य के रूप में दिये जा सकते हैं।

१६.४. सन्दर्भ-सूचनाएँ

०. अन्य स्रोतों से जिन सामग्रियों का उपयोग प्रबन्ध में किया जाता है, उनको सन्दर्भ सूचनाएँ देकर स्पष्ट प्रकट करना सामान्य ईमानदारी की बात है। अन्य ग्रन्थों से मौलिक सामग्री लेकर संक्षिप्त रूप में अथवा पूर्ण उद्धरण के रूप में प्रस्तुत की जाय, और सन्दर्भ सूचना नहीं दी जाय तो उसे गैर-ईमानदारी मानने की गुंजाइश रहती है।

१६.४.१. सन्दर्भ-सूचना की प्रचलित पद्धतियाँ

१६.४.१.१. **ऊर्ध्वांक-पाद टिप्पणी रीति**—प्रायः जब अन्य स्रोतों से ली गयी संक्षिप्त या पूर्ण सामग्री की सन्दर्भ-सूचना देनी पड़ती है, तब उसके अन्त में तनिक ऊपर उठाकर १, २, ३ आदि अंक लगाये जाते हैं, और पृष्ठ के ही नीचे एक रेखा खींचकर उसके नीचे सम्बन्धित स्रोत-सामग्री का उल्लेख किया जाता है। इस उल्लेख में लेखक का नाम, ग्रंथ अथवा लेख और पत्रिका का नाम और पृष्ठ-संख्या देना अनिवार्य है। उद्धरण किसी पत्रिका से लिया गया हो तो उसकी अंक-संख्या या प्रकाशन काल भी सूचित करना आवश्यक है। प्रकाशक आदि का विवरण हर जगह देना न संभव है, न आवश्यक। प्रकाशक तथा प्रकाशन काल सम्बन्धी पूर्ण विवरण प्रबन्ध के अन्त में 'सहायक-ग्रंथ सूची' में दिये जाएँगे।

इस तरह सन्दर्भ-सूचना देने की दो रीतियाँ हैं। पहली रीति में प्रत्येक पृष्ठ के लिए अलग ऊर्ध्वांक देकर तत्सम्बन्धी सन्दर्भ सूचनाएँ उसी पृष्ठ के नीचे दी जाती है। इसमें सुविधा यह है कि प्रत्येक पृष्ठ का कार्य उसी में समाप्त हो

जाता है। बीच में कोई उद्धरण अधिक जोड़कर सन्दर्भ सूचना देनी हो तो उसी पृष्ठ में परिवर्तन करना पड़ता है, अगले पृष्ठों के ऊर्ध्वांकों को बदलना नहीं पड़ता। पढ़नेवालों को भी सूचनाएँ सम्बन्धित पृष्ठों में ही मिल जाती हैं।

दूसरी रीति में पूरे अध्याय में आनेवाले सन्दर्भों के लिए आरंभ से अन्त तक क्रमिक ऊर्ध्वांक देकर टिप्पणियाँ अध्याय के अन्त में दी जाती हैं। कभी-कभी संपूर्ण प्रबन्ध में ही क्रमांक चलते हैं, और प्रबन्ध के अन्त में सन्दर्भ सूचनाएँ दी जाती हैं। इस रीति की सुविधा यही है कि प्रत्येक पृष्ठ में नीचे जगह का निर्णय करके लिखना या टाइप करना नहीं पड़ता। टिप्पणियों को एक साथ टंकित करने में टंकक को सुविधा होती है। पर इसमें कुछ असुविधायें हैं। पहली, उद्धरणों की संख्या अधिक हो तो ऊर्ध्वांक और पाद टिप्पणियाँ बहुत अधिक हो जाती हैं। ऊर्ध्वांक सौ-दो सौ तक पहुँच जाते हैं। दूसरी कठिनाई यह है कि बीच में किसी संख्या को ठीक करना हो, या एक नया उद्धरण देना हो तो बाद के सभी ऊर्ध्वांकों को बदलना पड़ता है। इसके अलावा पढ़नेवाला सन्दर्भ-सूचनाएँ देखना चाहे तो उसे, बार-बार पन्ने उलट कर अन्त के पृष्ठों का अवलोकन करना पड़ता है।

१६.४.१.२. **कोष्ठक-रीति या माडर्न लैंग्वेज एसोसिएशन (एम० एल० ए०) रीति**—मॉडर्न लैंग्वेज एसोसिएशन ऑफ अमेरिका, न्यूयार्क द्वारा पहले १९५१ में प्रकाशित और १९७० में संशोधित शैली-नमूने के पत्र (स्टाइल शीट) में प्रयुक्त सन्दर्भ सूचना की रीति अपेक्षाकृत सरल है, और अब शोध-ग्रंथों और शोध-पत्रिकाओं में विश्वव्यापक रूप में स्वीकृत है। आजकल भारत में भी उच्च श्रेणी के ग्रंथों और पत्रिकाओं में इस रीति का प्रयोग होता है और अनेक शोध-संस्थाओं ने भी इसे स्वीकृत किया है।

अतः शोध-प्रबन्धों और लेखों में इस रीति का उपयोग करना उनको मानक रूप देने में उपयोगी होगा।

इस रीति में न उद्धरणों के अन्त में ऊर्ध्वांक लगाये जाते हैं, न सन्दर्भ सूचना के लिए पाद-टिप्पणी दी जाती है। अन्य स्रोतों से स्वीकृत विषय को, अथवा उद्धरण को प्रस्तुत करते समय बीच में ही कोष्ठक में स्रोत-ग्रंथ का प्रकाशन वर्ष और विषय या उद्धरण की पृष्ठ संख्या दी जाती है। प्रबन्ध के अन्त में दी गयी सहायक ग्रंथ सूची में लेखक नाम तथा प्रकाशन वर्ष के साथ ग्रंथ का पूरा विवरण दिया जाता है। कुछ उदाहरण द्रष्टव्य हैं—

(१) प्रेमचन्द के यथार्थवाद और आदर्शवाद के बारे में हंसराज 'रहबर' (१९५२ : २६५) कहते हैं, "चूंकि वे स्वभाव से प्रगतिशील थे, इसलिए उन्होंने

पाश्चात्य सभ्यता और साहित्य से यथार्थवाद लिया और उसमें भारतीय आदर्शवाद की बहुत बड़ी पख जोड़ दी।"

(२) वस्तुतः साहित्य मानव जाति के समस्त अनुभूति भण्डार का लिपिबद्ध रूप है। (जैनेन्द्रकुमार : १९५३ : २०)

(३) निराला की कविता में अगर उनका व्यक्तिगत मानसिक संघर्ष और वेदना प्रकट है तो उनकी समाज के प्रति सतर्क दृष्टि भी। (राम विलास शर्मा : १९६९ (१९७९) : १०३)

(४) छायावाद के बारे में शुक्ल जी की दृष्टि विरोध और पक्षपात की नहीं थी तो उदारता की भी नहीं थी (सं० १९८६)

ऊपर जो उद्धरण-सम्बन्धी या विचार-सम्बन्धी सन्दर्भ सूचनाएँ कोष्ठकों में दी गयी हैं, उनके लिए अकारादि क्रम की सहायक ग्रंथ सूची में निम्नलिखित प्रविष्टियाँ होंगी—

(१) हंसराज 'रहबर' : १९५२ : प्रेमचन्द जीवन और कृतित्व, दिल्ली, आत्माराम एण्ड सन्स।

(२) जैनेन्द्र कुमार : १९५३ : साहित्य का श्रेय और प्रेय, दिल्ली, पूर्वोदय प्रकाशन।

(३) रामविलास शर्मा : १९६९ : निराला की साहित्य साधना—१, तृ० सं० १९७९, दिल्ली, राजकमल प्रकाशन प्रा० लि०।

(४) रामचन्द्र शुक्ल : सं० १९८६ : हिन्दी साहित्य का इतिहास, काशी, नागरी प्रचारिणी सभा।

इस रीति की सुविधाएँ निम्नलिखित हैं—

(१) प्रबन्ध के मुख्य भाग में या पाद टिप्पणियों में ग्रंथों के नाम बार-बार दुहराने की ज़रूरत नहीं है।

(२) पाद टिप्पणियाँ प्रायः न होने से लेखन, टंकण और मुद्रण में सुविधा होती है।

(३) हर मुख्य वैचारिक बिन्दु के साथ उसके काल की भी गणना होने के कारण शोध-ग्रंथ के विषय-विकास में भी एक ऐतिहासिक बोध रहता है, जो अनुसन्धान में विशेष महत्त्वपूर्ण है। विवादास्पद विषयों की चर्चा में केवल यही प्रासंगिक नहीं होता कि किसने क्या कहा है, पर यह भी प्रासंगिक और महत्त्वपूर्ण होता है कि कब कहा है, पहले या बाद में कहा है। काल-सहित यह सन्दर्भ सूचना प्रणाली इस तरह इतिहास-चेतना-सहित चिन्तन के लिए उपयोगी है।

(४) विषय चर्चा के बीच में पृष्ठ के नीचे या अध्याय के अन्त में देखने की ज़रूरत न होने से पठनीयता अधिक होती है। साधारणतः पाठकों के लिए यही आवश्यक है। जो शोध-दृष्टि से ग्रंथ का अध्ययन करते हैं, और सूचित सन्दर्भों का स्वयं अवलोकन करना चाहते हैं, वे सहायक ग्रंथ सूची के सहारे निश्चित सूचना को पा सकते हैं।

इन कारणों से ही इस पद्धति को व्यापक स्वीकृति मिली है।

इस तरह प्रबन्ध-विषय के बीच में ही सन्दर्भ-सूचना देने पर भी पाद-टिप्पणियों का पूर्णतः वर्जन नहीं हो सकता। विषय से सीधा सम्बन्ध रखनेवाले उद्धरण और तत्सम्बन्धी सूचनाएँ ही इस तरह बीच में दी जा सकती हैं। इसके अलावा किसी चर्चित विषय से परोक्ष सम्बन्ध रखनेवाली और स्पष्टीकरण की अपेक्षा रखनेवाली बातों को पाद-टिप्पणी में दिया जाता है। उदाहरण के लिए किसी विषय की चर्चा करते समय 'हिन्दी और उसकी बोलियों' का उल्लेख आ जाता है। चूँकि 'हिन्दी की बोलियाँ' एक विवादास्पद विषय है; इसलिए, यह स्पष्ट करके आगे बढ़ना चाहिए कि इस सम्बन्ध में प्रबन्ध के प्रस्तुत प्रसंग में अपनायी गयी दृष्टि क्या है। यह स्पष्टीकरण पाद-टिप्पणी के रूप में ही देना चाहिए। इसी तरह किसी सन्दर्भ में अन्य लेखकों के मतों को, जिनकी प्रत्यक्ष चर्चा प्रबन्ध के लिए प्रासंगिक नहीं है, पर जो आनुषंगिक रूप में उल्लेखनीय हैं, उनको भी पाद-टिप्पणी में दिया जा सकता है। ऐसे आनुषंगिक उल्लेखों के लिए स्रोत-सन्दर्भ सूचना आवश्यक है जो उपर्युक्त किसी रीति से दी जा सकती है। इसके अतिरिक्त हिन्दी के शोध-प्रबन्धों में अंग्रेजी या अन्य भाषाओं से उद्धरण देना हो तो विषय-चर्चा में उसका हिन्दी रूप देना ही पठनीयता की दृष्टि से श्लाघनीय है। मूल रूप देना उपयोगी दीखे, तो वह पाद-टिप्पणी के रूप में दिया जा सकता है।

१६.४.२. सह-सन्दर्भ सूचना (Cross Reference)

अक्सर प्रबन्ध के एक प्रसंग की ही सन्दर्भ सूचना दूसरे प्रसंग में देने की आवश्यकता होती है। यह आवश्यकता तब होती है, जब विषय के परस्पर सम्बद्ध कई पहलुओं की चर्चा करनी होती है, और इन पहलुओं को विभिन्न स्थानों पर चर्चा का विषय बनाया जाएगा। उदाहरण के लिए प्रेमचन्द के मानवतावाद या चरित्र-चित्रण सम्बन्धी एक प्रबन्ध में चारित्रिक विशेषताओं के प्रकरण में होरी, धनिया, प्रेमशंकर या ऐसे किसी पात्र का समग्ररूप दिखाया जाता है। 'सामाजिक चेतना' और मनोवैज्ञानिक तत्व से सम्बन्धित प्रकरण भी हों तो, उनमें भी इन पात्रों के चरित्रों के विशेष पहलुओं की चर्चा होती है। इनको सह-सन्दर्भ सूचनाओं से परस्पर जोड़ दें और प्रत्येक प्रसंग में अपेक्षित पहलुओं की ही विस्तृत

चर्चा करें, तो बिना पुनरावृत्ति के, अध्ययन पूरा भी हो जायेगा, विविध प्रसंगों में सबद्धता भी रहेगी। ऐतिहासिक विकास क्रमों से सम्बन्धित अध्ययनों में सह-सन्दर्भ सूचनाओं का विशेष प्रयोजन होता है। पहले चर्चित विषय का उल्लेख बाद में आवे तो वहाँ पूर्व-सन्दर्भ-सूचना द्वारा, और बाद की चर्चा का उल्लेख पहले प्रसंग में पश्च-सन्दर्भ-सूचना द्वारा देने से चर्चा में पूरी स्पष्टता और चुस्ती आती है।

सहसन्दर्भ सूचनाएँ 'देखें पृ० २५०' (दे० पृ० २५०) अथवा 'देखें ३.५.२.४' (देखें ३.५.२.४.) इनमें किसी रूप में दी जा सकती है। कहने की आवश्यकता नहीं है कि पहले प्रसंग में पश्च-सन्दर्भ सूचनाएँ, बाद के अंश को भी लिखकर, पृष्ठांकन या क्रमांकन करने के बाद ही संभव है।

१६.५. सहायक सामग्री सूची

वैज्ञानिक रूप में तैयार किये गये शोध प्रबन्ध की सहायक-सामग्री-सूची में प्रबन्ध लेखन के लिए प्रयुक्त ग्रन्थों और लेखों का पूर्ण विवरण देना आवश्यक है। सहायक सामग्री सूची इस उद्देश्य से दी जाती है कि अन्य उत्सुक शोधकार आवश्यक हो तो स्वयं ग्रन्थ में आये हुए प्रसंगों का पुनरावलोकन कर सन्देहों का निवारण कर सके और प्रस्तुत सन्दर्भ-सम्बन्धी जानकारी का विस्तार कर सके। सहायक सामग्री-सम्बन्धी सही और पूर्ण विवरण नहीं हो तो यह संभव नहीं होगा। अतः सूची में प्रत्येक ग्रंथ और लेख का पूरा प्रामाणिक विवरण देने को प्रबन्ध-लेखन का एक अनिवार्य अंग मानना चाहिए।

ऐसी सूचियाँ प्रायः ग्रंथों के लेखकों और सम्पादकों के नामों के अकारादि क्रम से दी जाती है। नाम के पहले डॉ०, पं०, आचार्य आदि का उल्लेख अनावश्यक ही नहीं असुविधा पूर्ण है। यूरोपीय नामों में उपनाम पहले देकर अर्द्धविराम के बाद नाम के बाकी अंश या उनके आद्याक्षर दिये जाते हैं, जैसे 'विलियम जोन्स' के लिए 'जोन्स, विलियम' या 'जोन्स डब्ल्यू', 'जार्ज एब्रहाम ग्रियर्सन' के लिए 'ग्रियर्सन, जी० ए०' आदि। चूंकि भारत के सभी नामों में ऐसे उपनामों (वंशनाम) नहीं होते, इसलिए मुख्य नामों (व्यक्तिनामों) को ही अकारादि क्रम में रखना चाहिए। पर यदि गुप्त, शुक्ल, द्विवेदी आदि वंशनाम ही प्रचलित हों, तो उनका उपयोग किया जा सकता है, जैसे, गुप्त, एस० पी०; द्विवेदी, एच० पी० आदि। पर ऐसी दशा में भी पूरा नाम ज्ञात हो तो उसकी प्रविष्टि करके पुस्तक का पूरा विवरण देना चाहिए और अलग वंशनाम की प्रविष्टि के साथ सह-सन्दर्भ-सूचना देनी चाहिए। 'जगन्नाथ प्रसाद शर्मा' के लिए 'ज' के अन्तर्गत पूरा नाम और ग्रन्थ-विवरण दिये जाएँगे और 'श' में शर्मा, ज० प्र० के सामने 'देखें जगन्नाथ प्रसाद

शर्मा' मात्र सह-सन्दर्भ-सूचना के रूप में दिया जाएगा। नीचे विविध प्रकारों की प्रविष्टियों के रूप और नमूने दिये जाते हैं।

१. **एक लेखक के ग्रंथ के लिए** :—लेखक-नाम, प्रकाशन वर्ष, ग्रंथ नाम, प्रकाशन स्थान, प्रकाशक नाम।

उदा० : नामवर सिंह : १९६८ : **कविता के नये प्रतिमान,** नई दिल्ली, राजकमल प्रकाशन।

गणेशन, एस० एन० : १९६२ : **हिन्दी उपन्यास साहित्य का अध्ययन,** दिल्ली, राजपाल एण्ड सन्स।

२. **दो या तीन लेखकों का संयुक्त ग्रंथ** : लेखक नाम और अन्य विवरण पूर्ववत्।

उदा० : शर्मा, बी० और वर्मा० एस० : १९६० : **भारतवर्ष का सांस्कृतिक इतिहास,** वाराणसी, रमेश प्रकाशन।

३. **अनेक लेखकों की संयुक्त रचना** : प्रथम लेखक के नाम के साथ 'आदि', और फिर अन्य विवरण।

उदा० : राजबली पांडेय आदि : सं० २०१४ : **हिन्दी साहित्य का वृहत् इतिहास, भाग** १, काशी नागरी प्रचारिणी सभा।

४. **किसी व्यक्ति से संपादित ग्रंथ** : सम्पादक नाम तथा अन्य विवरण।

उदा० : शिव प्रसाद सिंह (संपा०) : १९६७ : शान्ति निकेतन से शिवालिक, काशी, भारतीय ज्ञान पीठ।

५. **किसी संकलन ग्रंथ में संकलित लेख** : लेखक-नाम, वर्ष, लेख का शीर्षक उद्धरण चिह्नों में, संकलन-ग्रन्थ-विवरण सह-सन्दर्भ सूचना के रूप में।

उदा० : प्रभाकर माचवे : १९६७ : 'निबन्धकार द्विवेदी', शिवप्रसाद सिंह : १९६७ में। (शिव प्रसाद सिंह : १९६७ : में ग्रंथ के पूरे विवरण की प्रविष्टि होगी)

६. पत्रिकाओं में प्रकाशित लेख : लेखक-नाम, वर्ष, लेख-नाम उद्धरण चिह्नों में, पत्रिका का नाम व प्रकाशन तिथि, प्रकाशन स्थान, प्रकाशक-नाम।

७. अप्रकाशित शोध-प्रबन्ध : लेखक-नाम, वर्ष, प्रबन्ध का नाम, डिग्री के लिए प्रस्तुति सम्बन्धी सूचना।

उदाहरण—पंकजम् एल : १९८० : **हिन्दी और मलयालम की प्रगतिवादी कविता का तुलनात्मक अध्ययन,**

मद्रास वि० वि० की पी-एच० डी० का प्रबन्ध (अप्रकाशित)

ग्रन्थ या संकलन में लेखक-नाम न हो, और केवल प्रकाशक-संस्था का नाम हो तो लेखक-नाम के स्थान पर उसे प्रवष्टि करना पर्याप्त है। तुलसीदास, वाल्मीकि, कालिदास आदि की कृतियों की प्रविष्टियों में प्रयुक्त संरकरण के सम्पादक का नाम और अन्य विवरण देने चाहिए।

सहायक ग्रन्थ सूची लेखकों के नामों के अकारादि क्रम से बनानी चाहिए। इससे पुनरीक्षण में सुविधा होती है, और एक लेखक सभी कृतियाँ सूची में एक साथ दिखायी जाती है।

अकारादि क्रम से सूची तैयार करने में सुविधा के लिए पहले ही—एक-एक ग्रंथ का अध्ययन करते समय ही—ग्रन्थ का पूरा विवरण अलग एक कार्ड पर लिख रखना चाहिए। इसे 'सहायक सामग्री कार्ड' (Bibliography Card) कहा जाता है। अनुसन्धान के अन्त में इनको अकारादि क्रम में क्रमीकृत किया जा सकता है। कार्डों की संख्या अधिक हो, तो इसके लिए कबूतर खाने (१५.२.४) का उपयोग किया जा सकता है।

अगर ग्रन्थ किसी पुस्तकालय से लेकर पढ़ा जाय तो पुस्तकालय की ग्रन्थ-सूची-संख्या या वर्गीकरण संख्या भी सूचित कर लें। इससे दुबारा पुस्तक निकालने में सुविधा होगी। पुस्तक की तरह लेखों के लिए भी इस तरह कार्ड तैयार करने चाहिए। अगर पुस्तक या लेख के नाम से उसके विषय का स्पष्ट बोध नहीं हो सके (जैसे 'साहित्य-सिद्धान्त', 'वर्मा जी का कथा-शिल्प' आदि से) तो कार्ड पर संक्षिप्त रूप में विषय-संकेत भी देना प्रामाणिक दृष्टि से उपयोगी है।

नीचे ऐसे सहायक-सामग्री कार्डों के कुछ नमूने दिये जाते हैं।

ग्रन्थ—१ (मात्र विवरण)

	सुनीति कुमार चटर्जी	लेखक नाम
	भारतीय आर्य भाषा और हिन्दी प्र० १९५४	ग्रन्थ नाम संस्करण और वर्ष
	राजकमल प्रकाशन, नई दिल्ली	प्रकाशक विवरण

ग्रन्थ—२ (विषय संकेत के साथ)

राम अवध द्विवेदी	लेखक नाम
साहित्य सिद्धान्त	ग्रन्थ नाम
प्र० १९६३ (सं० २०२०)	संस्करण और वर्ष/
बिहार राष्ट्रभाषा परिषद, पटना	प्रकाशक विवरण
काव्य प्रेरणा, अनुकरण, रेचन, रस, शब्द, अर्थ, औदात्य, अन्विति, नाट्य सम्बन्धी, नयी-पुरानी धारणाएँ, कल्पना, यथार्थ, क्रोचे, इलियट, रिचर्डस की आलोचना। पाश्चात्य और भारतीय साहित्य सिद्धान्तों का समग्र वीक्षण।	विषय संकेत

लेख

नर्मदेश्वर चतुर्वेदी	लेखक नाम
'वर्माजी की कला में शिल्प कौशल'	
साहित्य सन्देश आगरा व० २०, अं० ७-८ ऐतिहासिक उपन्यास अंक,	पत्रिका विवरण
जनवरी-फरवरी, १९५९	प्रकाशन काल
पृ० ३०९-३१२	पृष्ठ सूचना
वृन्दावनलाल वर्मा के उपन्यासों के शिल्प की सामान्य विशेषतायें।	विषय संकेत

१६.६. लेखन के आदर्श और दोष

०. जैसे सृजनात्मक रचना एक सुन्दर कला-सृष्टि होती है, उसी तरह उत्तम शोध-प्रबन्ध भी एक उत्तम सौष्ठव-पूर्ण कृति होता है। उसमें प्रतिपादित विषय या आविष्कृत नये तथ्य ही महत्वपूर्ण नहीं होते, उनको अस्पष्टता और दुरूहता से मुक्त सरल किन्तु प्रभावशाली भाषा में प्रस्तुत करना भी उतना ही महत्त्वपूर्ण है। लेकिन प्रायः यह देखा जाता है कि विपुल सामग्री संकलित कर गंभीर अध्ययन के बाद लिखने पर भी विषय-प्रतिपादन और निष्कर्ष में कमियाँ रह जाने के कारण प्रबन्ध को अभीष्ट उत्तम रूप नहीं मिलता। चिन्तन-पद्धति, विषय-विश्लेषण, तर्क-पद्धति आदि से सम्बन्धित जिन बातों पर ध्यान देने से प्रबन्ध में गहनता और प्रौढ़ता आ सकती है, उनकी चर्चा विविध अध्यायों में की गयी है। यहाँ प्रस्तुति के आदर्श रूप तथा शोध लेखन में सामान्यतः आनेवाले स्खलनों की चर्चा की जाती है।

१. आदर्श लेखन

१६.६.१.१. **ज्ञान-प्रसार का लक्ष्य व सरल शैली**—विद्वत्ता-पूर्ण शोध-प्रतिवेदन मस्तिष्क की तीव्र प्रक्रिया का परिणाम होता है, और पाठक से भी गहन-चिन्तन की अपेक्षा रखता है। वह पाठक के मनोरंजन या सामान्य वाचन की वस्तु नहीं है। अतः उसका लेखन पाठक के मनोरंजन के लिए नहीं होना चाहिए। प्रतिवेदन का एक ही उद्देश्य होता है : ज्ञान प्रदान करना। वह ज्ञान का प्रसार करता है।[1]

अतः शोध-प्रबन्ध का लेखन अनावश्यक आलंकारिक आडम्बर से रहित सीधी-सादी भाषा में होनी चाहिए। इसका तात्पर्य यह नहीं है कि प्रबन्ध की विषय-चर्चा अरोचक या अनाकर्षक होनी चाहिए। तथ्य, तर्क-वितर्क आदि का यथोचित गुम्फन करके क्रमबद्ध रूप में लिखा जायगा तो शोध-लेखन भी ज्ञान-पिपासुओं के लिए—विशेषकर विषय के विशेषज्ञों के लिए—रोचक होगा। रोचकता का आधार नये आविष्कृत तथ्य और उनके प्रमाणन की तर्क पद्धति होनी चाहिए, न कि शब्दाडम्बर, आलंकारिकता, किस्सागोई या पांडित्य-प्रदर्शन।

१६.६.१.२. **सीधे समस्या की ओर**—उत्तम शोध में विषय या समस्या को सीधे प्रस्तुत किया जाता है और प्राप्य प्रमाणों के आधार पर निष्कर्षों पर पहुँचा जाता है। तर्क-रीति में या प्रतिपादन-शैली में किसी तरह की वक्रता लाना या असंगत बातों की चर्चा से उलझन पैदा करना अनुचित है।

१६.६.१.३. **विषय की स्पष्टता**—अनुसन्धाता को स्वयं अपने विषय के बारे में स्पष्ट धारणा होनी चाहिए। विषय का स्वरूप, अपना उद्देश्य, प्राप्य सामग्री की सीमाएँ आदि को अच्छी तरह जानकर, निश्चित निर्णयों के साथ ही लिखना चाहिए। अध्ययन के समय व्यापक सामग्री मिल सकती है और सबका उपयोग करने का प्रलोभन होता है। इस तरह पढ़ी हुई सारी बातों की ढेर लगाने से विषय-प्रतिपादन में स्पष्टता नहीं आती, उलझन और अस्पष्टता की गुंजाइश रहती है। लेखन को यथासंभव स्पष्ट और संक्षिप्त बनाना चाहिए। बड़ा आकार शोध-प्रबन्ध का अभीष्ट गुण नहीं है।

---

1. A scholarly report should not be written to entertain the reader. A report of research has only one function ; it must informs. It propagates knowledge.

—Hillway, Tyrus : 1959 : 231.

१६.६.१.४. **क्रमबद्धता और तर्कपूर्णता** : पूरे प्रबन्ध में तर्कपूर्ण क्रमबद्धता और विषयान्विति होनी चाहिए। समस्याओं की प्रस्तुति, विश्लेषण, तर्कवितर्क सब में ऐसी अन्विति होनी चाहिए कि कहीं भी निरूपण में असंगति या विशृंखलता का आभास न हो। साधारण निबन्ध में वस्तु-विश्लेषण के फलस्वरूप प्राप्त विचारों को, और अपने मतों को बिना किसी प्रमाण के प्रस्तुत किया जा सकता है, पर शोध-प्रबन्ध में यह पर्याप्त नहीं है। प्रत्येक ऐसा मन जो विवादास्पद हो सकता, वह विभिन्न दृष्टियों सहित प्रस्तुत होना चाहिए और प्राप्य प्रमाणों के आधार पर निष्कर्ष-निर्णय होना चाहिए।

१६.३ २. लेखन के दोष

१६.६. २. १. **न्यून लेखन और अव्याप्ति दोष** : विषय को स्पष्ट करने के लिए और अपने मतों के समर्थन के लिए पर्याप्त सामग्री और प्रस्तुत न किये जायें तो उसे न्यून लेखन माना जाएगा। यह दोष या तो अनजान में कुछ तथ्यों या प्रमाणों के छूट जाने से होता है या भाव को प्रकट करने में असमर्थ अभिव्यक्ति के कारण।

अव्याप्ति दोष को भी इसके अन्तर्गत माना जा सकता है जिसमें शब्द उन भावों को पूर्णतः व्यक्त करने में असमर्थ रहते हैं, जिनको व्यक्त करने के उद्देश्य से लिखा जाता है। अभिव्यक्ति विचार या भाव से कम रह जाती है।

१५ ६.२.२. **अति लेखन** : जिन भावों को कम शब्दों में कहा जा सकता है, उनको अनावश्यक विस्तार देकर विशद बनाना, और विषय से प्रत्यक्ष सम्बन्ध न रखनेवाली बातों का समावेश करना अतिलेखन है, जिससे प्रबन्ध में शैथिल्य आता है। इसी तरह शोध स्तर के नीचे जाकर विषय-सम्बन्धी प्रारम्भिक सामान्य बातों की भूमिका प्रस्तुत करना भी शोध-ग्रंथ की गरिमा के लिए संघातक है। सामान्य बातों की सुपरिचित परिभाषाएँ, व्याख्यायें और स्पष्टीकरण देकर शोध-ग्रंथ का आकार बढ़ाया जा सकता है, पर उसका आन्तरिक मूल्य नहीं बढ़ाया जा सकता।

लेकिन किसी सन्दर्भ में कितने विस्तार से लिखना चाहिए, इसका निर्णय करना कभी-कभी कठिन होता है। सामान्यतः यह बताया जा सकता है कि जिन बातों पर काफ़ी विचार हो चुका है—अपने प्रस्तुत ग्रंथ में, या दूसरों के ग्रंथों में—उनका विस्तार करना अनावश्यक है। उपन्यास के किसी पक्ष पर लिखित शोध प्रबन्ध में 'उपन्यास' शब्द की व्युत्पत्ति और परिभाषा देकर स्पष्ट करना अनावश्यक है। किसी काव्य या कवि का काव्य-शास्त्रीय विवेचन करते समय रस, अलंकार

आदि तथा उनके अंगों या भेदों की परिभाषा और विवेचन देना कोरी उपरिफ्लवता है। हिन्दी या उसकी किसी बोली के ध्वनि वैज्ञानिक विश्लेषण में ध्वनि, ध्वनिम, संध्वनि आदि की परिभाषा देना नितान्त अनावश्यक है। और ऐसी परिभाषा या व्याख्या मौलिकता रहित लेखों के पाठ्य-पुस्तक के स्तर के ग्रंथों से लिये गये उद्धरणों से प्रमाणित की जाय तो वह एकदम उपहास माना जाएगा।

किन्तु प्रचलित परिभाषाओं तथा सिद्धान्तों का परीक्षण और उनका सुधार या परिवर्तन ही अनुसन्धान का लक्ष्य हो—जैसे रस सिद्धान्त की नयी व्याख्या, कारक सम्बन्धी नयी परिकल्पना आदि—तो उन परिभाषाओं और सिद्धान्तों को अविकल रूप में प्रस्तुत करना आवश्यक है। प्रत्येक भाग लिखते समय ध्यान रखना चाहिए कि उसका उतना ही विस्तार किया जाय जितना अपने मुख्य प्रमेय विषय के पोषण और समर्थन के लिए उपयोगी हो।

१६.६.२.३. **अतिव्याप्ति** : इससे मिलता-जुलता एक दोष है, अतिव्याप्ति। कोई परिभाषा उससे परिभाषित वस्तु के बाहर के कुछ तत्त्वों को भी समाविष्ट करे तो उसमें अतिव्याप्ति होगी। परिभाषाएँ और व्याख्याएँ ऐसी देनी चाहिए कि वे उद्दिष्ट सभी वस्तुओं या तत्त्वों को समाविष्ट करे, पर अनुद्दिष्ट किसी वस्तु या तत्त्व का समावेश नहीं करे।

१६.६.२.४. **अतिरंजन और चरमता-सूचक कथन** (Exaggeration and superlaitve statements) : शोध ग्रंथों में अक्सर दीखनेवाला एक दोष है, अतिरंजित कथन या चरमता-सूचक शब्दों में कथन। इसे अतिक्रमित कथन भी कह सकते हैं।

"...की **तमाम** कविताओं में गहरी संवेदना है।"

"उनकी **समस्त** रचनाएँ देशप्रेम की भावना से ओत-प्रोत हैं।"

"...ने अपनी रचना में बुन्देलखण्ड के जीवन के **प्रत्येक** पहलू का चित्रण किया है।"

"...की रचना को प्रगतिवाद का **सर्वश्रेष्ठ** नमूना मान सकते हैं।"

"**सम्पूर्ण** भारतीय वाङ्मय में धर्म की चर्चा मिलती है।" "ग्राम के लोग **सिर्फ** बच्चों को जन्म देना जानते हैं।" "बंग भंग के बाद **सर्वत्र** हिन्दी को **सर्वमान्य** स्थान देकर स्वीकृत किया गया।"

"इस कृति की प्रशंसा **सभी** आलोचकों ने की है।"

ये कुछ शोध-प्रबन्धों से लिये गये ऐसे अति-सूचक वाक्य हैं, जो शोध के सन्दर्भ में सार्थकता नहीं रखते, पर लेखक की अर्थ-सम्बन्धी लापरवाही को प्रदर्शित करते हैं। 'सर्वश्रेष्ठ, सर्वोत्कृष्ट' आदि चरमता-सूचक शब्दों का प्रयोग बहुत सतर्कता

से करना चाहिए, सो भी तब, जबकि सम्बन्धित बात निर्विवाद हो। असावधानी अथवा लेखक के प्रति अमित श्रद्धा के कारण प्रयुक्त ऐसे शब्द शोध-लेखन में परित्याज्य हैं।

१६.६.२.५. **दृष्टिदोष** : वैसे सामान्यतः यह माना जाता है कि अनुसन्धान में वैयक्तिक रुचि या इष्टानिष्ट का कोई स्थान नहीं है। वह पूर्णतः वस्तुनिष्ठ होना चाहिए। लेकिन गहरी संवेदना और जीवन-मूल्यों से सम्बन्ध रखनेवाले साहित्य जैसे विषय में—और कभी-कभी इतिहास, राजनीति, समाज शास्त्र आदि में भी —पूरी तटस्थता और विराग के साथ अध्ययन करना असंभव नहीं तो कठिन अवश्य है। विषय का संरचनात्मक विश्लेषण, तथ्यों का विवरणात्मक अध्ययन, वैज्ञानिक कार्य-कारणों का सम्बन्ध-स्थापन आदि में तटस्थता सम्भव है। पर सौन्दर्य, अनुभूति, प्रभाव आदि से सम्बन्धित अध्ययन एवं मूल्यांकन में पूर्णतः निर्लिप्त दृष्टि रखना कठिन है। यह सचमुच शोध में एक जटिल समस्या है।

ऐसी दशा में, जहाँ-जहाँ वैयक्तिकता के आरोप की संभावना रहती है, वहाँ अत्यधिक सतर्कता से काम लेना पड़ता है। किसी विश्लेषण या मूल्यांकन का आधार आपकी वैयक्तिक रुचि, निष्ठा, पूर्वाग्रह या प्रतिबद्धता नहीं होनी चाहिए। लेकिन ऐसे कुछ मानदण्ड होने चाहिए, जो संवेदनाओं और मूल्यों से सम्बन्धित होने पर भी, अन्यों के लिए भी स्वीकार्य हो सके। जिस दृष्टि से आप किसी लेखक या विषय को देख रहे हैं, उसकी उपयुक्तता और समीचीनता का प्रमाण देना और निष्कर्ष-निर्धारण-पद्धति का सीढ़ी-दर-सीढ़ी विश्वासनीय विकास करना आवश्यक है, जिससे आपकी व्यक्तिगत मान्यताएँ सशक्त अकाट्य तर्कों के कारण अन्यों के लिए स्वीकार्य हो सकें। इसके लिए शोधकार में विशाल ज्ञान, गंभीर तर्क बुद्धि और प्रतिबद्धता रहित मुक्त मन होना चाहिए। ऐसी दृष्टि न हो तो अनुसन्धान का मूल्य संदिग्ध हो जाता है। तुलसीदास में अधुनातन समाजवादी विचारों के दर्शन करनेवाले लेखक में और उन्हें बिलकुल सम्प्रदायवादी और हिन्दू जाति के पथभ्रष्टक माननेवाले लेखक में भिन्न प्रकार की प्रतिबद्धतायें ही क्रियाशील है, जो उनके मतों की नींव को हिला देती हैं। हिन्दी में प्रगतिवाद, कलावाद आदि पर लिखित अनेक ग्रंथ और विशेष लेखकों पर लिखित श्रद्धापूर्ण एवं खण्डनात्मक रचनायें भी ऐसे दृष्टि-दोषों से प्रभावित हैं।

१६.६.२.६. **पुनरावृत्ति** : अनेक शोध ग्रंथों में यह देखा गया है कि पर्याप्त सावधानी से न लिखने के कारण एक ही बात एकाधिक स्थानों पर प्रस्तुत की जाती है। किसी ग्रंथ का अध्ययन करते समय कथानक, चरित्र-चित्रण, समस्यायें, मनोविज्ञान आदि से सम्बन्धित विविध अध्यायों में प्रायः एक ही कथानक और पात्रों से

सम्बन्धित घटनायें गिनी जाती हैं। इसका कारण मौलिक दृष्टिकोण का अभाव है, जिससे कथानक, चरित्र, आदि को विभिन्न दृष्टियों से देखना कठिन होता है। विशाल अध्ययन और कुछ सावधानी से इस दोष का निवारण किया जा सकता है। कथानक, चरित्र, समस्या, मनोवृत्तियों आदि को विभिन्न दृष्टियों से देखने के लिए अपेक्षित दृष्टि-तीक्ष्णता इनसे सम्बन्धित सैद्धान्तिक ग्रंथों के अध्ययन से आती है। दूसरी ओर अपने चिन्तन से भी विभिन्न दृष्टिकोणों से एक वस्तु को या भिन्न वस्तुओं को देखने की क्षमता प्राप्त कर लेनी चाहिए।

प्रारंभिक रूपरेखा बनाते समय ही (अध्याय ११) विषय-विभाजन पर ध्यान रखकर पुनरावृत्ति का निवारण किया जा सकता है।

१६.६.२.७. **वैरुध्य** : शोध-ग्रंथ के अन्दर प्रस्तुत मतों में कभी पारस्परिक वैरुध्य नहीं होना चाहिए। फिर भी असावधानी से कुछ वैरुध्य आ जाते हैं, कभी प्रत्यक्ष, कभी परोक्ष, जैसे कबीरदास की आध्यत्मिकता पर विचार करते हुए यह कहना कि 'कबीर की रचनाओं में सबसे महत्त्वपूर्ण तत्त्व है उनकी आध्यात्मिकता' और फिर सामाजिक चेतना के सन्दर्भ में यह कहना कि "कबीर की कृतियों में सर्व प्रमुख तत्त्व है, उनकी सामाजिक चेतना।" 'विधवा', 'भिक्षुक', 'कुकुरमुत्ता' आदि कविताओं के आधार पर, इनके निराला के सृजन होने से और निराला के छायावादी होने से प्रगतिशीलता या निम्नवर्ग के प्रति सहानुभूति को छायावादी काव्य की विशेषता मानना भी एक तरह का वैरुध्य है। इस तरह आंशिक तत्त्वों के आधार पर सामान्यीकरण करने से अनेक वैरुध्य आ सकते हैं, जिनसे शोधग्रंथ को मुक्त रखना चाहिए।

१६.६.२.८. **अस्पष्टता या दुरूहता** : शोधग्रंथ वस्तुतः विषय, तर्कों और निष्कर्षों को सुलझे हुए रूप में प्रस्तुत करने का माध्यम होता है, अपनी वाक्यपटुता और पाण्डित्य-प्रदर्शन से पाठक को अधिक उलझन में डालने का उपकरण नहीं। अपने ही विचारों की अस्पष्टता के कारण प्रबन्ध में अस्पष्टता आ जाय तो और भी ख़तरनाक है। अतः उसमें जो कुछ लिखा जाता है, वह सुलझा हुआ और सुव्यवस्थित होना चाहिए। अस्पष्ट अर्थ देनेवाले (प्रायः अनेक अर्थोंवाले) शब्दों का प्रयोग, जटिल वाक्य-रचना आदि से बचना चाहिए।

१६.६.२.९. **पार्श्वाभिगमन या शाखा-चंक्रमण** (Side-tracking)—प्रबन्ध में किसी विषय की चर्चा करते समय आनुषंगिक रूप में उससे तनिक सम्बन्ध रखनेवाले विषय को उठा लेना और मूल विषय को छोड़कर आनुषांगिक विषय की विस्तृत चर्चा करना प्रबन्ध-लेखन में अक्सर दृष्टिगत एक दोष है। इससे प्रबन्ध के विषय-विकास में बिखराव आ जाता है। आनुषंगिक विषय अथवा उस पर अपने दृष्टिकोण

के नये होने से उसकी विस्तृत चर्चा अनिवार्य हो तो भी उसका निर्वाह पाद-टिप्पणी में अथवा अनुबन्ध में करना उचित होगा। कभी-कभी पार्श्वाभिगमन के कारण विषय से बिलकुल असम्बद्ध बातों की भी विस्तृत चर्चा आ जाती है। हर भाग को लिखते समय उसके व्यापक परिवेश को, और ऊपर के स्तर के शीर्षक को, ध्यान में न रखने से ही यह दोष आता है। उदाहरण के लिए हिन्दी नीति-काव्य पर लिखित एक शोध प्रबन्ध में एक अध्याय है 'पारिवारिक जीवन में नीति'। 'पारिवारिक जीवन' के अन्दर 'नारी-पुरुष का सम्बन्ध' एक विभाग बनाकर नारी-पुरुष के सम्बन्धों की चर्चा करते समय शोधार्थी भटक जाता है और संयोग-वियोग के विविध पहलुओं पर विचार करने लगता है। 'नारी-पुरुष का सम्बन्ध' शीर्षक बनाने के बाद उसे यह ध्यान नहीं रहता कि मूल विषय नीति है, और नारी-पुरुष के सम्बन्ध में भी नीति की कोई बात हो तो उसी की चर्चा होनी चाहिए, अन्य बातों की नहीं। इस तरह के शाखा चंक्रमण अनेक शोध-प्रबन्धों में ही नहीं, विद्वानों के ग्रंथों में भी देखने में आये हैं।

दूसरे प्रकार की असंगत चर्चा इतनी असम्बद्ध न होने पर भी मुख्य विषय के क्रमिक विकास में शैथिल्य लानेवाला है। 'कामायनी' के दर्शन के अध्ययन में शैव मत के प्रभाव के सन्दर्भ में शैव-सिद्धान्त की विस्तृत चर्चा, सुमित्रानन्दन पन्त के दर्शन के अध्ययन में अरविन्द दर्शन का लंबा चौड़ा अध्ययन आदि इसके उदाहरण हैं। संभव है इनकी विस्तृत चर्चा मुख्य विषय को समझने के लिए उपयोगी हो। ऐसी दशा में भी ऐसी चर्चाओं को अलग परिशिष्ट के रूप में देना ही उचित है।

१६.६.२.१०. **असन्तुलित आलोचना**—प्रचलित मतों का खण्डन करके नये मतों का स्थापन करने के लिए अवसर अन्यों के विचारों की आलोचना करनी पड़ती है। यह शोधकर्ता का अधिकार है, और एक तरह से अनिवार्य है। लेकिन इस तरह आलोचना करते समय शिष्टता और गरिमा का पूरा ख्याल रखना चाहिए। दो बातों पर विशेष ध्यान रखना चाहिए—

(१) आलोचना विषय या विचार मात्र की हो, व्यक्ति की न हो। कुछ दलबद्ध या वैचारिक प्रतिबद्धता रखनेवाले गुटबन्दी के लेखक अन्य आलोचकों के प्रति असहिष्णु होकर तीव्र शब्दों में उनका खण्डन करते हैं, और व्यक्ति पर आक्रमण करते हैं। हिन्दी में छायावाद, प्रगतिवाद और प्रयोगवाद के पक्ष-विपक्ष में हुए अनेक वाद-विवादों में—जो लेखों और ग्रन्थों के रूप में प्रकाशित हुए हैं—ऐसी असहिष्णुता और उससे उत्पन्न असन्तुलन द्रष्टव्य है। व्यक्तिगत नाम लेकर ही एक दूसरे पर कीचड़ उछालने का प्रयत्न किया गया है। अनुसन्धानात्मक लेखों और प्रबन्धों में इस प्रवृत्ति से पूर्णतः बचना चाहिए।

(२) व्यक्ति का नाम न लेकर सामान्य रूप में आलोचना करते समय भी असन्तुलित आलोचना और परुष शब्दों के प्रयोग से बचना चाहिए। अपने मन के स्थापन के अमित उत्साह के कारण यह प्रवृत्ति अनेक शोधकर्ताओं में ही नहीं, प्रौढ़ आलोचकों में भी दिखायी पड़ती है।

"जो तनिक भी सामान्य बुद्धि रखते हैं, उनको यह मानना चाहिए कि···।"

"इस मत का खण्डन करना चिन्तन की कमी को ही सूचित करता है।"

"जो इसे नहीं मानता उसकी विवेचन-शक्ति पर सन्देह करना पड़ता है।"

"इस आलोचक ने इस कथन से अपने बौद्धिक खोखले मन को ही प्रकट किया है।"

ऐसे वाक्यों से यही ध्वनि निकलती है कि लेखक के अतिरिक्त और सभी लोग सामान्य बुद्धि से रहित हैं, चिन्तनहीन हैं, और दिमागी खोखलेपन के शिकार हैं। इनसे लेखक की अहन्ता और असहिष्णुता ही प्रकट होती है। हर अनुसन्धाता का पहला कर्तव्य यह है कि वह दूसरों के मतों को सन्तुलित दृष्टि से देखे, और अपने भावावेश के कारण शोध ग्रंथ को उदात्त आलोचना के स्तर से नीचे गिरने न दें।

ऊपर जिन दोषों की चर्चा की गयी है वे शोधग्रंथ में विषय-विकास या तर्क-पद्धति को विकृत बनाकर पूरे प्रबन्ध को विकल और कभी-कभी अप्रमाणिक बनाने वाले हैं, अतः विशेष परिगणनीय हैं। इनके अतिरिक्त अनेक छोटे-मोटे दोष हैं जिनके निवारण से प्रबन्ध के विषय विकास में क्रमबद्धता तथा प्रस्तुति में सौष्ठव आ सकता है। विविध प्रकार के शोध ग्रंथों का विश्लेषण करके कुछ विद्वानों ने उनमें दृष्टिगत जिन स्खलनों को दिखाया है, उनमें मुख्य नीचे दिये जाते हैं।

१६.६.२.११. शोध-मनोवृत्ति-सम्बन्धी दोष

भ्रामक या त्रुटिपूर्ण सिद्धान्त के आधार पर कार्यारम्भ। योजना के बिना कार्यारम्भ।

निरर्थक या निरुपयोग हल्के विषय का अध्ययन। लोकप्रियता-अप्रियता के आधार पर अपने विचारों का परिवर्तन।

प्रमाणरहित स्थापनाएँ।

नकारात्मक प्रमाणों की उपेक्षा।

नये सिद्धान्त प्रस्तुत करने में 'अहं'-संजता अमित उत्साह।

1. Fairchild, Milton (1926); Whipple, G. M. (1927), Brooks F. D. (1923), Crawford, C. C. (1928), Toops H. A. (1930), Alexander, Carter (1929), Almack J. C. (1930), Whitney, F.L. (1950,58)

नये विचारों की अस्वीकृति की आशंका और भय। वैचारिकता में भावावेश का समावेश।

संभाव्य तत्वों को प्रामाणित तत्त्व मानकर स्वीकार करना।

दीर्घकालीन कठिन श्रम से विमुखता।

विपक्ष के मतों की अज्ञता या उनके प्रति उपेक्षाभाव। अन्यों के मत जानने की विमुखता और विरोधी मतों पर असहिष्णुता।

अन्यों के सिद्धान्तों के प्रति ईर्ष्या-पूर्ण विरोध अपने निष्कर्षों पर अमित विश्वास। अन्यों से तिरस्कृत सिद्धान्तों से प्रतिबद्धतापूर्ण लगाव। अपने प्रिय विचारों व सिद्धान्तों की बिक्री का प्रयास।

१६.६.२.१२. कार्यपद्धति के दोष

उद्देश्य के बारे में अनिश्चितता। निरीक्षण में असावधानी।

पूर्वज्ञान तत्त्वों की अज्ञता या उनकी उपेक्षा। उचित उपकरणों और शोध पद्धतियों की अज्ञता या उनका दुरूपयोग।

कार्य संचालन में असावधानी व असूक्ष्मता। नमूनों (सामग्रियों) की अपर्याप्तता और अविश्वस्यता।

सम्पूर्ण कार्य में असूक्ष्मता व असावधानी।

असत्यों और अर्द्ध सत्यों का सत्य के रूप में उद्घाटन।

शोध सामग्री के सहीपन में आवश्यक से अधिक विश्वास।

नमूनों की अपर्याप्तता और अप्रामाणिकता।

गणितीय क्रियाओं में त्रुटियाँ।

अनुचित तुलनायें और उन पर आश्रित मूल्यांकन।

पूर्ण प्रमाण के बिना निष्कर्ष।

अपूर्ण परीक्षण और जल्दीबाजी में निर्णय।

बाहरी प्रमाणों में परस्पर वैरुध्य।

आन्तरिक स्थापनाओं में परस्पर वैरुध्य।

१६.६.२.१३. लेखन के दोष

व्याख्या और निष्कर्ष-निर्णय के बिना मात्र विवरण।

दुरूह या अव्यवस्थित रूप में प्रस्तुति।

असंयमित भाषा शैली।

निरर्थक या अनिश्चित अर्थोंवाले शब्दों का प्रयोग।

उपर्युक्त दोषों से रहित शोध-प्रबन्ध अपनी वैज्ञानिक सूक्ष्मता तथा कलात्मक सौष्ठव के कारण विशेष महत्त्व प्राप्त करता है।

१६.७. टंकन और प्रस्तुति

शोध प्रबन्ध प्रायः टंकित रूप में प्रस्तुत किया जाता है। कुछ विश्वविद्यालयों में डी० लिट् के प्रबन्ध मुद्रित रूप में प्रस्तुत करने का विधान है। साथ-साथ ग्रंथ पर प्रकाशित समीक्षाओं की प्रतियाँ भी प्रस्तुत करनी पड़ती हैं। आजकल फोटो कॉपी (जीरोबस प्रति) की रीति से प्रतियाँ बनाकर भेजना भी शुरू हो गया है। यहाँ अधिक प्रचलित टंकित प्रतियाँ तैयार करने की विधियों की चर्चा की जाती है।

शोध प्रबन्ध का टंकन एक विशेषज्ञ का काम है, और कुछ अभ्यास की अपेक्षा रखता है। टंकन बड़ी सावधानी से करना चाहिए। यथासंभव काट-छांट, परिवर्तन, बीच में हाथ से लिखकर जोड़ना आदि का निवारण करना चाहिए। बर्तनी में एक-रूपता होनी चाहिए और त्रुटियाँ नहीं होनी चाहिए।

यह शोधार्थी की ज़िम्मेदारी है कि टंकन के लिए हस्तलिखित प्रति पूर्णतः शुद्ध और स्पष्ट रूप में बनावे। शीर्षकों के स्थान, रेखांकन, विभाग-योजना, उद्धरण, पादटिप्पणियाँ, विरामचिह्न आदि में विशेष सतर्कता रखनी चाहिए, जिससे टंकन करनेवाले को सन्देह न हो। इनमें आनेवाली त्रुटियों को सुधारना टंकन की ज़िम्मे-दारी नहीं है। जो त्रुटिरहित टंकन के लिए अनुयोज्य हस्तलिखित प्रति तैयार नहीं कर सकता उसे पहले एक टंकित पूर्वप्रति तैयार करके, त्रुटियों को सुधारने के उप-रान्त शुद्ध प्रतियों का टंकन करना चाहिए।

प्रबन्ध के टंकन के लिए २२ सें० मी० ४ २८ सें० मी० (८½ इंच × ११ इंच) आकार के अच्छे बांड पेपर का उपयोग करना उत्तम है। पाँच या छः प्रतियाँ तैयार करनी हो तो एअर मेल कागज (इंडिया गेट एअर मेल पेपर) या उसी तरह के और किसी तरह के कागज का उपयोग किया जा सकता है, जो काफ़ी सफ़ेद और टिकाऊ हो। इससे अधिक संख्या में प्रतियाँ तैयार करनी हों तो एक शुद्ध प्रति टंकित करके उसकी ज़ीरोक्स प्रतियाँ बनायी जा सकती हैं।

मुख्य लेखन में पंक्तियों के बीच दुहरी जगह (डबुल स्पेज़) छोड़कर टाइप करना है। बीच में आनेवाले लंबे उद्धरणों को, जो प्रायः स्वतंत्र खण्ड में दिये जाते हैं, और पादटिप्पणियाँ एक जगह (सिंगल स्पेज़) में टाइप किया जा सकता है। टाइपिंग के लिए अच्छे रिबन और कार्बन पेपर का उपयोग करना चाहिए जिससे प्रतियाँ स्पष्ट आवें।

काग़ज के ऊपरी भाग पर ३ सें० मी०, नीचे ३ सें० मी०, बायीं ओर ४ सें० मी० और दाहिनी ओर २.५ सें० मी० हाशिया छोड़कर टाइप करना चाहिए।

खण्ड (पैराग्राफ) का आरम्भ नौ स्पेज़ छोड़कर करना चाहिए। जहाँ तक

हो सके पंक्तियों के अन्त में शब्दों को काटना नहीं चाहिये। संयुक्त शब्दों को उचित स्थान पर काटा जा सकता है।

अध्याय या मुख्य विभागों का आरम्भ पृष्ठ की अन्तिम कुछ पंक्तियों में करने से असुन्दर लगता है। उसी तरह अध्याय का अन्त भी पृष्ठ की पहली पंक्ति में करना अनुचित है।

मुख्य शीर्षकों को प्रायः पंक्ति के मध्य में और उपशीर्षकों को बायें किनारे से लगाकर टंकित किया जाता है। उपशीर्षकों के भी उपशीर्षक हो तो खण्ड की पहली पंक्ति में ही उन्हें टंकित करके अधोरेखा लगायी जाती है।

इन नियमों का पालन करने पर प्रबन्ध सुपाठ्य होता है और उसका रूप आकर्षक।

———

हिन्दी सहायक ग्रन्थ सूची

आनन्द प्रकाश दीक्षित : साहित्य : सिद्धान्त और शोध

गुलाम रसूल, एस० और सरगु कृष्णमूर्ति : १९८० : तुलनात्मक अनुसन्धान और उसकी समस्याएँ, लखनऊ, हिन्दी साहित्य भण्डार।

गोविन्द त्रिगुणायत : १९६० : साहित्य सन्देश, शोध विशेषांक, आगरा, साहित्य रत्न भण्डार।

चन्द्रभान रावत : शोध प्रविधि और प्रक्रिया।

जमीला आली जाफरी : शोध सन्दर्भ नये आयाम

देवराज उपाध्याय : साहित्यिक अनुसन्धान के प्रतिमान

नगेन्द्र : शोध और सिद्धान्त, नई दिल्ली, नैशनल पब्लिशिंग हाउस।

मनमोहन सहल : हिन्दी शोध तंत्र की रूपरेखा

रवीन्द्र कुमार जैन : अनुसन्धान के सिद्धान्त, नई दिल्ली, नैशनल पब्लिशिंग हाउस।

राजूरकर भा०ह० और राजमल वोरा : १९८१ : हिन्दी अनुसन्धान के आयाम, नई दिल्ली नैशनल पब्लिशिंग हाउस।

राजूरकर भा०ह० और राजमल वोरा : हिन्दी अनुन्धान स्वरूप और विकास।

विजयपाल सिंह : हिन्दी अनुसन्धान, दिल्ली, राजपाल एण्ड सन्स।

विनय मोहन शर्मा : साहित्य शोध और समीक्षा

विनय मोहन शर्मा : शोध प्रविधि (संशोधित)

वैजनाथ सिंहल : शोध : स्वरूप और व्यावहारिक कार्य विधि।

सरनाम सिंह : शोध प्रक्रिया और विवरणिका, दिल्ली, आत्माराम एण्ड सन्स।

सावित्री सिन्हा : अनुसन्धान की प्रक्रिया, दिल्ली, नैशनल पब्लिशिंग हाउस।

सावित्री सिन्हा : अनुसन्धान का स्वरूप, आत्माराम एण्ड सन्स।

अंग्रेजी संदर्भ ग्रन्थ

Abbot, E. A. (1885) **Francis Bacon,** New York, Macmillan Company.

Alexander, Carter (1929) **Educational Research,** New York, Columbia University.

Almack, J. C. (1930) **Research and Thesis Writing,** Boston, Houghton Mifflin Company.

Anderson, J., Durston B. M. and Poole, Millicent : 1970 : **Thesis and Assignment Writing,** New Delhi, Wiley Eastern Ltd.

Best, John W. (1983) **Research in Education** (4th Ed.), New Delhi, Prentice Hall of India Pvt. Ltd.

Brooks, F. D. (1923) 'Criteria for Educational Research', **School and Society,** 18 : 724-729.

Crawford C. C. (1928) **Technique of Research in Education,** Boston, Houghton Mifflin Company.

Dewey, John (1933) **How we Think,** Boston, Heath and Company.

Downing E. R. (1928) 'Elements and Safeguards of Scientific Thinking', **Scientific Monthly,** 26 : 231-32.

Downing E. R. (1934) **An Introduction to the Teaching of Science,** Chicago, University of Chicago Press.

Fairchild, Milton (1926) **The Scientific Method,** Washington, Character Education Institute.

Hillway, Tyrus (1956) **Introduction to Research,** Boston, Houghton Mifflin Company.

Iverson, Margaret, R. (1970) **Research Papers Simplified,** New Delhi, Prentice Hall of India Pvt. Ltd.

Kelly, T. L. (1930) 'The Scientific versus the Philosophic Approach to Novel Probelms', Science. 71.

Kelly, T. L. (1932) **Scientific Method, its Function in Research in Education,** New York, Macmillan Company.

Kilpatrick, W. H. (1931) 'The Relation of Philosophy to Scientific Research', **Journal Educational Research** 24 : 97-114.

Modern Language Association of America (1951) **The MLA Style Sheet** (2nd. Ed. 1970), Hyderabad, American Studies Research Centre.

Mouly, George J. (1964) **The Science of Educational Research,** New Delhi, Eurasia Publishing House Pvt. Ltd.

Nisbet, J. D. and Entwistle N. J. (1970) **Educational Research Methods,** London, University of London Press.

Toops, H. A. (1930) '**The Meaning** of Scientific Enquiry in Education', **Quantitative Measurement in Institutions of Higher Learning,** Chicago, University of Chicago Press.

Travers, Robert M. W. (1958) **An Introduction to Educational Research,** New York, Macmillan Company.

Werkmeister, W. H. (1948) **An Introduction to Critical Thinking,** Nebraska, Johnsen Publishing Company.

Whipple, G. M. (1927) 'Improvement of Educational Research' **School and Society,** 26 : 249-59.

Whitney, Frederick Lamson (1950) **The Elements of Research,** Englewood Cliffs, Prentice Hall Inc.

———

शब्दानुक्रमणिका